EVENT MANAGEMENT

21世纪全国高等院校会展管理系列统编教材

◉主编：刘大可

21 世纪全国高等院校会展管理系列统编教材

会 展 项 目 管 理

（2011 年版）

王起静　编著

中国商务出版社

图书在版编目（CIP）数据

会展项目管理：2011 年版／王起静编著．—2 版．
—北京：中国商务出版社，2011.4
21 世纪全国高等院校会展管理系列统编教材
ISBN 978-7-5103-0435-4

Ⅰ.①会⋯　Ⅱ.①王⋯　Ⅲ.①展览会—项目管理—高
等学校—教材　Ⅳ.①G245

中国版本图书馆 CIP 数据核字（2011）第 055195 号

21 世纪全国高等院校会展管理系列统编教材
会展项目管理（2011 年版）
HUIZHAN XIANGMU GUANLI
王起静　编著

出　　版：中国商务出版社
发　　行：北京中商图出版物发行有限责任公司
社　　址：北京市东城区安定门外大街东后巷 28 号
邮　　编：100710
电　　话：010—64269744（编辑室）
　　　　　010—64266119（发行部）
　　　　　010—64263201（零售、邮购）
网　　址：www. cctpress. com
邮　　箱：cctp@ cctpress. com
照　　排：嘉年华文
印　　刷：北京密兴印刷有限公司
开　　本：787 毫米×980 毫米　1/16
印　　张：17.5　字　数：314 千字
版　　次：2011 年 4 月第 2 版　2011 年 4 月第 5 次印刷

书　　号：ISBN 978-7-5103-0435-4
定　　价：33.00 元

总　序

　　这套丛书能够修订再版，对我本人以及所有参与过这套丛书的顾问、作者、编辑等都是一种极大的鼓励。

　　这次出版重点作了以下调整：

　　1. 借鉴国内外同类教材的知识构架，针对读者反映的问题，各分册的框架体系都作了适当调整，新版教材的知识体系更加完整，结构更加合理；

　　2. 本版教材中，增加了概要、学习目标、本章总结以及复习思考题等新的内容，教材体例更加规范和国际化；

　　3. 增加了电子课件，既方便了学生学习，也方便了教师教学；

　　4. 结合会展业的发展，增加了很多新的案例，进一步提高了教材的实用性。

　　尽管从总体来看，本次修订的教材比第一版有了实质性的改进，但是书中肯定还会存在一些不当之处，恳请学界同仁和读者多加批评，惠赐高见，共同将这套教材做得更好。

　　感谢中国商务出版社对会展教育的大力支持，感谢作者们一丝不苟的敬业精神，感谢读者们对本套丛书的厚爱。

刘大可　博士

2008 年 10 月 1 日于北京

修改说明

　　本书能够得以重新修订再版，对作者本人是极大的鼓励和鞭策，在此特别感谢广大读者朋友给予本书的大力支持。

　　本书再版主要做了如下调整：

　　1. 本版教材中，增加了本章导读、学习目标、本章小结、关键名词或概念、简答题等部分内容，使教材结构更加合理，方便读者使用和学习；

　　2. 根据会展业的发展，对会展项目的立项和审批环节中出现的政策法规的变化做了重要修订，以使读者能够及时了解会展业项目审批规定；

　　3. 根据会展业的变化，增加了一些新的资料和实例，同时对一些资料和案例进行修改，并删去一些不合时宜的资料和案例；

　　4. 根据读者所反映的意见，有针对性地进行了修改和反馈。

　　本版教材较前一版教材有了一定的进步，但肯定还有很多不足之处，恳请读者朋友不吝指正。另外，本书虽以"会展项目"为题，但大部分内容是以"展览"为例。由于会展项目的内容复杂，而仅以"展览"为例肯定不能全面地讲解会展项目的各方面的管理内容。作者也期望以后能有更多地作品和读者见面，更细分地探讨会展项目的管理知识。

　　再一次感谢广大读者朋友的支持和厚爱，同时也感谢中国商务出版社对本书再版所付出的辛勤努力。

王起静博士

2011 年 4 月 6 日于北京

目　　录

第一章　会展项目管理概述

本章导读

　　现实生活中充斥着大量各种类型的项目，大到建造一座大厦，小到举办一个小型生日晚会。正如美国项目管理资质认证委员会主席Paul Grace 所说，在当今社会中，一切都是项目，一切也将成为项目。与一般的日常工作不同的是，项目具备相对性、临时性、目标性、周期性等一系列的特点，需要遵循一定的方法、按照一定的程序对项目实施管理。本书讲述的核心是会展活动，主要包括会议、展览和大型活动，这些属于典型的项目，具备项目所有的特征，需要使用项目管理工具、遵循项目管理过程对会展活动进行管理。本章将主要介绍项目的概念和特点、项目管理的过程和方法。

学习目标

　　本章要求学生理解会展活动的项目本质、项目和项目管理的基本概念和特征，掌握熟悉项目管理过程，掌握项目管理的一般方法。

第一节　会展项目和项目管理

一、项目和项目管理

（一）项目及其特征

1. 项目的定义

　　关于项目的定义，目前理论界的认识并不完全统一。一般认为，作为项目应具有两大基本特征：一是主观方面的特征，即项目是作为一定管理主体的被管理对象和管理手段而存在的；二是客观方面的特征，即项目在客观上必须具备单次性任务的属性。基于这一认识，项目可以定义为：项目是作为系统的被管理对象的单次性任务，是单次性活动的一种组织管理模式。项目的两大基本特征是一个项目存在的充分必要条件。首先从客观特征方面看，只有被管理的对象具有单次性任务这一基本属性时，我们在主观上才有可能把它作为一个项目来管理。其次从主观特征方面看，即使被管理对象在客观上具备了一次性属性，是否要作为一个项目来管理还取决于人们的主观意愿。当某一单次性任务作为一个项目有助于管理者有效地实现目标时，可作为项目来管理，否则不必作为项目来管理。

2. 项目的一般特征

（1）项目的相对性。项目既然作为一种组织形式和单次性任务，那么它就不是一个固定的目的物。项目总是相对于确定的主体而存在的，因此具有相对性。

（2）项目的临时性。项目是一定的管理主体在一定时期里的组织形式，只在一段有限的短暂时间内存在，所以具有临时性。即经过一定的寿命周期之后，原来构成一个项目的各种要素就不复存在。

（3）项目的目标性。项目既然作为一个任务，那么它就有明确的目标。项目的目标就是项目的管理主体在完成项目的任务时所要实现的目标。一般地，项目最终的统一目标就是效益目标，而通常提到的项目工期、成本、质量目标应是服从于效益目标的项目二级目标。

（4）项目的寿命周期性。项目任务的单次性决定了项目有一个确定的起始、实施和终结的过程，这就构成了项目的寿命周期。对于一般项目来说，项目的寿命周期可分为三个阶段：第一阶段是项目前期阶段，一般包括项目规划、部署，即要明确项目的任务、基本要求、所需投入要素、目标及成本效益分析论证。第二阶段是项目实施阶段，即具体组织项目的实施以实现项目的目标。第三目标是项目终结阶段，包括项目的总结、清理等。

（5）项目的约束性。项目是一件任务，而任何任务都有其限定条件。项目的限定条件构成了项目的约束性。项目的限定条件一般包括项目的投入要素（人、财、物）、时间和质量等。项目的约束性为项目任务的实施和完成提供了一个最低的参考标准。

（6）项目的风险性。项目的风险性是指项目具有不确定性。每个项目都有一定的不确定性，即在项目的具体实施中，由于外部环境和内部因素在发展变化，项目的实施过程可能与项目计划有所偏差。比如项目提前或延时完成，项目实际成本高于或低于预算成本，项目实施结果与预计不符等。因此，在项目实施过程中要进行有效的管理和控制。

（7）项目的系统性和整体性。一般地，项目的各种要素之间都存在着某种联系。只有将它们有机地结合起来才能确保项目目标的有效实现。这在客观上就形成了一个系统。同时，项目只有一个最终的统一的目标——效益目标。项目的其他要素及其他目标都应为它服务并统一于它的要求之下。

3. 项目分类

（1）按项目规模分类。根据投入项目的劳动、项目持续时间、项目投资额等指标，可以将项目分为大型项目、中等项目和小型项目。在采用这种方法对项目进行分类时，不同的国家、不同的行业会有不同的标准。

（2）按项目的复杂程度分类。项目所包含的内容、技术、组织关系、人员关系的复杂程度有相当大的差别。根据这些差别，可以把项目分为复杂项目和简单项目。

（3）按项目的结果分类。项目的结果基本上有两类，即产品和服务。项目也因此主要分为结果为产品的项目和结果为服务的项目这两大类。此外，有的项目结果兼有产品和服务。

（4）按行业分类。按项目所属的行业，可把项目分为农业项目、工业项目、教育项目、旅游项目、会展项目等。

（二）项目管理

1. 项目管理概念

所谓项目管理，是指项目管理者为了实现其目标，按照客观规律的要求，运用系统工程的观点、理论和方法，对执行中项目的发展周期各阶段工作进行计划、组织、控制、沟通和激励，以取得良好效益的各项活动的总称。

项目管理含义主要包括以下几个方面：

（1）管理的主体。管理的主体是项目管理者，即投资者或经营者（项目业主）对项目发展周期全过程的管理。

（2）管理的客体。管理的客体是项目发展周期中的全部工作。

（3）管理的目的。管理的目的是实现项目目标。项目管理的目标是：在有限的资源条件下，保证项目的时间、质量、成本达到最优化。

（4）管理的职能。管理的职能是计划、组织、控制、沟通和激励。离开这些职能，项目的运转是不可能的，管理的目标亦无法实现。

（5）管理的依据。管理的依据是项目的客观规律。管理是人的主观行为，而主观行为必然要受到客观规律的制约。要实现管理目标，达到预期效果，就必须尊重项目运行的客观规律。

2. 项目管理的特点

（1）项目管理的复杂性。项目一般由多个部分组成，工作跨越多个组织，需要运用多种学科的知识来解决问题；项目工作通常没有或很少有以往的经验可以借鉴，执行中有许多未知因素，每个因素又常常带有不确定性，还需要将具有不同经历、来自不同组织的人员有机地组织在一个临时性的组织内，在技术性能、成本、进度等较为严格的约束条件下实现项目目标等。这些因素都决定了项目管理是一项非常复杂的工作，甚至其复杂性远远高于一般的生产管理。

（2）项目管理的专业性。即项目管理是一项专业很强的工作。它需要专业化的集权领导和专门的组织机构，从而合理有效地进行分工，提高管理效率；同时，项目管理需要专业人才的参与，其中，项目经理在项目管理中起着非常重要的作用。

（3）项目管理的方式是目标管理。项目管理是一种多层次的目标管理方式。由于项目往往涉及的专业领域十分宽广，因而项目管理者谁也无法成为每一个专业领域的专家，对某些专业虽然有所了解但不可能像专门研究者那样深刻。现代的项目管理者只能以综合协调者的身份，向被授权的专家讲明应承担工作责任的意义，协商确定目标、时间、经费、工作标准的限定条件。此外的具体工作则由被授权者独立处理。同时，经常反馈信息、检查督促并在遇到困难需要协调时及时给予各方面有关的支持。可见，项目管理只要求在约束条件下实现项目的目标，其实现的方法具有灵活性。

（4）项目管理的方法、工具和手段具有先进性、开放性。项目管理采用科学先进的管理理论和方法。如采用网络图编项目进度计划，采用目标管理、全面质量管理、价值工程、技术经济分析等理论和方法控制项目总目标；采用先进高效的管理手段和工具，主要是使用电子计算机进行项目信息处理等。

二、会展项目及其管理

（一）会展项目概念的分类

1. 会展项目的概念

会展是会议、展览等集体性活动的简称，是指在一定地域空间、由很多人集聚在一起形成的、定期或不定期的、制度或非制度的集体性和平活动。它包括各种类型的会议、展览（包括交易会、博览会等）、体育赛事、节庆等活动。因此，会展项目就是以各种会展活动为管理对象的新型项目形式。根据会展活动的主题类型，会展项目一般可分为会议项目、展览项目、体育与节庆项目。

2. 会展项目的分类

（1）会议的分类。按照不同的分类标准，会议可分为不同的类型，主要有以下几种：

①按会议的组织形式可划分为年会、代表会议、论坛、专题学术讨论会、讨论会、座谈。

②按会议的内容可分为商务型会议、度假型会议、展销会议、文化交流会议、专业学术会议、政治性会议、培训会议。

③按会议的主办主体又可以把会议分为协会类会议、公司会议和政府会议。

（2）展览的分类。从不同的角度，展览可以有以下几种分类：

①根据展览的目的，展览会可分为宣传展、贸易展。

②按展览内容分，国际展览联盟（VFI）把展览会分为综合展、专业展和消费展。

③按行业划分，展览会可以划分为轻工行业展，石化行业展，纺织行业展，建材行业展，房地产行业展，服务、医疗、能源环保、机电、体育等各行各业的专业展览会。

④按照参展商是否全部来自一国，展览可分为单国展和国际展。

⑤根据展览方式的不同，可把展览分为实体展览会和网络展览会。

以上关于会议和展览项目的分类属于会展活动的基本知识。关于每一类会展活动的基本内涵、特点，读者可参照有关会展活动的入门教材。由于体育比赛和节庆等一些特殊活动形式多种多样，特点也千差万别，在此就不对其作进一步的分类。

（二）会展项目的总体特征

会展项目作为一种新型的项目形式，与传统的项目有着明显的特征差异。会展项目虽然存在不同类型，但总体上具有一些共同特征。

1. 服务目标性

会展项目以提供令客户满意的服务为目标。会展业属于第三产业，从服务业的本质出发，要求会展从业人员围绕人来开展工作，最终实现客户满意的目标。因此从目标看，会展企业引进项目管理的运作方式可以使企业最大限度地实现会展目标，服务于与会者或参展商。

2. 客户广泛性

会展活动以客户群体而非个体为对象。会展项目的服务对象是以参会者、参展商、专业观众等为主的客户群。其构思与启动要以充分调研客户需求市场为基础。一个成功的会展项目，往往把会议、展览和文化、旅游等活动有机结合起来。一方面吸引大量的参展商（参会者）参展（会），丰富会展内容；另一方面也增强对观众的吸引力，扩大观众观展（参会）规模，从而形成广泛的客户群体。

3. 项目关联性

实施一个会展项目往往会涉及服务、交通、通信、建筑、装饰等诸多部门，需要诸多部门和行业的密切配合。同时也能直接或间接带动一系列相关产业如旅游业、广告业等的发展。

4. 效益综合性

会展项目的投资效益是综合性的。这种综合性体现在两个方面：一是会展项目投资在获取经济效益的同时，还将获得巨大的社会与环境效益，比如推动社会相关行业的发展、城市环境的优化等；二是项目的关联性决定了项目收益由多方构成，具有综合性的特点。

（三）会展项目管理定义与任务

1. 会展项目管理定义

根据项目管理的概念，会展项目管理可定义为会展项目管理者根据会展项目运营客观规律的要求，运用系统观点、理论和方法，对执行中的会展项目发展周期中的各阶段工作进行计划、组织、控制、沟通和激励，以实现其目标的各项活动的总称。

2. 会展项目管理的任务

会展项目有多种类型，不同类型的项目管理，其具体任务不尽相同。但任务的主要范围是类似的，会展项目管理一般包括会展项目团队组织、成本控制、进度控制、质量控制、合同管理、风险管理六项任务。

（1）项目团队组织。会展项目团队组织任务，包括明确会展项目团队组织关系和沟通渠道、选择合适的会展项目组织形式、选拔会展项目经理及调集各有关职能人员、组建会展项目团队、制定会展项目管理制度和建立会展项目信息管理系统五个方面。前三个方面任务是提高会展项目组织的运行效率和运行效果的重要前提，后两个方面任务是提高会展项目组织的运行效率和运行效果的重要保证。

（2）成本控制。成本控制任务，包括编制成本计划、审核成本支出、分析成本变化情况、研究降低成本途径和采取成本控制五个方面。前两个方面任务是对成本的静态控制，较容易实现；后三个方面任务是对成本的动态控制，较难实现，不仅需要研究一般项目成本控制的理论和方法，还需要总结特定项目费用控制的经验，才能将成本控制在计划目标内。

（3）进度控制。进度控制任务，包括进度方案的科学决策、进度计划的编制和实施有效的进度控制三个方面。进度方案的科学决策，是实现进度控制的先决条件；进度计划的编制是实现进度控制的重要基础；实施有效的进度控制是实现进度控制的根本保证。

（4）质量控制。质量控制任务，包括规定各项工作的质量标准与预防措施、对各项工作进行质量监督与验收以及各项工作的质量问题的处理三个方面。规定各项工作的质量标准与预防措施是实现质量目标、转变"事后处理"为"事前控制"的可靠基础；对各项工作进行质量监督与验收是实现质量目标的重要过程，它包含了对会展项目设计质量、施工质量以及材料和设备等质量的监督与验收。对各项工作的质量问题进行处理是实现质量目标的根本保证。

（5）合同管理。合同管理的任务包括合同谈判、签订、修改合同、处理合同纠纷、索赔等。在合同管理任务中，要突出合同签订的合法性和合同执行的严肃性，为实现管理目标服务。

（6）风险管理。风险管理的任务，包括会展项目风险识别、风险估测、风险评价，并在此基础上优化组合各种风险管理技术、对风险实施有效的控制和妥善处理风险所致的后果等。其目的是以最少的风险管理成本获得最大的安全保障。

第二节　会展项目管理的过程

一、管理过程
（一）启动过程

启动过程是指开始一个会展项目，并有意往下进行的过程。启动过程的结果，包括一些项目的初始文件、项目章程、项目经理的任命、项目关键的约束、假设条件等。

1. 会展项目经理的聘任和项目班子的组建

会展项目正式开始有两个明确标志：一是任命会展项目经理，建立项目管理班子；二是项目许可证书。一般来说，应当尽可能早地选定会展项目经理，并将其委派到项目上去。项目经理无论如何要在项目计划执行之前到岗。

会展项目经理又叫会展项目负责人。会展项目经理可以从项目实施组织外部招聘，也可以从项目实施组织内部挑选。他们应是既懂管理，又懂会展行情，善于沟通的复合型人才。

会展项目经理要组建一个执行机构，叫做会展项目班子，负责会展项目各阶段的工作。一般来说，会展项目发起之后才建立项目班子。会展项目班子可以是项目实施组织的下属单位或机构，也可以是独立的组织。项目班子的具体职责、组织结构、人员构成和人员配备数量等，因会展项目性质、复杂程度、规模大小和持续时间长短而异。会展项目班子一般都是临时性组织，在选择会展项目班子成员时，必须考虑待选人员的特点。要考虑的问题包括（但不限于）如下内容：①从前的经验。他们以前是否干过类似的或有关的工作？干得如何？②个人兴趣。他们对本项目的工作是否有兴趣，在一起能工作得好吗？③招募的可能性。适合本项目，希望来的人能够及时调来吗？

会展项目经理和项目班子必须花费足够的时间对项目进行研究、讨论和分析。在明确了项目大局后，则应编制一份"会展项目界定"文件，初步确认会展项目的内容和范围。在项目界定的基础上确定项目目标，在目标确定后，通过评价选出现实、可行、最优或满意的行动路线，即项目策略。

2. 启动过程的主要项目文件

要启动一个会展项目，项目发起人或委托人必须以书面文件形式向有关管理机构或投资机构提交"会展项目建议书"，这是会展项目的第一份文件。有的还要求在此之后，进一步提交"可行性研究报告"。上述文件经过批准后，就可以开展招标活动了。立项单位应依照招标投标法向多家候选承担单位发出"招标文件"，即我们通常所说的"招标书"。凡有意承接会展项目的单位（投标单位）应据此完成各自的"会展项目申请书"（或称之为投标文件，或解决方案）。立项单位经过评估筛选，最终选定一家项目承担单位并签订合同。

（1）会展项目建议书。会展项目建议书实际上是会展项目设想或构思的书面表达。会展项目建议书的内容，视会展项目的具体情况，可简可繁。一般应包括：会展项目的必要性，会展项目的市场预测，会展项目方案、规模，会展项目必要条件分析，投资估算和资金筹措的设想，经济效果和投资效益的估计。对于一般的会展项目，除了以上几个方面，还应根据具体情况，补充说明下列事项：

①项目风险。许多会展项目都会有风险。所谓风险，就是发起会展项目时拿不准的事，在会展项目风险管理规划中要详细研究。但在会展项目建议书中也应将在项目识别时初步意识到的风险写进来。

②人力资源需求。如果需要从有关部门取得实施会展项目的人员也要说

明。说明时，应包括需要什么样的人、何时需要等。

③制约和限制条件。会展项目在实施时是否会受到限制、什么样的限制、是否需要会展项目的支持者、特别是政府帮助解决等。

（2）可行性研究报告。可行性研究是用于评价会展项目的市场、财务、组织、经济、环境等各方面，是在经过详细调查、周密研究，进行经济和环境分析、方案比较之后做出会展项目是否可行的结论的书面报告。

可行性研究必须具备以下几个步骤：

①机会研究。机会研究实际上也就是会展项目设想或构思。在会展项目识别阶段一般要进行机会研究。机会研究比较粗略，对投资额的估算精确度达到投资额的上下30%就行。

②初步可行性研究。初步可行性研究又叫预可行性研究。主要目的是判断会展项目的前景到底如何，是否可以在下一阶段的可行性研究中做出投资决定；确定有无必要进行深入的市场调查等研究或辅助性研究。初步可行性研究对投资额的估算精确度要达到投资额的上下20%。

③可行性研究。可行性研究，又叫最终可行性研究，或经济可行性研究，是可行性研究的关键环节。可行性研究要对会展项目进行深入的市场、经济分析和方案比较；确定各方案是否可行，并选择最佳方案。在这一阶段常常要进行成本效益分析。成本效益分析，首先对会展项目各种不同方案的成本和效益进行估算。然后，计算某些财务指标。最后，比较各方案的财务指标。这种比较就能确定各项目方案的相对优劣。这一阶段的投资估算精确度一般要达到投资额的上下10%。

④最后决策和评价报告。会展项目评价报告，又称会展项目可行性研究报告，是对会展项目是否可行做出评定。项目评价报告一般应包含：实施要点、会展项目背景和历史、市场和实施能力、资金投入、项目的设计、项目实施的组织结构、人力、项目执行、财务和经济评价等内容。这些内容可归纳为五个方面：市场可行性、组织体制可行性、财务可行性、经济可行性、社会可行性。

可行性研究是决定会展项目命运的关键，一般都由专业机构，如有名望的会展咨询公司或研究机构有经验的人员承担。可行性研究的内容随会展项目的性质、特点和规模而有区别。可行性研究小组中要有经济学家、市场分析员、同会展项目性质有关的专业人员、财会专家和管理专家等参加。

（3）招标文件和项目申请书。招标文件包括以下内容：①工作说明书。工作说明书中必须表述清楚会展项目的工作范围，概括描述立项单位/业主要求承担单位或项目团队执行的任务或工作明细。②需求建议书。需求建议书中必须包含立项单位/业主的要求，此要求规定了会展项目的规格和特征。③可交付成果。可交付成果是项目进展中承担单位应当提交的文件和交付物。如报告、图表、手册和设备等。④立项单位/业主供应条款。⑤过程确认。需求建议书中可以表述出立项单位/业主打算对哪些阶段点或结果（某一过程的结果，可以是文件或可文件化的项目）进行确认。⑥合同类型。依照合同法确定在此项目中使用的合同类型。⑦付款方式。规定一次性支付或分批、分期支付。⑧时间表。表述立项单位/业主对时间进度的要求。⑨项目申请书内容。招标文件中应当明确承担单位所要提交的申请书的格式和内容要求。⑩提交项目申请书的最后期限。⑪项目申请书评价标准。招标文件必须注明项目申请书的评价标准。

项目申请书的主体内容应该针对招标文件的要求逐条编制。要避免两种极端：一种是为了拿到项目，对业主的要求不加辨别，把风险留给后续阶段；另外一种是不理会业主的要求，埋头表述自己感兴趣的东西，结果，表述的那些方面可能刚好是业主不感兴趣的部分。项目申请书的编制是确定项目后续工作的关键环节，一定要兼顾业主需求和自己的能力。

（4）项目许可证书。项目许可证书就是正式批准实施的文件。该文件通常由会展项目实施组织的高层管理者或会展项目的主管部门颁发。项目许可证赋予项目经理或项目班子将资源用于项目活动的权力。项目许可证颁发者的地位视项目的具体情况而定。

3. 首次项目会议议题

很难确定进行一个会展项目需要开多少次、开何种议题的会议，甚至也有许多人并不知道第一次项目会议应该如何举行，讨论些什么问题。

首次会议应由会展项目发起人主持，会议应召集会展项目班子成员及其他与会展项目有关，或对会展项目感兴趣的重要人物参加。

会议前应宣布议程，并给与会者足够的准备时间。会议应避免涉及太多的细节问题，会议的议题主要包括项目背景、相关情况、项目目标、限制条件等。

（二）计划过程

当可行性研究结果表明会展项目可行或者已经具备了必要的条件时，会展项目经理和项目班子就应当着手项目做计划了。项目管理欲获成功，计划环节至关重要。

1. 计划过程的分解和整合

会展项目计划是项目经理和项目班子思想的具体化，体现了他们准备做什么，什么时候做，由谁去做以及如何做，即对未来行动方案的一种说明。

会展项目计划的重要性是不言而喻的。计划涉及会展项目的各个方面，故有多个子过程。计划过程应完成的工作量同会展项目的规模大小以及指导项目实施所必须的信息、资料和文件多少相适应。另外，会展项目计划不像数学那样精确，同一个项目，不同的人就会做出不同的项目计划方案来。

会展项目计划的某些子过程，彼此之间相互依赖，前一过程不完成，后一过程就无法开始。例如，在安排会展项目活动的时间、估算其费用之前必须首先明确其内容、性质和规模。这类子过程可称为依赖性过程，主要有：规模规划、项目分解、活动定义、确定活动顺序、活动持续时间估计、编制进度计划、费用估算、编制费用计划和编制项目计划等。会展项目计划过程还有些子过程之间的关系要视会展项目的具体性质而定，可称为保证性过程，主要有：质量计划、组织计划、沟通计划、风险识别、风险量化和制定应对措施等。

2. 会展项目计划的步骤

计划过程的实际操作主要包括以下几个方面：

（1）需求分析。在会展项目计划过程中，首先要对需求进行分析。需求分析就是明确市场对会展项目的需求和立项单位/业主对项目的要求。会展项目的需求通常可以分为两大类：一是必须满足的基本需求，包括会展项目的规模、规格、成本、进度以及必须满足的法规要求等；二是需要重视的附加需求，例如对城市形象提升、相关产业带动、就业岗位增加等方面的要求。

（2）确定目标。会展项目的目标已经在项目建议书和可行性研究报告中写出。但就会展项目管理而言，它们一则太简略，二则侧重点放在会展项目目标的最终结果方面。由于项目计划要设计实现目标的每一个细节，因此计划过程中确定的目标应该是现实的、面向结果的、可度量的、定量的，并且应该是简单的，而且与项目成员相关，能够起激励作用。可以用相应的英文字母（S、M、A、R、T）记忆项目目标说明必须遵循的几点要求：明确的（specific）、可度量的（measurable）、可实现的（achievable）、由成果决定的（result driven）、有时间性的（time）。

由会展项目需求所确定的会展项目目标是项目任务工作划分的基础。

（3）任务/工作分解。任务/工作分解就是把粗线条的、涵盖面较大的、不能具体操作的任务/工作，分解成较小的且容易管理、实施和检验的包含具体细节的可操作任务/工作。这样做是为了提高估算成本、时间和资源的准确性，提供测量和控制执行情况的基准，便于明确职责和进行资源分配。

（4）资源规划。资源可以理解为一切具有现实的或潜在的价值的东西，包括自然资源和人造资源、内部资源和外部资源、有形资源和无形资源。会展项目管理本身作为一种管理方法和手段，也是一种资源。

资源规划包括确定实施会展项目活动需要哪些资源（包括人力、设备等）以及每种资源将需要多少。资源规划是项目经理决定要获得哪些资源、从哪里获得、何时获得以及如何获得的过程。资源规划必须与经费估算密切协调。项目经理的一个重要职能是在会展项目的整个生命周期中，监督和控制资源的使用和效果。如果某种资源在某一时间的需要量大于资源的可供量，那么就要进行资源平衡。

（5）制定会展项目各方面的具体规划。会展项目各方面的具体规划包括规模规划、费用规划、进度规划、质量规划、人力资源和组织规划、沟通规划、风险管理规划。

（6）评估、确认可行方案。会展项目策划即确定项目目标，明确前提和依据，挖掘出实现项目目标的各种可行方案，对方案进行评估，最后确定方案和写出项目策划书。

（三）执行过程

前述的启动过程和策划过程，基本上是进行会展项目的前期准备。执行过程才是正式开始为完成会展项目而进行的活动，它涉及采取必要的行动，保证完成会展项目计划中的活动。会展项目的成果在这个阶段产生，这一阶段通常要大量的资源，并需要辅助以各种手段和条件。

1. 执行过程的子过程

会展项目执行有如下子过程：

（1）会展项目计划执行，即将会展项目策划付诸实施，展开策划中的各项活动。

（2）质量保证，即定期评价所有的项目活动，以确认项目符合相应的质量标准。

（3）团队建设，即提高会展项目班子个人和集体对项目活动的技能。

（4）信息分发，即将必要的信息及时提供给项目关系人。

（5）询价，即取得合适的报价、标价、报盘和建议书。

（6）供方选择，即选定承包或供应单位。

（7）合同管理，即管理与承包或供应单位的关系。

2. 项目执行准备

一般来说，在会展项目策划付诸实施之前，必须花一定的时间和力量，动员项目团队和项目关系人，鼓舞士气，统一认识，创造有利于会展项目策划执行的气氛和环境。需要做的工作大致有：

（1）会展项目班子应当对项目策划进行核实，看其是否完整、合理、现实与可行，项目范围、目标是否明确。

（2）确认会展项目班子应当拥有的权限是否已经得到各方承认，并明确项目班子内部权力范围和从属。

（3）确认会展项目所需的资源是否有保证，并有否可能寻求更大的资源空间，获得更多的资源。

（4）会展项目经理把任务布置到小组和个人。把会展项目任务分解到能够管理的程度，即能够做出按所要求的准确度估算这样的层次为止。

（5）制定一套统一的体例、制度、规范工作程序、计量标准、沟通用语和形式等，便于控制、评估。

（6）让会展项目参与者在项目书上签字，以示承担责任。如果他们不肯这样做，就说明他们对项目的目的和意义、自己的责任与义务、项目的风险等还不清楚。这就需要会展项目经理向他们解释，使其理解，让他们全力支持会展项目的工作。

（7）再次宣传本项目的优势和光明前景。让项目人员看到，经过自己的亲手努力，项目策划已经制定出来，现在只要将其付诸实施，项目就会变成现实。项目经理充分发挥其宣传、动员和组织的作用，激发大家的热情和斗志。

3. 执行过程的管理要素

（1）安排定期例会。执行过程中可能需要召开的会议包括：与会展项目发起人的一对一会议、与小组成员的一对一会议、小组的项目进展会议、解决问题的会议、协同者的协调会议、与客户的通报会议等。这些会议有助于审查项目进度、改进工作过程、清楚障碍、解决问题。要注意会议议题必须明确，且只让相关人员参加。

（2）由独立方进行评审。对于所有审计工作，任命一位专职审计员。对小组工作，应由独立方进行评审。对不可量化的工作进度也应由独立的一方进行估计。描述团队评审会议的结果，应有现成的实施计划。实际项目成本应能很好地同计划成本进行对比。

（3）管理落实到个人。每个项目成员都有自己的任务。对所有团队成员都进行了挣值分析（earned value analysis）培训。以积极的方式处理个人问题。不应忽视旷工、人员调整等情况。调任或终止工作的项目成员，应有交接手续，或留下书面说明。

（4）连续详尽的项目记录。应有日常的备忘录、阶段性总结和里程碑事件报告。由项目实施者对工作的情况进行日记录。延误的原因和其他问题除了在进度报告中说明外，还要记录在项目笔记中。对于那些预计对项目绩效会有严重影响的情况，进度报告要用"小红旗"表示出来。进度报告应以合适的增加量进行分发。

（5）及时处理"意外"事变。应遵循变更程序。当对一个风险任务未留应急储备时，应采取预防措施减小风险；当意外资源短缺时应及时处理；鼓励团队成员提供有关潜在问题的"预警"。

（6）统筹安排项目任务。管理好关键路径上的活动，以便按时完成，最好是提前完成具有浮动时间的任务。应尽可能用最短的时间完成，保留浮动时间用于处理无法预料的问题。所有工作在项目上的小时数都能回头追溯到该项目，包括义务加班的小时数。对偏离目标的任务应编制纠正措施，并报批准。不应仅仅用线性预测来估算剩余工作。

（7）营造良好的工作氛围。在项目团队中应有一种公开讨论和调查的气氛，应保持最低的竞争。给团队成员的备忘录需带有"请回复（RSVP）"字样，以保证他们收到。对于可能影响职能部门经理的变更，应通知他们。项目经理应使所有团队成员尽可能全面地了解项目的有关信息。对比原计划要好的执行情况或创意应该鼓励，以保持良好的团队士气。

（8）进行有效的决策。决策应尽可能在项目最低级制定，以减少失误，避免瞎指挥。适当的时候采用集体决策，但不是任何时候都需要。对由采取项目经理负责制的会展项目，项目经理的决策应无条件接受。

（四）控制过程

会展项目策划付诸实施后，一定会遇到意外情况，使会展项目不能在规划好的轨道上进行而出现偏差。也有些会展项目策划中的东西在实施时才发现无法实现，或即使勉强实现，也要付出高昂的代价。遇到这些情况，会展项目经理和项目班子或找出偏离原因，采取相应措施；或对项目策划内容及时进行修改，重新规划。这个过程就是会展项目控制。会展项目控制通常在对会展项目执行情况进行跟踪和评价的基础上，通过协商和谈判来完成。会展项目工作的风险性和艰巨性，使得项目控制极其重要，它是实现过程目标和最终目标的前提和关键。

1. 控制过程的子过程

在会展项目的实施过程中，必须定期对项目的进展进行测量，找出偏离策划之处，将其反馈到有关的控制子过程中。如果偏差很显著，则需通过有关的规划子过程，对策划做出相应的调整。控制还包括采取预防措施。控制过程的各子过程简述如下：

（1）绩效报告，即收集和公布执行情况，它包括现况报告、进展测试、预测报告。

（2）整体变更控制，即协调影响会展项目全局的变更。

（3）范围核实，即项目范围的界定验收。

（4）范围变更控制，即控制影响项目范围的变更。

（5）进度控制，即维持计划规定的进度。

（6）成本控制，即控制影响项目预算的变更。

（7）质量控制，即监视具体的项目成果，判断是否符合有关质量标准的要求，找出办法，消除产生不良后果的根源。

（8）风险应对控制，即跟踪已识别的风险，监控剩余风险，鉴定新的风险，确保风险规划的执行，并评价它们对缩减风险的效用。

（9）会展项目控制的输出包括项目策划更新、纠正措施、吸取的教训、范围变更、进度计划更新、成本估算更新、质量检查表、绩效报告、变更请求等。

2. 控制的形式和类型

控制有多种形式和类型，可以从不同的角度进行划分。这些形式和类型都各有长短，适用于不同的会展项目和不同的场景，运用时应该取长补短，投其所"好"。

（1）正规控制和非正规控制。正规控制通过定期和不定期的进展情况汇报、检查会，以及会展项目进展报告进行。根据会展项目进展报告，与会者讨论项目遇到的问题，找出和分析问题的原因，研究、确定纠正和预防措施，决定应当采取的行动。正规控制要利用会展项目实施组织或项目班子建立起来的管理系统进行控制，如会展项目管理信息系统、变更控制系统、会展项目实施组织财务系统、工作核准系统等。

非正规控制是会展项目经理频繁地到管理现场，同管理人员交流，了解情况，及时解决问题。有人将此称为"走动管理"。非正规控制有若干好处：了解的情况多而及时；如果会展项目要出问题，则容易在其酝酿阶段就发现；项目经理到现场会产生多方面的微妙感受和灵感，能够觉察出许多潜伏的问题；容易缩小项目经理和项目班子成员之间的距离，讨论问题的气氛更融洽，更容易找出解决问题的方法。

正规和非正规的两种控制过程步骤相同，都是 POCA（即规划—实施—检查—行动）。两种控制过程都必不可少，非正规控制往往要比正规控制频繁；而正规控制每次花费的时间一般比非正规控制的时间长，但费时总量非正规控制不比正规控制少，有时反而更多。

正规控制往往用在任务/活动易于量化，管理有标准、有规范可循的会展项目上。而非正规控制常适用于不确定性因素较多的会展项目，但要避免专权越权，令出多门，草率决策的现象发生。

（2）预防性控制和更正性控制。预防性控制就是在深刻地理解会展项目各项活动、预见可能发生问题的基础上，制定出相应的措施，防止不利事件的发生。制定规章制度、工作程序、进入人员培训等都属于预防性控制。

更正性控制是由于未能或者根本无法预见会展项目会发生什么问题，只能在问题出现后采取行动，纠正偏差。对于会展项目控制，更正性控制要比预防性控制用得多。利用反映过去情况的信息指导现在和将来，即为（信息）反馈控制。更正性控制往往借助信息反馈来实现，其关键是信息要准确、及时、完整地送达项目经理或其他决策者手中。

预防性控制和更正性控制是一对互补的控制形式，它们一起在会展项目活动中发挥作用。

（3）预先控制、过程控制和事后控制。预先控制是在会展项目活动或阶段开始时进行，可以防止使用不合要求的资源，保证会展项目的投入满足规定的要求。过程控制是对进行过程中的会展项目活动进行检查指导，一般在现场进行。过程控制一定要注意会展项目活动和控制对象的特点，很多项目活动是分散在不同的空间和时间中进行的，如何进行过程控制，需要项目经理动些脑筋。事后控制在会展项目活动或阶段结束或临近结束时进行。会展项目控制一般不宜采取事后控制，因为不利的偏差已经造成损害，再也无法弥补。

（4）直接控制和间接控制。直接控制着眼于产生偏差的根源，而间接控制则着眼于偏差本身。会展项目活动的一次性特点常常迫使项目班子采取间接控制。项目经理直接对会展项目进行控制属于直接控制；不直接对会展项目活动而对项目班子成员进行控制，具体的会展项目活动由项目班子成员去控制，属于间接控制。

3. 控制的原则和策略

（1）控制的策略。控制是一个反馈过程，会展项目控制要讲策略，以下策略可供参考。

①保持控制的权力。"控制"一词意味着权力、权威、命令或统治。会展项目经理必须坚持和善于运用控制的权力。在会展项目实施过程中，具体工作要由班子成员去做，要把必要的权限交给他们。但是，在他们完成任务后应把相应的权限及时收回。在把工作委托给下属，将权限交给他们时，下属的自我控制能力就变得非常重要。遇到难题或不利的局面时，需要请项目班子和有关的干系人讨论，提出建议，但项目经理应保持决策的控制权力。

②让上层决策者及时了解情况。会展项目管理班子可支配的资源以及权

限都是有限的。对于一些重大问题，必须争取上层决策者的支持，提前将重大问题通报给他们，使其能够根据及时、准确和可靠的信息做出决定，不能事先不通气，临时搞突然袭击。需要上层决策者批准的问题，也要提前准备好有关资料和文件，包括问题的来龙去脉和有关背景。这样，他们就能够及时给予批准，不影响会展项目的进展。向他们通报情况时，务必实事求是，不能掩盖事实真相，弄虚作假。

③充分利用决策层的协调能力。在进行会展项目的控制时，往往需要项目班子以外的有关职能部门的配合。尽管项目班子可以同他们商量，请其协助，但在许多情况下，效果不如请会展项目实施组织的决策者出面。因为他们能够统帅全局，这样可以大大提高控制的成效。

④加强上下和内外沟通。是否能对会展项目计划的执行情况做出及时反馈，并相应地采取有效的控制措施，这期间需要不间断地交流信息。加强项目内外和上下的沟通，顺畅信息交流，做到下情上达、上情下达，是实行会展项目控制的基本条件。项目班子应当建立起完善的沟通网络、信息反馈环和定期报告评价系统。

⑤控制务必基于最新的计划。控制的基本依据是项目计划，而在项目实施过程中要进行多次 POCA（规划—实施—检查—行动）循环。所以在依据变化时，项目控制的标准、方法和策略也要不断更新、随之改变。

（2）控制的原则。会展项目控制要真正有效，需要遵循下列原则：

①控制必须集中在目标上。会展项目控制的基本目标就是要保证会展项目的如期实现。控制者应该自问：对于组织，什么是最重要的？我们试图做什么？项目计划中的总体目标和各项子目标是什么？

②控制反应要及时。一个控制系统要反应敏捷，在偏差形成时，应及时发现，并迅速报告有关方面，使他们能及时采取应对措施。一旦太迟，措施就会无效。不能导致行动的控制，只是监测。

③控制要考虑代价。管理会展项目的最好方法是重点进行成本核算。对偏差采取措施，甚至对会展项目过程进行监督，都是需要费用的。因此，一定要比较控制活动的费用和可能产生的效果。只有在收效大于费用时才值得进行控制。

④应控制重点。会展项目工作千头万绪，哪些方面的跟踪和控制是最重要的？在过程中应控制的关键点是什么？受到控制的东西会趋于成为重点。因此，一定要抓住对实现会展项目目标有重大影响的关键问题和关键时点。如进度管理中，就要抓住里程碑。抓住重点，可大大提高效率，同时还意味着把注意力集中在异常情况上。正常情况一般无须多加关照。

⑤要适合会展项目实施组织和项目班子的特点。所有的控制都取决于人的因素，控制要同人员分工、职责、权限结合起来。要考虑控制的程序、做法、手段和工具是否适合会展项目实施组织和项目班子成员个人的特点，是否能被他们接受。实施控制的项目经理或其他成员应当懂点心理学，弄清他们为什么对控制产生抵触情绪，研究如何诱发他们对控制的积极态度。

⑥控制要有灵活性。会展项目的内外环境都会有变化。控制人员应事先准备好备用方案和措施。一招不灵，拿出另一招。一种控制方法不可能适用于所有的会展项目，要按"比例缩放"。

⑦控制需要跟踪。跟踪是控制的"航标"，但控制本身需要适时调整。控制缺乏监督也会出现各种问题，甚至可能会导致更大的偏差。

⑧谨慎控制变更。会展项目控制的很大一部分就是控制变更。只有在发生重大偏差时，才应该做出变更。我们应当建立偏差的接受准则，对于允许范围内的偏差，我们就可以不去花时间计较，而把注意力集中在超出偏差的问题上。变更控制对保护每个人不受范围蔓延的影响很有必要。要遵循一个标准的变更控制程序，按照有序的方式做出变化。变更的原因应该做成文档，以备后用。

⑨受到控制的是工作，而不是工作者。控制的目标是完成工作，而不是让工作者"服从命令"。独裁管理通常导致一种不满和抑制创造的气氛——与所需要的正相反。控制应被视为是工作者用于提高效率和效益的工具。

⑩复杂会展项目的控制应基于激励和自我控制。当控制不是由工作者本人实施，而是由其他人实施时，会产生许多问题。控制的可能是工作者，而非工作。如果不存在工作者和控制者的适当沟通，最后，控制者可能既不了解工作也不了解工作者，并且不能建立合理的检查点。建立行为过程并监控自己的进度，工作者处在最好的位置。因此，自我控制也是工作者工作的一部分。

⑪控制要有全局观念。会展项目的各个方面都需要控制，进度、质量、费用、人力资源、合同等。特别要注意防止头痛医头，脚痛医脚。如在进度拖延时，不考虑其他因素，简单地靠增加投入来赶进度就不能算有全局观念，因为增加投入往往会损害费用控制目标。

（五）结束过程

当会展项目或会展项目阶段的所有活动均已完成，或者虽然未完成，但由于某种原因而必须停止并结束时，项目班子应当做好会展项目或会展项目阶段的收尾（也叫结束）工作。

会展项目工作接近终止时，一部分项目组成员期待着转向新的工作任务，另一部分项目组成员可能被调离或遣散，而结束工作又往往繁琐、零碎、费力、费时，容易被人忽略和回避。因此，这个过程的管理既重要又困难。

会展项目结束的工作内容主要包括以下几个方面：

1. 质量验收

质量验收是会展项目结束的重要内容。依据质量计划和相关的质量检验标准，对会展项目的质量进行评价与认可，并撰写质量验收评定报告。

2. 费用决算

费用决算是指对从会展项目筹划开始到会展项目结束为止这一全过程所支付的全部费用进行的结算与核定，并最终编制项目决算书（包括文字说明和决算报表）的过程。

3. 合同终结

合同终结是指整理并存档各种合同文件（包括合同书本身、各种表格清单、经过批准的合同变更、进度报告、单据和付款记录以及各种检查结果），完成和终结一个会展项目或会展项目各个阶段的合同，完成和终结各种商品采购和劳务合同，结清各种账款，解决所有尚未了结的事项，同时向承包商发出合同已经履行完毕的书面通知。

4. 会展项目后评价

会展项目后评价是对会展项目实施结束后的总体情况进行的评价，主要包括三方面的内容：会展经济效益后评价、会展项目社会效益后评价和会展项目管理后评价。

会展项目后评价工作一般分为四个阶段：首先，会展项目组织要进行自我评价；其次，行业组织以及地方有关机构对会展项目组织的自评结果进行初审；再次，将组织多方人员对会展项目的实施结果进行正式后评价；最后，将后评价结果反馈到决策部门以及其他有关部门，作为新会展项目立项和评估的参考资料以及调整政策的参考文件，实现会展项目后评价工作的目的。

5. 资料验收归档

会展项目结束时，应该提交或归档各种有关项目情况的资料。会展项目资料包括可行性研究报告及相关文件、项目评估与决策报告；项目的各种计划文件；各种合同文件；项目实施过程的进度、成本、质量记录；各种变更资料；质量验收报告；项目后评价资料等。交接双方应该共同对项目资料一一清点、验收、立卷、归档，交接工作完成后，共同在项目资料验收报告上签字确认。

二、项目管理过程之间的关系

会展项目管理包括启动、策划、执行、控制和结束五个基本过程。这些过程按一定顺序发生，但彼此紧密相联。它们是交叠的，界限并不分明。根据具体会展项目的不同，每个过程的时间长度和投入水平都会有所不同。一般情况下，执行过程消耗的资源和时间最多，其次是策划过程。而启动和结束过程通常最短，所需的资源和时间也最少。当然，由于会展项目的独特性，例外情况总是有的。同时，会展项目的每一个阶段都包含一个或几个"启动——计划——执行——控制——结束"的循环（如图 1-1 所示）。值得注意的是，尽管图 1-1 是按照独立的阶段和独立的过程进行描述的，但在实际会展项目中，阶段和过程是相互交叉的。会展项目管理过程组相互作用并跨越阶段。每个过程或阶段在交接时都应有可交付的成果，可以是书面文件、图片资料、实物等。

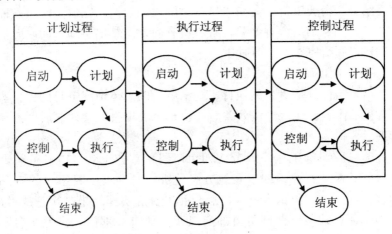

图 1-1 会展项目管理各过程之间的相互关系

每个基本过程均会涉及会展项目管理若干方面的事务，对这些不同方面的事务的处理就是基本过程的子过程。各个基本过程的子过程通常不同。例如，启动过程可以有发起子过程、审批子过程；计划过程可以有范围规划、项目分解、进度计划、费用预算、资源规划、组织规划等子过程。多数会展项目的子过程有许多共同的内容，但一些特殊的会展项目往往会增加或减少某些子过程。例如，较小的会展项目不需要招标。子过程和过程一样，需遵循一定的顺序，有时会相互搭接，反复循环。它们相互关联，密切配合，成为会展项目整体中的一个一个环节。

第三节　会展项目管理的方法

会展项目管理的方法是指为实现会展项目管理目标而采取的常用方式、途径或措施的总称。不同的会展项目之间总是存在着一定的差别，但不论何种类型的会展项目都存在着一定的共性，都需要运用一定的管理方法和相关的工具和手段。最常用的方法有以下几种：

一、制度管理法

制度管理法是指根据国家的各种法律、法令、条例、规定等将会展项目管理中的一些比较稳定的和具有规律性的管理事务，运用立法和制度的形式规定下来，以保证会展项目正常进行的管理方法。制度管理法的特点是：①强制性，即必须遵守、执行，违者必然会受到制裁。②权威性，即制度本身高度规范，任何人都必须遵纪守法。③稳定性，即制度一旦形成并颁布实施，就不能因人、因地而异或朝令夕改。④防范性，即制度是人们必须遵守的行为规范，制约任何人的行为，它可起到预防作用。

制度管理法的优点是具有自动调节功能。但因它缺乏弹性和灵活性，有时容易限制部门积极性和主动性的发挥。因此，制度管理法应与其他方法相辅运用，以发挥其真正的作用。

二、行政管理法

行政管理法是指根据各级行政组织的行政命令、指示、规定、制度等有约束性的行政手段来管理会展项目的方法。行政管理法的特点是：①强制性，即行政命令、指示等必须执行，不得拖延或违抗。②权威性，即行政权力使下级对上级的指令必须遵守并执行。③垂直性，即行政管理法直接作用于被管理者，一级管一级垂直进行，处理问题及时高效。④无偿性，即下级对上级的指令必须无条件服从和执行。

在会展项目管理中使用行政管理法时，首先，应根据会展项目的实际情况，建立合理的组织机构，形成合理的行政层次或能级。其次，应按照行政管理的程序发布指令、贯彻执行、检查反馈和协调处理。行政管理法的优点是能使会展项目实行集中统一管理，但管理效果的好坏与管理人员的水平有密切关系。

三、成本核算管理法

会展项目管理要受一定的条件制约。首先，它要受到会展项目目标性能和功能的制约。项目完成的结果必须满足这些性能的要求。其次，会展项目应该在一定时间内完成。再次，会展项目管理面临着一定的预算约束。

由于会展项目面临着一定的预算约束，也就是要把有限的资源在不同的工作之间进行分配，因此，在会展项目管理中通常要使用成本核算管理法。在进行成本核算时，一般的费用构成主要有直接费用（包括场地租金、营销费用、展品运输等）和间接费用（管理费用、行政后勤人员工资、利息等）。一般来说，间接费用的大小与会展项目周期长短成正比。会展项目周期越长，间接费用越高。

四、项目全生命周期管理法

它是指以项目生命周期作为研究的依据，从项目的启动策划、项目的计划准备，到项目的实施控制，再到项目的后续评估对会展项目进行管理的方法。在会展项目周期的每一个阶段，又有许多方法。

1. 启动策划阶段

在会展项目启动策划阶段，要使用可行性研究法、财务评估法等。

（1）可行性研究法。项目可行性研究是指在投资决策之前，对拟投资项目进行全面的技术经济分析论证并试图对其做出可行或不可行评价的一种科学方法。在做可行性研究时，要对和拟投资项目有关的信息进行调查，所以可行性研究中还涉及调查方法的使用，如抽样调查法、观察法、访问法、实验法等。另外，还要对会展项目的市场需求作预测，因此可行性研究中还要涉及需求预测方法的使用，如直接调查法、经验判断法、时间序列分析法、回归分析法等。

（2）财务评估法。财务评估依据有关财税制度，研究和预测投资项目在完成以后所能给企业带来的经济利益，并根据经济利益的大小，来决定拟实施的项目和不同技术方案之间的取舍。进行项目财务评估首先要估算或计算出项目的投资、成本、收入、各项税金和利润等基础数据。利用财务评估方法，计算相应的技术经济指标，并与有关标准进行对比，判断拟投资项目是否可行，或从中选择最佳方案。

财务评估方法按时间价值分为静态分析法和动态分析法。静态分析法包括投资回收法、投资收益率法等；动态分析法包括净现值法、净现值率法、内部收益率法等。

2. 计划准备阶段

计划是会展项目管理中非常重要的方法。会展项目计划围绕项目目标的完成系统确定项目任务，安排任务进度，编制完成任务所需的资源预算等，从而保证项目能够在合理的时间内以尽可能低的成本和尽可能高的质量完成。

在制订计划时会用到很多方法和技术，如工作分解结构（WBS）、甘特图、网络图等。

3. 实施控制阶段

会展项目控制包括进度控制、质量控制、成本控制和风险控制，每类控制都有不同的方法。其中进度控制方法有关键路线法（CPM）、计划评审技术（PERT）、条线图及进度安排表、里程碑系统等；质量控制方法因果图法、控制图法、相关突法、直方图法等；风险控制方法又包括风险识别、风险分析和评估、风险监视、风险规避方法。

4. 后续评估阶段

后续评估方法主要由定性和定量两种方法。

五、定量管理法

定量管理法，就是通过对管理对象数量关系的研究，遵循其量的规定性，即利用数量关系进行管理的方法。会展项目的管理目标，就是要使投入尽可能少，取得的效益尽可能多。不但要有定性的要求而且必须有定量分析。无论是质量标准，还是资金运用、物资管理以及人员组织，均应有数量标准。应该说，运用定量管理法管理会展项目，一般具有准确可靠、经济实用、能够反映本质等优点。当然，是否真正切实可行，关键是定量要科学合理，执行要具体严格。

六、目标管理法

目标管理法是一种全新的管理方法，是一种将会展项目要达到的目标，同会展项目各项管理工作和参与会展项目的每个成员的任务和职责结合在一起的管理方法。它是根据会展项目的总方针，确定会展项目的总目标；然后将目标层层分解，逐级展开，通过上下协商，制定出各部门、各单位直至每个工作人员的目标；用总目标指导分目标，用分目标保证总目标，从而建立起一个自上而下层层展开、自上而下层层保证的目标体系，形成一种全员参与、全程管理、全面负责、全面落实的管理体系。这种管理方法有利于每位工作人员明确目标与责任，主动采取自觉行动，进行自我控制，也有利于管理者对工作人员的实际贡献进行客观评价。

在此只是简单介绍了各种方法的基本内容，以后还要结合各个章节具体讲述各种方法的实际运用。在实际管理过程中不可能只是用一种方法，要结合具体情况组合使用，才能发挥最佳效用。

本章小结

本章首先介绍了项目和项目管理的基本概念和特征、会展项目管理的总体性特点、会展项目管理的对象和范围。本章的重点是会展项目管理的过程：会展项目的启动——计划——执行——控制——结束。每一个过程又包含若干个子过程。最后本章介绍了会展项目管理的方法。

关键名词或概念

项目 会展项目管理 项目管理过程 项目管理方法

简答题

1. 什么是项目和项目管理？二者具有什么特征？
2. 会展项目的类型和总体特征？
3. 会展项目管理的任务有哪些？
4. 会展项目管理的过程以及各个过程之间的相互联系是什么？
5. 会展项目管理的方法有哪些？重点思考项目周期管理方法在项目管理中的应用？

案例分析

案例 1 2003 年"泛珠三角"投资促进峰会

2003 年"泛珠三角"投资促进峰会是由深圳市国际投资促进会、国家发展和改革委员会投资研究所、联合国工业发展组织中国投资促进处、中国招商投资研究会联合主办的极具战略性和实效性的年度投资促进盛会。

峰会以"依托全新的'泛珠三角'经济圈战略规划和发展趋势，深化'泛珠三角'经济圈的有效融合，实现区域经济发展多赢格局"为主题，充分发挥珠三角及台、港、澳的资本优势和"泛珠三角"经济圈的地域优势和项目优势，使"泛珠三角"经济圈资源互补、有效整合，提升综合竞争力。

主办方从资本市场的规律出发，充分考虑各地方政府、开发区、项目企业的实际需求，经过半年多的准备，集中筛选了近100家资金实力雄厚和具有明确投资需求的国内外投资机构，与"泛珠三角"区域的优质项目进行有效对接，促进"泛珠三角"经济圈的经济快速发展。

因此，为保证本次会议的高质量、高水准，会前，项目评审小组将对各参会项目进行严格的筛选和评审，挑选出200家各行业符合投资需求的优质项目，并利用互联网平台进行在线配对；同时，开展对接所需要的综合配套服务，通过极富创造性、一站式的投资促进活动，在会上采取点对点的投资洽谈（投资机构与项目企业为比例1：2），配合项目路演和投资机构演示；会后，根据需要对项目进行跟踪，真正把这次峰会办成具有"泛珠三角"特色，务实、高效、专业的投融资峰会。

本次峰会，会前经过长时间的准备，将办成具备以下特征的投资大会：

1. 一站式服务

2003年"泛珠三角"投资促进峰会联合会计师事务所、律师事务所、证券公司、管理咨询公司、市场调研公司以及投资银行机构等各专业机构，如深圳市贤泽投资有限公司、信永中和会计师事务所、国泰君安证券公司等，为项目企业开展融资工作提供一站式服务：市场调研、商业计划书（投资价值分析）、审计、资产评估、上市辅导、企业改制以及并购等，使项目融资的每一个环节都有专业支持。提供一条龙服务，可以提高融资的成功率，使本届投资促进峰会办出"务实、高效、专业"的特色。

2. 务实高效运作

（1）会前审核和在线配对。

会前审核：组委会对投资方进行筛选和审核。参会投资机构必须具有如下资格：直接投资机构、总资产规模最少在1亿元以上、具有明确的投资需求；同时，组委会还成立专家小组，对报名的项目企业进行专业评审，获得通过之后才有参会的资格。这可使100多家有实力的投资机构和200家以上高质量的项目进行点对点的对接。

在线配对：项目企业报名参会之后，项目经理会根据大会的统一要求和投资方的需要，协助项目企业制作项目摘要；同时，在大会承办网站中国招商投资网（http：//www.tz888.net）的平台上建立本次会议的门户网站（http://hf.tz888.net），为项目企业特设户名和密码。项目企业可以在线查询参会投资机构的详细材料，并进行自主的在线配对，使融资洽谈更有目的、更有质量。

（2）会中点对点洽谈。

组委会根据会前项目企业递交的配对申请，统一安排意向投资机构与项目企业进行点对点的洽谈，并配合项目路演和投资方专场，使项目与资本进行全方位的接触、交流，从而使项目企业在会上具有实质性的收获。

（3）会后跟踪服务。

会后，根据项目融资的进展需要，组委会将安排专业的项目经理提供跟踪服务，如融资方案设计、投资谈判协调等专业支持，促使项目融资成功。

思考题

1. 根据会展项目的分类，"泛珠三角"投资促进峰会属于哪类会议？具有什么样的特点？

2. "泛珠三角"的经济效应是什么？

3. "泛珠三角"投资促进峰会在选择参会项目时遵循什么原则？根据会展项目的特点说明为什么要选择高质量的参会项目？

4. 根据会议流程，"泛珠三角"投资促进峰会整个运作流程主要分为几个阶段？每个阶段的任务是什么？

案例 2　文化会展项目运作——歌华集团

中华世纪坛艺术馆是北京市第一个由政府委托企业管理的公立艺术馆。通过举办一系列高水平的大型展览，不仅树立了中华世纪坛艺术馆的展览品牌，而且对艺术展馆的展览项目运作模式进行了有益的探索。歌华集团会展项目运作流程为：展览项目发起→市场调查和观众定位分析→展览可行性论证分析→展览立项→展览运作策略制定→展览运作实施→展览跟踪调查与信息反馈→展览总结→以本展览的经验指导下一项目。

歌华集团在会展项目运作中主要体现了以下几个方面的特点：

1. 精塑展览品牌

以"世纪国宝——中华的文明"展为代表的"世界文明系列"、以"黑白意向——毕加索版画展"为代表的"世界大师系列"以及"当代艺术系列"展、"新媒体系列"展等文化艺术精品展览整体地全方位地向社会展示了中华世纪坛艺术馆正在形成的系列展览品牌。

2. 注重人文关怀

"黑白意向——毕加索版画展"期间举行的"大师画，我也画"少儿绘画创作大赛以及面向大、中、小学生推出的优惠举措、举办免费讲座等，体现了中华世纪坛艺术馆的人文关怀和社会责任感，突出了艺术馆的公益性、学术性和服务性。"神秘的玛雅——墨西哥古代文明展"周末晚场的开设，给京城人晚间纳凉提供了极具文化品位的休闲场所。

3. 市场化的运作思路

"神秘的玛雅——墨西哥古代文明展"是中华世纪坛艺术馆展览市场化运作的首次尝试，中华世纪坛艺术馆就展览项目的集资、融资、推广、外延品的开发、销售、媒体的利用以及艺术品的委托经营等，与投资者、广告商、新闻出版机构、礼品公司等进行广泛合作，共同对展览项目进行多重开发和利用。

4. "策展人"的制度引进

作为"狂想的旅程——大师达利互动展"中国巡回展的总代理，运作如此"重量级"的京、沪、穗巡展，标志着中华世纪坛艺术馆已开始尝试扮演国际策展人的角色。

5. "哑铃型"的人才结构

在展览项目运作方面，采用两端大，中间小的"哑铃型"人才结构模式：一端是有展览项目策划研究能力的策展人，另一端是展览项目宣传推广和销售人员。联结两者的是人数较少的能熟练操作的展览项目经理，保证展览项目实施准确到位，并控制成本。

问答题

1. 会展项目管理的基本流程是什么？

2. 文化会展项目如何进行市场化运作？

3. 与其他会展项目相比，文化会展项目具备哪些特点？在文化会展项目管理中应该突出哪些工作？

案例3　上海旅游节"浦东啤酒之夜"策划方案

（来源：http：//www.cefmag.com/）

一、宗旨

举办浦东啤酒节，旨在提高市民对上海旅游节的关注与参与，挖掘开发浦东地区的旅游景点和旅游热点。通过上海市民和海外旅游者的参加，增加浦东地区的人气，扩大上海浦东新区的影响，树立浦东新区形象，并以群众喜闻乐见的形式，丰富市民的文化娱乐生活。同时，也为啤酒制造、经销厂商的促销，提供一个受众面广、影响面大的活动舞台。

二、优势

上海的金秋时节，气候宜人，氛围浪漫。地处浦东竹园高层住宅区中的露天广场，绿草如茵，环境幽雅。广场呈全封闭状态的绿化地，面积达 3000 平方米，与周边建筑相映成趣，独具风情。张杨路标准道交通便捷，停车方便，进出通道多达四处。这些都为浦东啤酒节的举办提供了有利条件。九月，正是啤酒畅销旺季，开怀畅饮，倍增酒趣豪情。游园娱乐，借酒助兴，将别有一番风味。

三、时间

2003 年 9 月 21 日—2003 年 9 月 30 日

四、地点

浦东张杨路、沈家弄路、竹园高层露天绿化地。

五、形式

浦东啤酒节借上海旅游节的东风举办，为体现旅游节的与众不同，不宜搞成浦西公园式松散性的纯促销形式，拟举办带有主题性质的啤酒之夜活动。以形式多样、丰富多彩、热烈欢快、情趣横生的啤酒之夜活动，吸引更多的厂商和游客参与，达到社会效益和经济效益的双丰收。

六、内容

1. 啤酒之夜活动。

2. 啤酒冷餐品尝。

3. 天天开奖游戏。

4. 喝啤酒擂台赛。

5. 天天评选啤酒先生、啤酒小姐。

七、客商

邀请在沪经销的啤酒商参加，计有力波、富仕达、嘉士伯、贝克、青岛、生力、虎牌、朝日、白天鹅、韦发、东海等十余家。凡参加的啤酒品牌，可享受以下待遇：

1. 可在露天草坪指定的区域内设定摊位，并可派专职小姐促销，分发宣传品和免费赠饮。

2. 可在啤酒花园周边放升空气球，树立广告牌，悬挂广告，张贴 POP。

3. 可以以啤酒品牌命名某一日的啤酒之夜的狂欢活动，中心舞台将以该啤酒品牌做背景广告，升该啤酒品牌企业旗帜，并在这一夜免费品尝该品牌啤酒，用该品牌的啤酒举行喝啤酒擂台赛，以该啤酒品牌的奖励开奖，评比冠名的啤酒先生、啤酒小姐（女士）。

八、宣传

浦东啤酒节将采取以下形式宣传本次活动：

1. 刊登一则广告（广告作品内容略）。

2. 作为上海旅游节的一档节目，拟在旅游节新闻发布会上发布信息，并印入旅游节手册。

3. 印刷宣传海报；印制有奖号的入场券。

4. 在啤酒节现场拉横幅，立宣传牌，并放升空气球，整个小区及张杨路附近挂彩旗。

5. 如条件允许，可举办浦东啤酒节开幕式（方案另定）。

6. 由上海电台、东方电台、上海电视台、东方电视台、有线电视台报道啤酒节活动，并由《新民晚报》、《劳动报》、《青年报》、《新闻报》报道啤酒节之夜活动盛况。

7. 适当时候，以啤酒之夜做场景，与上视、东视的"综艺大世界"、"共度好时光"联办节目。

九、活动

整个浦东啤酒节将由若干个主题啤酒之夜活动组成：

1. 《奥运之夜》邀请参加本届悉尼奥运会的体育健儿，不管是赢得金牌的还是榜上无名的，以及上海赴奥运会采访的电视、报纸新闻工作者，让他们欢聚一堂，了解奥运趣闻、健将拼搏逸事，共度美好夜晚。

2. 《摇滚之夜》邀请常年在海伦宾馆演唱的菲律宾、马来西亚歌手、乐手参加，点唱异国情调乐曲、歌曲，增添浪漫氛围。

3. 《民族歌舞之夜》邀请云南及其他少数民族歌舞演员载歌载舞，并以其民族风格为客人泼水祝福。邀请客人同歌共舞。

4. 《球迷球星之夜》邀请部分申花、中远、浦东队的球员与球迷见面，开展球星球迷颠球、猜球、喝酒比赛。

5. 《时装、激光之夜》邀请上海时装公司时装队表演，配以五彩缤纷的激光演示，渲染、美化金秋，增加节庆气氛。

6. 《戏曲、曲艺之夜》邀请上海戏曲、曲艺界的中青年著名演员参加助兴演出，并以酒为题，唱、念、做、打，各显其能。可与电台《星期戏曲广播会》合办。

7. 《爵士之夜》邀请上海和平饭店爵士乐队或上海市三女中女子管乐队

演奏怀旧金曲，让客人翩翩起舞。

8.《影星、影迷之夜》邀请国庆前夕在沪举办首映活动的电影导演、演员参加啤酒之夜活动，或邀请沪上著名的影星、视星、歌星参加，通过见面、联欢、达到轰动效应。

9.《劳模之夜》邀请孟超、徐虎、包起帆等新时期劳模和马桂宁、杨富珍、程德旺等老劳模参加，通过与劳模联欢、接对子、献花慰问等形式达到宣传劳模、崇尚先进的目的。

10.《投资者之夜》邀请浦东新区和市区的海外投资者及其部分高级雇员参加。通过交流情况、发布信息，让投资者们对上海浦东热土的改革开放充满信心，并通过联谊狂欢得到身心愉悦。

十、组织

本次浦东啤酒节将按啤酒之夜的不同主题，有针对性地组织团体单位集体参加，也接纳个体参加者，同时将邀请赴上海参加上海旅游节的海外朋友参加。为使本次活动健康、有序、圆满地进行，拟组建以下组织机构：

活动组：负责整个啤酒节活动的谋划与实施。

宣传组：负责啤酒之夜的主题宣传报道。

票务组：负责团体、个人出票。

广告组：负责啤酒厂商进场事宜及整个啤酒节活动的广告和场内中心舞台背景的更换制作。

十一、经费

浦东啤酒节经费来源有三条：

1. 参加啤酒节的客商缴纳费用。

2. 啤酒节的门票收入。

3. 上海旅游节组委会的经费注入。

整个啤酒节的装饰、布光、搭景和搭建若干啤酒廊，估算费用为40万元人民币。

啤酒廊内的装饰、广告均由进场设摊的客商承担，也可委托组委会操办，其他广告则统一安排。

进场的啤酒商须认购一个"啤酒之夜"活动，以该啤酒命名。当天除提供免费啤酒品尝外，还须缴纳5万元人民币作为"啤酒之夜"装饰中心舞台、邀请嘉宾、演员、乐队、购置奖品等活动开销的费用。

啤酒节可容纳700~900人，票价为100元/张，计人民币80万元左右，除去40万元的搭建费，其他将用做购置、租借设施费用，宣传广告费用，活动人工费用。

十二、结束语

上海浦东啤酒节将历时十天，相信通过各方的努力。一定能够办出上海水平，办出海派特色，为上海旅游节、为浦东新区的开发建设锦上添花。

问答题

1. 如何编写会展活动的策划方案？会展活动的策划方案主要应该包括那几个方面？

2. 如何在会展项目中体现会展与活动相结合的特点？会展项目中安排大量活动的主要目的是什么？

3. 浦东啤酒节是如何体现服务特性的？参加啤酒节的客商会得到哪些待遇？

4. 浦东啤酒节的收入主要来源于哪些方面？试为此次啤酒节编制一个简单的财务预算？

第二章　会展项目的启动

本章导读

　　如何启动一个项目？如何在众多的项目中选择最具有市场空间和可持续发展可能性的会展项目？这是会展项目管理的前提，也是会展项目可行性分析和项目启动的主要内容。本章主要讲述会展项目管理的第一个过程——会展项目的启动，主要内容包括选择会展项目所要遵循的原则和考虑的因素、会展项目可行性研究、会展项目的财务评估及立项和审批。

学习目标

　　本章要求学生了解会展项目选择所遵循的原则以及影响会展项目选择的主要因素；重点掌握如何对所选项目进行可行性分析，包括可行性分析的步骤、市场调研的主要内容、如何用 SWOT 分析方法确定项目的战略，撰写可行性研究报告；了解会展项目的财务评估方法以及不同类型的会展项目的审批要求。

第一节　会展项目的选择

　　会展项目的选择就是运用一定的方法从众多已有的展会项目中选择出符合自己目标的展会项目，或根据对所处的内外条件的分析策划出新的会展项目的过程。

一、选择会展项目所遵循的原则

1. 可行性原则

可行性是会展项目选择或策划的前提。会展活动在筹备举办过程中需要一定的活动场所，需要垫付大量的资金，可行性原则要求会展项目选择或策划必须有一定的物质和财务条件。会展项目尤其是国际性的会展项目通常涉及不同国家和地区的与会者和参展商，而不同国家和地区有不同的法律、道德、民俗、民情，选择会展项目必须考虑到这些问题，才能使会展项目被与会者和参展商所接受，从而使会展项目切实可行。

要使会展项目遵循可行性原则，需要对会展项目进行可行性分析。首先，要对物质条件进行分析。比如要想举办一个5000人参加的国际会议，是否有这样的会议中心满足场地的需求。又如在上海申办世博会，是否有足够的场地可供各国参展商展览、展示产品，是否具有在一个相对较长的时间内（6个月）为各国参展商提供住宿、餐饮、交通运输等各项服务。再如在会展活动的黄金季节（大约在春季和秋季），会展项目较多，所选择的会展项目是否能够租用到合适的场馆；其次，要对会展项目进行经济可行性分析。把会展项目所形成的资金流在考虑资金时间价值的前提下，利用财务管理中的净现值法或内涵收益率法测算会展项目的收益，从经济收益上确定会展项目是否可行；另外还需要从法律上、民俗上、道德上进行可行性分析。

可行性原则不仅要求所选择的会展项目在宏观上满足一些条件，还要考虑会展项目具体微观运作是否可行。如果把每一个环节的微观运作再进一步的规范化，落实到每个人在什么时间做，也就形成了后面将要介绍的计划。

2. 利益性原则

所选择或策划的会展项目应该为会展活动的主办者创造利益，选择或策划会展项目本身就是一项为实现某一特定的经济利益目标而进行的一项活动。利益不仅是选择或策划会展项目的目标，同时也是会展项目是否成功的重要评价指标。会展项目中的"利益"是广义的，既包括社会利益，也包括经济利益；既包括近期利益，也包括远期利益。而各种利益的获得都需要成功的选择或策划来实现。

一年一度的"哈尔滨冰雪节"项目就很好地体现了利益性原则。"哈尔滨冰雪节"是黑龙江人盛大的民间活动，每年都吸引着无数国内外游客前来参加。别具匠心的项目策划者在推出冰雪节的同时，以冰雪节为契机，又举办了冰雪交易会，与国内外客商进行贸易磋商，互通信息，取长补短。当地企业利用冰雪节展开全方位的促销攻势，向外商推销自己的产品，宣传优势产品，塑造企业文化形象。美国、日本、法国、东南亚各国的厂商以及全国四面八方的客户云集冰城，促使成交额逐年上升。同时"哈尔滨冰雪节"还吸引了广大港澳台地区的厂商及游客，为吸引投资、开发科技项目、促进旅游事业的发展做出了不可磨灭的贡献。"哈尔滨冰雪节"这个会展项目实现了巨大的社会经济效益，可以说是一个成功的会展项目策划。

再比如大型活动奥运会的策划也体现了会展项目策划的利益性。举办奥运会，从修建场馆和各种设施，到组织运动会的竞赛活动都需要大量资金，一般需要几亿甚至几十亿美元。从 1896 年至 1980 年主办奥运会的东道国都是靠财政支出，给奥运会举办国造成了巨大的财政上的压力。比如 1976 年蒙特利尔奥运会政府开支 20 亿美元，亏损 10 亿美元。亏损额要依靠当地居民的税收来负担，所以曾经有人把奥运会比做是"烫手的山芋"。但是从第 23 届洛杉矶奥运会以来，奥运会改变了以往完全靠官方投资来举办的形式，依靠会展项目策划来筹资，使奥运会这个不以营利为目的的会展活动也采取了商业化运作方式。这不仅使奥运会的投入见少，而且产出变大。第 23 届洛杉矶奥运会，美国政府及洛杉矶市政府都表示不予提供经济援助，但是美国第一旅游公司副董事长尤伯罗斯实行了一系列策划方案，如出售电视转播权、以每千米 300 美元卖出火炬传递权、提升开幕式和闭幕式的门票价格、开发奥运会商品并经销各国纪念章、裁减奥运会工作人员、借用学生宿舍作为运动员的住处等，成功了改写奥运会亏损的历史，并盈利 2.5 亿美元。尤伯罗斯对奥运会的策划体现了会展项目选择或策划的利益性原则。

3. 创新性原则

提高策划的创新性要从策划者的想象力与灵感思维入手，努力提高这两方面的能力。创新需要丰富的想象力，需要创新性的思维。创新性的思维，是策划活动创新性的基础，是策划生命力的体现。没有创新性的思维，项目策划活动的创新性就无从谈起，项目策划也即无踪无影。

会展项目策划的创新性可以表现为会展主题的创新，也可表现为具体会展活动过程的创新。第 5 届中关村电脑节就很好地体现了创新性原则的具体应用。为了突出中关村的高科技优势，策划人员聘请了 10 位院士利用指纹触摸电脑显示屏上按键的方式拉开了电脑节的开幕式。中关村之所以享誉海内外，是因为其拥有大批充满创造力和创新思想的优秀科技人才，而院士则是他们中的佼佼者。策划人员又进一步考虑了每个科学家与众不同的特质，正是特质让他们走向成功。但这种特质通过什么方式体现呢？在众多提议中，最终选定了每个人都有与众不同的"指纹"这一介质。至此，10 位院士输入指纹密码启动开幕式的想法就形成了。也正是这个点子，奠定了开幕式的成功。

4. 灵活性原则

在会展项目管理过程中会出现很多意外事故和风险，这使会展项目不能按原定计划举行或不能达到预期的效果，需要项目管理小组根据实际发生的客观情况调整方案，以使会展项目能够达到最好效果或将损失降到最低。

2003 年博鳌亚洲论坛年会原定于 5 月 18~19 日在海南博鳌举行。但是鉴于当时"非典"形势的不确定性，博鳌亚洲论坛理事会本着对参会者健康和安全高度负责的精神，决定推迟举行当年年会。龙永图秘书长认为，会议延期属无奈之举，但不能简单地发布一个通知了事，那样显得过于被动和敷衍，应该主动出击，争取化不利局面为有利局面。同时，他也敏锐地意识到，面对这样一场突如其来的危机，作为一个关注亚洲经济、社会发展的国际组织，博鳌亚洲论坛有必要、也有责任挺身而出，做些事情。而这正是一个转守为攻的良机。在他的启发和倡议下，秘书处同仁几经讨论，策划于 5 月 13~14 日在北京举行一次特别会议，主题为《非典与亚洲经济：影响评估与政策建议》。会议将邀请一批知名经济学家、投资银行代表、跨国公司总裁就非典对亚洲经济近期影响、中远期影响预测、各国应采取的对策、消除 SARS 对亚洲经济发展的不利影响等问题进行讨论。这个创意很快得到了亚洲开发银行的积极响应和鼎力支持。该会议从策划、筹备到举办，仅用了三周的时间。此举一出，引来各方关注。一方面，尽管非典型肺炎已爆发数月，但对它的研究还仅限于病理和防控的层面，探讨其在经济领域的影响并寻求对策正是亚洲各国共同关心、急需讨论的话题；另一方面，以这样一种"短、平、快"的方式召开紧急会议，充分显示出一个成立不久的国际组织的快速应变能力和组织协调能力，为论坛树立了极佳的公众形象。

5. 信息性原则

一个好的项目策划，是从信息的收集、加工、整理、利用开始的，而好的开始就意味着成功的一半。因此，信息性原则是会展项目选择或策划的基础性原则，也是关键性的原则。

会展项目的选择和策划是建立在信息的基础之上的。主办者或管理者必须对会展项目所处的各种宏观环境、市场环境、竞争环境进行充分调研，以获得是否可以举办会展项目的各类信息。信息是会展项目选择和策划的起点，所依据的信息应该满足以下几项要求：

（1）收集原始信息力求全面。不同地区、不同部门、不同环节的信息分布的密度是不均匀的。信息生成量的大小也不相同。因此，我们在收集原始信息时，范围要广，防止信息的短缺与遗漏。

（2）收集原始信息要可靠真实。原始信息一定要可靠、真实，要经过一个去伪存真的过程。脱离实际的浮夸的信息对会展项目的选择和策划毫无用处。会展项目的选择必须建立在真实、可靠的原始信息的基础之上。

（3）信息加工要准确、及时。市场是变化多端的，信息也是瞬息变化的。选择或策划会展项目时必须掌握信息的时空界限，及时地对信息加以分析，为选择或策划服务。

二、选择会展项目要考虑的因素

1. 时代因素

会展项目，尤其是会议，主要是为参加者就某一热点问题提供交流合作的平台。会议项目的主题通常是社会所关注的热点问题，包括政治、经济、社会、战争等问题。而这些问题通常与所处的时代有关，因此选择会议项目要考虑时代因素。

1995 年，《财富》杂志携"500 强"的影响力，创办全球论坛至 2010 年，已经成功举办了十一届。总结论坛发展经验，每届都有"热门"话题是成功的法宝。1995 年新加坡年会主题：商界大同。具体议题是：未来的市场、21 世纪的资本市场等。1996 年西班牙巴塞罗那年会主题：全球竞争新规则。具体议题是；全球的增长与公司的新定义、欧洲货币系统概览等。1997 年泰国曼谷年会主题：维持奇迹。具体议题是：维持全球增长、全球化中的外交政策相互依存与主权等。1998 年匈牙利布达佩斯年会主题：在全球新经济查财富。具体议题是：全球资本市场风险与回报、新全球领导艺术等。1999 年中国上海年会主题；中国未来 50 年。具体议题是：可持续发展的挑战、向前看：制定新中国的规划等。2000 年法国巴黎年会主题：电子——欧洲。论坛首次聚焦"网络经济"，具体议题是：欧洲电子经济、无限革命等。2001 年香港年会的主题："亚洲新一代"，旨在探讨逐渐形成的亚洲商业新的发展前景。论坛的具体议题多与中国有关，其中包括"中国加入世界贸易组织后的科技发展"、"中国加入世贸后的营商环境"、"中国新貌：西部兴起"等。论坛议题还包括："新兴科技如何影响商业及未来变化"、"亚洲优势何在"、"企业管制在亚洲"及"新一代领袖展望未来"等。2002 年第八届年会主题是"领导者的力量——把握新的现实"，具体议题包括：公司最高领导人所面临的严峻挑战、全球企业的转型、企业的社会责任以及全球经济增长的最新动力等。2005 年第九届年会主题是"中国与新的亚洲世纪"，具体议题包括：中国与互联网、了解中国的资本市场、超大城市、亚洲的都市化等。2007 年第十届论坛的主题是"操控全球经济"，具体议题包括：印度公司走向全球，《财富》全球500强：革命与分裂的影响力等。2010年第十一届年会的主题是"新的全球机遇"，具体议题为包括：重启后的新增长策略与商业模式、中国的新能量等。

2. 产业因素

会展项目与所展览展示的产品所在的产业密切相关。主办者或管理者在选择或策划会展项目时一定要考虑相关的产业因素。首先，与所举办的展会相关的产业必须是主办者或管理者非常熟悉的。主办者或管理者要对相关产业的市场状况、市场结构、竞争情况有相当的了解。其次，与所选择的会展项目相关的产业应该是处于变化或转型期，市场空间较大，产业发展迅速。再次，与所选择的会展项目相关的产业应该能代表未来产业的发展方向，具有良好的市场发展前景。

3. 市场因素

选择或策划的会展项目必须要有市场需求。展会的市场需求分为两个层次：一是要有大量参展商、参会者参加展会；二是要有大量的观众，包括专业观众和普通观众。市场因素是决定会展项目能否成功的关键因素，而市场因素又是建立在对会展项目举办地的产业发展水平、经济发展水平、人均收入水平的基础之上的。

4. 自身因素

会展项目的举办需要大量的人力、物力和财力，选择会展项目一定要结合项目主办者自身的条件因素进行分析。自身因素应该包括以下几个方面：管理因素，即主办者或承办者是否具备所选择会展项目的管理经验和水平；人员因素，即项目管理小组成员的素质是否能达到会展项目的要求；财力因素，即主办者是否有充足的资金支持所举办的会展项目。

第二节 会展项目的可行性研究

一、可行性研究

在项目管理中，可行性研究是指在项目投资决策前，调查研究与拟建项目有关的自然、社会、经济、技术资料，分析、比较可能的投资建设方案，预测、评价项目完成后的社会经济效益，并在此基础上，综合论证项目投资建设的必要性、财务的盈利性和经济上的合理性、技术上的先进性和适用性以及建设条件上的可能性和可行性，从而为投资决策提供科学依据的工作。

项目可行性研究的主要任务是通过对项目进行投资方案规划、技术论证、经济效益的预测和分析；经过多个方案的比较和评价，为项目决策提供可靠的依据和可行的建议，并应该明确回答项目是否应该投资和怎样投资。因此，项目可行性研究是保证项目一定的投资耗费取得最佳经济效果的科学手段。

二、会展项目可行性研究的步骤

1. 开始阶段

在开始阶段，主办单位要详细讨论可行性研究的范围，明确会展项目的目标。

2. 调查研究阶段

调查研究阶段是可行性分析的重要步骤，是会展项目信息的重要来源。调查的对象和范围主要有：会展项目所处的宏观环境，包括经济环境、政治安全环境、社会各界对会展项目的关注程度；市场环境，包括市场规模、市场发展前景、市场进入壁垒；竞争环境；会展举办地条件分析，包括经济发展水平和产业体系、基础设施和社会服务体系、自然环境和人文环境、会展中心的规模和服务水平；自身环境，包括项目管理团队、财务约束和以往举办同类展会的情况。

3. 优化和选择方案阶段

将会展项目的各个方面进行组合，设计出各种可供选择的方案，然后对备选方案进行详细讨论、比较，要定性与定量分析相结合，最后推荐一个或几个备选方案，提出各个方案的优缺点，供决策者选择。

4. 详细研究阶段

对选出的最佳方案进行最详细地分析研究工作，明确项目的具体范围，并对项目的经济与财务情况做出评价。同时进行风险分析，表明不确定因素变化对会展项目经济效果所产生的影响。在这一阶段得到的结果必须论证出项目在技术上的可行性、条件上的可达到性、资金的可筹措性和会展项目的风险性。

5. 编制可行性研究报告阶段

可行性研究报告的编制内容，国家有一般的规定，如工业项目、技术改造项目、技术引进和设备进口项目、利用外资项目、新技术产品开发项目等都有相关的规定。对于会展项目的可行性研究报告，目前国家并没有统一规定。所以会展项目可行性研究报告应该参照其他类型项目的可行性研究报告的内容和体例，并根据自身的特点来编写。

6. 编制资金筹措计划

会展项目的资金筹措在项目方案选优时，已经做过研究。但项目实施情况的变化也会导致资金使用情况的改变，因而要编制相应的资金筹措计划。

三、会展项目的市场调研

会展项目的可行性研究正是在大量详细科学的调查分析的基础上对项目实施成功几率的研究，经过实地调查、技术分析、方案比较和选择等环节，最终形成可行性研究报告。会展项目市场调研主要包括以下几个方面：

1. 宏观环境

宏观环境指的是会展项目外部环境，是所有会展项目生存与发展所凭借的基本相同的宏观条件和影响因素。会展业是一个涉及面广、综合性强的行业。它对于社会稳定性、经济繁荣程度、目标市场的消费能力和消费欲望，以及其他如饭店、交通、环境、商品零售业等行业都有较强的依赖性。任何会展项目在做可行性研究时，都应该根据会展项目的特点和主承办单位自身的特点，深入研究并分析判断宏观环境变化对会展项目的影响。宏观环境因素主要包括经济环境、政治安全环境和因素。

（1）经济环境。经济环境是指会展项目生存和发展的社会经济状况及国家经济政策。具体来说，它是由社会经济结构、经济发展水平、经济体制和经济政策四个要素构成。对于会展项目所处的宏观环境分析，首先应该考虑的就是经济环境因素。

社会经济结构包括产业结构、分配结构、交换结构、消费结构和技术结构，其中最重要的是产业结构。产业结构是指资源在各个产业之间的分配。目前，我国正在积极调整产业结构，大力发展第三产业。这为会展业的发展提供了良好的契机。

经济发展水平是指一个国家经济发展的规模、速度和已经达到的水准。重要表现为国民生产总值和国民收入及人均水平、经济增长速度等。一般来说，经济发展水平越高，物质产品越丰富，企业越愿意通过参加会展活动的方式树立企业品牌形象、建立客户关系、达到销售产品的目的；客户商也愿意通过展会实现大规模的采购；而人均收入水平的提高则提高了普通观众对消费品的需求，也提高了对展会的需求。我国连续多年保持经济快速增长，是目前世界上最富经济活力的国家。快速的经济增长是我国会展产业迅速发展的关键因素。

国家产业发展政策属于一个国家调控宏观经济的重要手段。如果一国鼓励某一产业的发展，那么和这个产业密切相关的会议和展览活动就能得到很好的发展。

（2）政治安全环境。政治环境是指制约和影响会展项目的各种政治要素及其运行所形成的环境系统。政治环境对会展项目的影响具有直接性、不可预测性和不可抗拒性等特点。如果政局动荡、战争频起，连基本的生存、安全需要都无法满足，那么根本谈不上举办或参加会展活动了。总的来看，和平与发展是当世界的两大主题，但局部战争时有发生，如"9·11"恐怖袭击事件、美伊战争等都极大地影响了人们正常的生活和当地企业的正常生产活动。从目前我国的现实状况上来看，政治稳定，基本完成了由计划经济向市场经济的转变，政府职能也实现了从微观的经营管理到宏观经济调控的转变，企业逐步实现政企分开，政府为企业发展创造完善的市场竞争环境。这种稳定的政局为我国会展业的发展提供了良好的政治安全环境。

（3）政府和社会各界对会展项目的关注程度。在会展项目中，有很多项目并不是以营利为目标的，如艺术展、教育展、宣传展，再如奥运会等一些大型活动等。这些展会和大型活动虽然不是以营利为目的的，但此类项目有经济目标之外的目标，如扩大举办会展活动城市的影响、促进文化交流和体育事业进步、加强各民族之间的联系等。如果政府和社会各界对会展项目普遍关注，那么此类目标就较容易实现。

2. 市场环境

市场环境主要指的是所举办会展活动的市场需求情况。如果经济高速发展，科学技术进步较快，则对科技研讨会、技术交流会、学术会议等会议项目以及大部分以展示科技成果的展览有较大的需求。如果举办地居民人均收入水平较高，则对消费类展会有很大需求。市场环境包括市场规模、市场发展前景、进入壁垒等多个方面。在制订会展项目计划时要充分考虑企业所处的市场条件，因为这些市场条件决定了会展的最终效果和会展项目目标。

（1）市场规模。市场规模也就是市场容量，在一定程度上可以决定市场的竞争程度和获利空间。市场规模越大，项目获利空间越大，项目目标越容易实现。市场发展水平是市场成熟程度的体现，同时也在一定程度上反映了市场竞争程度。一般来说，市场发展水平越高，市场中各项游戏规则越完善，竞争越激烈，利润率水平相对较低，而且市场份额几乎已被现存厂商瓜分殆尽。

（2）市场发展前景。市场发展前景主要是指展会是否具有持久的生命力。这需要判断展会所处的生命周期的阶段。一般来说，展会的生命周期可分为四个阶段：萌芽期、成长期、成熟期和衰退期。

萌芽期是展会品牌的创立初期，是展会开拓市场、逐步被接受的时期。在展会生命周期的早期，如果参展商再次预定展位的比率比较高，观众的数量稳定，就标志着展览进入快速增长期。一个管理好的展览会能够在市场上保持稳定状态数年。如果一个展会连续几年增加较小或没有增长，就标志着展会进入了成熟期。这是展览主办者能够获得稳定利益的时期。当一个展会不能给组织者带来经济利益时，这就说明这个展会已经进入了衰退期。

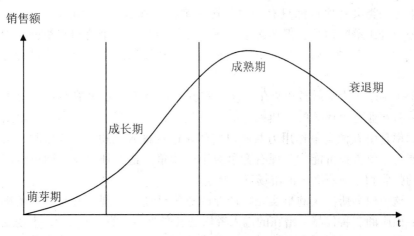

图 2-1　展会的生命周期

在展会生命周期的不同阶段，主办或承办单位所获得的经济利益是不同的。一般来说，主办单位应该在展会的萌芽期或成长期进入市场，并可获得长久收益；在展会的成熟期，市场已被其他主办单位瓜分，市场进入壁垒很高，所以不要盲目进入。考虑展会所处生命周期要考虑经济状况、竞争对手、产业发展变化、国际展览业发展趋势等一些因素。

（3）市场进入壁垒。市场的进入壁垒是指新厂商进入市场的难易程度。进入壁垒可以分为规模经济进入壁垒、产品差别化进入壁垒和制度性进入壁垒。规模经济是经济学中一个非常重要的概念，指的是在企业规模达到一定程度时成本降到最低点。由于规模经济的作用，单位生产的平均成本随着产量的增加而下降。新进入企业由于在进入产业之后不能快速达到一定的市场份额，不能充分享受到规模经济所带来的经济性，相对于产业内部的在位企业，是在较高的成本基础上经营的。这也使得进入企业在一种不利的地位上经营。

如果市场中同类型展会已举办多次，参展商对已有展会已经相当熟悉，参展商的参展习惯已基本稳定，那么同类型新的展会项目的进入就相对困难。这就造成了产品差别化壁垒。制度性进入壁垒是指除了经济技术之外的人为制定的一些政策和管理办法所造成的制度方面的壁垒。在中国会展业，制度性壁垒主要包括两个方面：一是会展产业的审批制管理办法；二是政府作为会展活动的主办主体对其他会展企业的进入形成了障碍。

3. 竞争环境

在会展产业中，每个会展项目都存在着许多竞争对手和潜在的竞争者。如果每一类会展项目都只有一家公司来举办，那么就没有和它竞争的对手，该公司处于垄断地位。但实际上，每一类展会都有多个公司在举办。为了能够成功举办会展活动，在竞争中脱颖而出，必须深入研究会展项目所处的竞争环境。

美国哈佛大学教授迈克尔·波特在其经典巨著《竞争战略》中提出了一个分析产业竞争环境的经典模型。波特认为，一个产业竞争的强度以及产业利润率是由五种竞争作用力共同决定的，包括进入威胁、替代威胁、买方侃价能力、供方侃价能力、现有竞争对手的竞争。这五种力量共同决定产业竞争的强弱和企业所面临的市场竞争环境。

这个模型所反映的事实是，产业的竞争已超越了现有参与者的范围。顾客、供应商、替代品、潜在的进入者均是该产业的"竞争对手"，市场竞争的激烈程度由此可见一斑。要想在竞争中取胜，就必须认真分析竞争形势，绝不能忽视竞争对手，包括现有的和潜在的竞争对手。掌握竞争信息，针对竞争信息分析竞争形势，并在遵守法律法规和知识产权的前提下确定合理有效的行动计划，这一点尤为重要。分析竞争形势首先是要了解自己的实力，包括本公司的信誉度，拥有的软硬件配置，如会展场馆、科技手段、员工素质、服务质量和会展活动的创意等。要明白自己能够为展商和参观者提供什么样的产品、会使他们如何及在何种程度上获益、展商及参观者将享受哪些便利条件和什么样的服务等。然后，要知道谁是自己的竞争对手。一般来说，举办同类会展活动的公司或其他实体都可以成为自己的竞争对手，尤其是已经或有意在你的计划覆盖范围内举办同类会展活动的公司或实体。同样，对对手的了解也要细致全面。通过各种渠道，包括对竞争对手的情况进行实地考察，近距离观察，了解对手的办展历史和规模特点，对方的宣传途径、效果，吸引客户的兴趣点等。

4. 会展项目举办地的条件分析

（1）经济发展水平和产业体系。从世界范围的会展产业发展的历史和地区布局来看，市场和产业是会展经济发展的两大基本要素。市场规模越大，产业体系越完备，以会展作为营销手段的企业就越多；经济发展水平越高，人民生活水平越高，购买力越强，就越愿意通过参加展会了解新产品和新技术。

从历史发展的角度看，会展产业正是随着经济的发展、产业体系的不断完备才逐渐发展起来的；从目前会展产业的地区布局来看，越是经济发达、产业体系完备的国家，会展产业就越发达。

（2）基础设施和社会服务体系。会展项目的举办需要较好的基础设施，如交通、住宿、城市建设等，同时也需要完善的社会服务体系，如咨询、旅游、餐饮、设计等服务。

（3）会展中心的规模和服务水平。会展中心是会展项目的物质载体。会展中心的规模和服务水平决定了会展项目的规模和服务水平。会展中心是参展商展览展示产品的舞台，参展商所需要的很多服务，如清洁、餐饮、保安等服务都需要会展中心提供。因此，在会展项目前期的可行性分析中一定要考虑会展中心的规模和服务水平。

5. 会展项目自身因素

内部环境是会展项目所有者或管理者所具备的影响会展项目成败的因素，主要包括以下几个方面：

（1）项目管理团队。由于会展产业是一门新兴产业，关于会展管理方面的理论和经验都未能形成完整的体系。许多成功的会展项目都是依靠项目管理者多年来办会办展的经验。而这种经验还没有被很好地总结以上升为理论，也未能被普遍地推广。因此，项目经理和其他项目小组成员是否有丰富的会展项目管理经验是决定会展项目目标能否实现的关键因素。另外，会展项目管理团队的各成员之间的合作也是非常重要的。这是因为项目小组一般是临时组建的，成员之间没有稳定的关系，成员之间的融洽合作从而发挥协同作用是实现会展项目目标的关键因素。

（2）项目的财务约束。会展项目目标的实现要受资金流的制约。一般来说，财务约束越松，会展目标越容易实现，反之，财务约束越紧，财务目标的实现就会受到诸多限制。

（3）以往举办同类型项目的情况。这一点对于可行性分析非常重要。如果以前曾举办过此类会展项目，那么再次举办此项目就越可能获得成功。

四、会展项目的 SWOT 分析

优势—劣势—机会—威胁（Strengths - Weaknesses - Opportunities - Threats，SWOT）分析的核心思想是通过对会展项目的外部环境和内部条件的分析，明确会展项目可资利用的机会和可能面临的风险，并将这些机会和风险与项目的优势和劣势结合起来，形成会展项目管理的不同战略措施。

会展项目同时受内部因素和外部环境的影响。通常来说，内部因素在一定时期内相对稳定，而外部环境却处于经常变化之中，使外部因素对会展项目影响难以控制。因而会展项目要根据环境变化采取一系列适应性措施。

SWOT 分析的基本步骤是：（1）分析项目的内部优势和劣势，重要的是找出对会展项目具有关键性影响的优势和劣势。（2）分析项目面临的外部机会和威胁。会展项目所处的外部环境不断变化，管理者应该抓住机会，回避风险。（3）将外部的机会和威胁与项目内部优势和劣势进行匹配，形成可行的备选战略。SWOT 分析有四种不同类型的组合：优势—机会（SO）组合、劣势—机会（WO）组合、优势—威胁（ST）组合和劣势—威胁（WT）组合。

优势—机会（SO）组合战略是一种发挥会展项目内部优势与利用外部机会的策略。当企业内部具有特定方面的优势，而外部环境又为发挥这种优势提供有利机会时，可以采取该策略。如具备类似活动经验、可利用空间和人力资源；主题新颖，没有竞争者，地区行业支持展览会。劣势—机会战略（WO）是利用外部机会来弥补内部弱点，使会展项目改变劣势而获得优势的战略。当外部存在一些机会而项目目前的状况又限制了它利用这些机会时，可以采取此战略，利用外部机会克服内部弱点。如某项目管理者没有类似活动的管理经验，项目实施没有足够的场所和人力资源，管理人员没有就此活动接受充分培训；但主题新颖，没有竞争者，地区行业支持展览会。优势—威胁（ST）战略是利用项目的优势回避或减轻外部威胁的影响。威胁可能来自外部环境的变化，也可能来自竞争对手。如项目具备类似活动经验、可利用空间和人力资源；主题新颖，存在竞争者，行为受到法律限制。劣势—威胁（WT）战略是一种旨在减少内部弱点的同时回避外部环境威胁的防御性技术。没有类似活动经验，项目实施没有足够的场所和人力资源，管理人员没有就此活动接受充分培训；主题新颖，存在竞争者，行为受到法律制约。

会展项目的 SWOT 分析

外部影响 内部因素	机 会	威 胁
优势	Ⅰ 最大成功的可能性 短期内能够实现	Ⅱ 需要防范的活动
劣势	Ⅲ 大力加紧弥补缺陷	Ⅳ 最小成功的可能性 长期实现

五、会展项目可行性研究报告

1. 总论

有关会展项目主题主要的理念、思想和简要的背景资料

2. 商品交易会的目标和范围

3. 与行业市场有关的全国性和地区性宏观经济资料（如统计数字、销售额、增长速度、雇员数量等）

4. 行业市场分析

（1）供应（国际、国家/地区）：如市场细分、市场结构、相关的和潜在的展览公司名单

（2）需求（国际、国家/地区）：如市场细分、市场结构、相关的和潜在的展览公司名单

（3）市场—销售系统：如市场结构、销售渠道、有关分销商名单

（4）确定目标群体、利益相关者，并对他们进行目标分析

（5）市场趋势和未来发展，国际、国内和地区趋势和发展；技术进步；新需求和日益增长的需求

5. 竞争

（1）国际竞争、中国国内竞争

（2）类似的主题、构想

（3）相同的参展商结构

（4）顶尖展览会

6. 会展项目的实施—可利用资源

（1）根据预期参展商确定展览地点和规模

（2）战略合作伙伴（如协会、报刊、主办商、大学）

（3）组织（如项目小组、时间可用度、员工数量）

（4）营销（如媒体、销售渠道）

（5）规划（如内容管理和项目管理；时间表）

7. 财务分析

（1）粗略评估项目的预算（如计算成本和销售额）

（2）预期利润（如总成本计算和直接成本核算）

（3）预期收益（如对接下来的三至五项活动进行项目估算）

8. 活动预测

（1）最差和最好的典型情境

（2）风险分析（如影响因素、政治和法律风险）

（3）项目实施评估（如利用评分模型对项目、标准、展览主题、计划进程、竞争、可利用资源、财务负担/风险进行评估）

9. 总结和建议

（1）结果总结

（2）SWOT分析

第三节　会展项目的财务评估

一、财务评估的概念和作用

1. 财务评估的概念

项目财务评估是从企业的角度出发，依据现行财税制度、现行价格等有关法规，研究和预测投资项目在完成以后所能给企业带来的经济效益，并根据经济效益大小，来决定拟实施的项目或不同技术方案的取舍。进行项目财务评估首先要估算或计算出项目的投资、成本、收入、各项税金和利润等基础数据。然后据此编制财务报表，计算相应的技术经济指标，并与有关标准进行对比，判断拟建项目是否可行，或从中选择最佳方案。

2. 财务评估的作用

财务评估对企业投资决策、项目审批、金融机构提供贷款都具有十分重要的作用。

（1）财务评估是企业进行投资决策的重要依据。企业进行长期投资与企业从事生产活动的目标是一致的，主要是为了营利。通过财务评估，决策者可以科学地分析拟建项目的盈利能力，进而做出是否投资的决策。

（2）财务评估是有关部门审批拟建项目的重要依据。企业投资项目的财务效益如何，不但和企业自身的生存和发展息息相关，而且还会对国家财政收入状况产生影响。因此有关部门在审批拟建项目时，必须将财务效益作为项目决策的重要依据。

（3）财务评估是金融机构确定贷款的重要依据。金融机构是经营特殊商品货币的企业，其经营活动的主要目标也是为了营利。项目投资贷款具有数额大、周期长、风险大等特点。稍有不慎，就有可能不能按期收回贷款利息，甚至收不回贷款本金。通过财务评估，金融机构可以了解并可以科学地分析拟建项目的贷款偿还能力，进而确定是否予以贷款。

二、会展项目财务评估的方法[①]

项目的财务评估按时间价值因素可分为静态分析法和动态分析法。静态分析法是指在进行财务评估时，不考虑时间因素、不考虑货币时间价值的方法；而动态分析法则是指在进行财务评估时考虑资金时间价值的方法。时间价值是指资金在使用过程中的产生的价值增值。

（一）财务评估的静态分析法

1. 投资回收期法

投资回收期是用投资项目所得的净现金流计算回收项目初始投资所需的年限。一般用 Tp 表示。投资回收期是考察项目方案在财务上投资回收能力的重要指标。这里标准回收期是根据同类项目的历史数据和投资者意愿确定的基准投资回收期。

判断准则：投资回收期小于标准回收期，接受项目；投资回收期大于标准回收期，拒绝项目。

投资回收期法的优缺点。投资回收期法的优点是：第一，概念清晰，反映问题直观，计算方法简单；第二，这种方法不但在一定程度上反映了项目的经济性，而且反映了项目的风险大小。投资回收期法的缺点是：第一，没有考虑资金的时间价值。第二，没有考虑回收期后的现金流。回收期的长短与项目现金流分布有直接关系。它只能反映回收期以前的现金流情况，不能反映项目整个生命周期内现金流量的大小。第三，标准回收期的确定具有主观性。

2. 投资收益率法

投资收益率法是将项目在典型年度的收益额与项目的总投资额进行比较，求得投资收益率并与项目行业基准投资收益率对比，以评价投资财务效益的一种分析方法。计算公式为：

$$投资收益率 = \frac{年收益额}{项目总投资} \times 100\%$$

式中的项目总投资包括固定资产投资、无形资产投资、流动资金投资及项目期间投资借款利息的投资额。年收益额一般是指正常年度下获得的收益额，即项目所获取的年净利润总额。对投资者来说，这个指标的值越大越好。如某项目的投资总额为 6000 万元，年度净利润为 600 万元，则其投资收益率为：

[①]　这里对财务评估方法作一简单讲解，更详细内容请参见有关财务管理的内容。

$$投资收益率 = \frac{600}{6000} \times 100\% = 10\%$$

用投资收益率法判断项目的投资财务效益，计算简便、易于理解。但是对于那些年度收益额在各个年度变动幅度较大的项目进行计算时，比较难以把握其年净利润额。尤其对会展项目来说，很多都是在一年之内完成，很难准确核算其投资收益率。即使是对一些持续时间较长的大型活动，由于现金流量的不确定性，也很难确定其年投资收益率，而只能在项目结束之后计算项目总的投资收益率。

（二）财务评估的动态分析法

1. 净现值法

这种方法使用净现值作为评价方案优劣的指标。所谓净现值是指特定方案未来现金流入的现值与未来现金流出的现值之间的差额。按照这种方法，所有未来现金流入和流出都要按预定贴现率折算为它们的现值，然后再计算它们的差额。如净现值为正数，即贴现后现金流入大于贴现后现金流出，该投资项目的报酬率达于预定的贴现率。如净现值为零，即贴现后现金流入等于贴现后现金流出，该投资项目的报酬率相当于预定的贴现率。如净现值为负数，即贴现后现金流入小于贴现后现金流出，该投资项目的报酬率小于预定的贴现率。

2. 现值指数法

这种方法使用现值指数作为评价方案的指标。所谓现值指数，是未来现金流入与现金流出现值的比率。现值指数大于 1，说明投资报酬率超过预定的贴现率；现值指数小于 1，说明投资报酬率没有达到预定的贴现率。

3. 净现值与获利能力指数的比较

用净现值与获利能力指数进行互斥项目的决策时，会出现矛盾。原因在于净现值表示的是价值的绝对值，获利能力指数表示的是价值的相对比率，是单位投资的效益。因此在比较规模不同的两个互斥项目时，两种方法会产生矛盾。

在这种情况下，由于股东权益的增长是通过一个项目的净现值的大小来体现，而对一个公司来讲，所看中的正是股东财富的增加。所以当两者产生矛盾时，以净现值作为资本预算决策的判断标准符合公司价值最大化的原则。而以获利能力指数作为资本预算决策的判断准则，往往倾向选择规模小的项目。

第四节　会展项目的立项和审批

展览会通过可行性论证后，一般都需要申报到有关部门进行核准后才能启动。这样可以避免重复办展、保证展览会质量。多年来，我国会展业管理体制一直沿用计划经济体制下的审批制，境内举办的各种涉外和非涉外展览会以及到境外举办展览会都要经过审批，而且是多个部门审批。但随着会展经济的不断发展，审批制正逐步向备案制转变。

一、立项申请

立项申请原则上应提前 12 个月向外经贸部或政府审批部门提交。申请时要提供以下材料：主办单位的资格证明（举办国际展览会的单位须取得国家有关部门的资格认定），主办单位和承办单位之间、主办单位（有两个或两个以上主办单位）之间的职责分工协议，联合或委托办展协议；展览会名称、内容、规模、举办时间、地点。《外经贸部关于在境内举办对外经济技术展览会管理暂行办法》中强调同类展览，原则上在同一省、自治区、直辖市及副省级市每年不超过两个。因此在进行项目选择的时候一定要考虑同类展会在本省、本地的举办情况和办展计划。优先批准规模大、影响大、定期举办的展览，优先批准具有行业优势的展览。

审批部门或主管部门同意立项后，主办或承办单位应向所在地工商管理局提出办展申请，并进行登记。在申请登记时须出具举办人具备法人资格的证明材料、举办展览会的申请书、当地政府的立项批复、展览会的组织实施方案、场地使用证明等材料。目前我国还没有统一的会展法，有的省市出台了自己的会展法规或规定，主办单位必须遵守展地所在省市的规定。如 1996 年，大连制定了《大连市展览管理暂行办法》，对在大连市举办的展览活动进行管理协调，规定在大连市举办的展览会，应在每年 1 月底以前向大连市展览工作领导小组办公室提出展览会的立项申请，市展览工作小组办公室于当年 3 月底前制定出下一年度的展览计划。

二、审批

根据展览的涉外程度不同，可将展览分为国内展、来华展和出国展。不同展览的审批部门和审批办法不同，所经历审批体制的变革也不同。

1. 国内展

国内展览先后由商业部、内贸部、国内贸易局归口管理，后来又由国家经贸委行使管理职责，贸促会可以审批其系统举办的国内展。2002 年 11 月，国务院取消了关于"全国性非涉外经济贸易展览会"的审批制，改为登记制。也就是说，从 2002 年起国内举办全国性非涉外经济贸易展览会已经不再实行审批制，只到有关部门登记就可以了。国内非涉外展率先实现了登记制。

2. 来华展

1988 年，根据国务院《关于加快和深化对外贸易体制改革若干问题的规定》，对外经济贸易部研究制定了《举办来华经济技术展览会等审批管理办法》，明确对来华经济技术展览会实行审批制。随着我国对外开放程度的加深以及会展市场的发展，境内举办的涉外展览会越来越多，各种市场主体争相举办涉外展览，对同类展会也有多个部门审批，市场秩序出现了一定程度的混乱。为加强对境内举办的对外经济技术展览会的管理，规范境内涉外展览市场，保障境内涉外展览业的健康发展，国务院办公厅于 1997 年下发《国务院办公厅关于对在我国境内举办对外经济技术展览会加强管理的通知》（简称《国办通知》）。《国办通知》明确规定，境内举办对外经济技术展览会（包括国际展览会、对外经济贸易洽谈会、出口商品交易会和境外民用经济技术来华展览会等），由外经贸部负责协调和管理。

《国办通知》在八个方面对境内举办对外经济技术展览会作了具体规定：审批部门问题、主办单位问题、办展区域问题、对外经济技术展览会名称问题、对外经济技术展览会的广告宣传问题、参展单位问题、展品验放和违规惩处问题。其中关于审批部门和主办主体的资格问题，带有明显的审批制性质。

关于对外经济技术展览会的审批部门问题，《国办通知》作了明确的规定：首先，对展览面积在 1000 平方米以上的对外经济技术展览会，实行分级审批管理。其中以国务院部门或省级人民政府名义主办的，报国务院审批；国务院部门所属单位及境外机构主办的，报外经贸部审批；地方单位主办的，由所在省、自治区、直辖市外经贸主管部门审批，报外经贸部备案；以科研、技术交流、研讨为内容的，由科技部审批；贸促会系统举办的，由贸促会审批并报外经贸部备案。其次，面积在 1000 平方米以下的对外经济技术展览会，可由具有对外经济技术展览会主办资格的单位自行举办，报相应的审批部门备案；另外，举办海峡两岸的经济技术展览会，由外经贸部会同国务院台湾事务办公室审批。

关于对外经济技术展览会的主办主体问题，《国办通知》也作了明确规定：政府部门应加快转变政府职能，尽量减少参与各种办展活动。如果政府作为办展主体，只有国务院部门、省级和副省级市人民政府、省级外经贸主管部门可以主办相应的对外经济技术展览会。而对于政府部门以外的单位举办对外经济技术展览会，必须具有外经贸部批准的对外经济技术展览会主办单位资格。另外，境外机构在华举办对外经济技术展览会，必须联合或委托我国境内有主办资格的单位进行。

资料1 国务院历年取消的国内展览会行政审批项目 （2002，2003，2004，2007，2010）

2002年以来，按照国务院的统一部署和行政审批制度改革的要求，行政审批制度改革工作部际联席会议依据行政许可法等法律法规的规定，每隔一段时间就会组织对国务院部门的行政审批项目进行了集中清理。经严格审核论证，至2010年，国务院已实施了五次"取消和下放管理层级行政审批项目"的工作，其中也涉及展览会的项目（见表2-1）。

表2-1 国务院历年取消行政审批的项目（国内展部分）

序号	项目名称	设定依据
	国务院关于第一批取消行政审批项目的决定（2002）	
1	（全国性）非涉外经济外贸易展览会	《商品展销会管理办法》（国家工商行政管理局令第77号）
2	全国科技成果展览会及技术交易会的审批	《技术交易会管理暂行办法》（国家科学技术委员会令第10号）
3	信息产业涉外展览办展单位资格的审核	《科学技术部、外交部、海关总署、国家工商行政管理总局关于印发〈国际科学技术会议与展览管理暂行办法〉的通知》（国科发外字〔2001〕311号）；《对外贸易经济合作部、国家工商行政管理局关于审核境内举办对外经济动技术展览会主办单位资格的通知》（〔1997〕外贸易政发第711号）；《对外贸易经济合作部关于审核出国（境）举办经济贸易展览会组办单位资格的通知》（外经贸贸发〔2001〕400号）
4	单位举办黄金制品展览会核准	《中国人民银行、国家经贸委、国家工商行政管理总局、国家税务总局关于规范黄金制品零售市场有关问题的通知》（银发〔2001〕329号）

续 表

序号	项目名称	设定依据
5	举办全国性或国际性黄金展览（展销）会核准	《中国人民银行、国家经贸委、国家工商行政管理总局、国家税务总局关于规范黄金制品零售市场有关问题的通知》（银发〔2001〕329 号）
6	跨地区和全国性、国际性体育用品展览、展销活动批准	《国家体委关于加强体育用品展销、博览活动管理的通知》（体器装字〔1996〕084 号）
7	旅游商品类展销活动审批	《国家旅游局关于印发〈关于旅游商品类展销活动的管理暂行办法〉的通知》（旅综发〔1997〕013 号）国管局
8	集邮票品展销活动审批	《集邮市场管理办法》（国家邮政局、国家工商行政管理局联合令第 1 号）
国务院关于取消第二批行政审批项目的决定（2003）		
1	境内举办对外经济技术展览会主办单位资格的审批	《国务院办公厅关于对在我国境内举办对外经济技术展览会加强管理的通知》（国内发〔1997〕25 号）；《对外贸易经济合作部、国家工商行政管理局关于审核境内举办对外经济技术展览会主办单位资格的通知》（〔1997〕外经贸政发第 711 号）
国务院关于第三批取消行政审批项目的决定（2004）		
1	在国内举办的一般性国际科学技术会议审批	《科学技术部、外交部、海关总署、国家工商行政管理总局关于印发〈国际科学技术会议与展览管理暂行办法〉的通知》（国科发外字〔2001〕311 号）
	在国内举办中医药类一般性国际会议审批	《科学技术部、外交部、海关总署、国家工商行政管理总局关于印发〈国际科学技术会议与展览管理暂行办法〉的通知》（国科发外字〔2001〕311 号）
2	举办全国性广播电视交流、交易活动批准	《广播电视管理条例》（国务院令第 228 号）
国务院关于第五批取消行政审批项目的决定（2010）		
1	商品展销会登记	《国务院对确需保留的行政审批项目设定行政许可的决定》（国务院令第 412 号）

3. 出国展

我国出国展览的审批管理体制发生了多次变革。20 世纪 80 年代初，由国务院审批出展计划。后来出展审批一度下放到各地外经贸主管部门。90 年代初，出展审批权收归外经贸部。90 年代中期，形成了由贸促会协调、外经贸部审批的管理格局。2001 年 1 月 1 日，国务院办公厅发布《国务院办公厅关于出国举办经济贸易展览会审批管理工作的有关问题的函》规定，自 2001 年 1 月 1 日起，外经贸部负责出展的宏观管理和出展资格的审核，各地区、各单位举办出国展览一律由中国贸促会审批。2001 年 2 月 15 日，贸促会和外经贸部出台了《出国举办经济贸易展览会审批管理办法》（参见资料 2），对出国办展单位、审批和备核的程序、审批的依据和要求、展览团的管理以及处罚措施作了明确的规定。虽然出国展览依然实行审批制，但这与原来由外经贸部审批的行政性审批的性质有了很大的改变，在审批的内容和范围方面都比过去有所减少，更加强调审批的工作效率和为组展单位提供服务，是一种协调服务行为。

另外，国务院历年取消的行政审批项目也包括出国展部分，如 2004 年取消了"内地赴港澳参展活动审批"，设定依据为《国务院办公厅关于对赴港澳地区招商办展等经贸活动加强管理的通知》（国办发〔1993〕41 号）；取消了"出国参加国际书展审批"，设定依据为《国务院办公厅关于印发新闻出版总署（国家版权局）职能配置内设机构和人员编制规定的通知》（国办发〔2001〕97 号）。国务院还决定改变管理方式，使一部分项目不再需要行政审批，而实行自律管理，如"出国（境）举办经济贸易展览会组办单位资格审批"，设定依据为《国务院办公厅关于出国举办经济贸易展览会审批管理工作有关问题的函》（国办函〔2006〕76 号）、《对外贸易经济合作部关于审批出国（境）举办经济贸易展览会组办单位资格的通知》（外经贸贸发〔2001〕400 号）。

资料 2　出国举办经济贸易展览会审批管理办法

贸促展管（2001）3 号

第一章　总则

第一条　根据《国务院办公厅关于出国举办经济贸易展览会审批管理工作有关问题的函》（国办函〔2000〕76 号）的要求，为使出国举办经济贸易展览会工作健康有序地开展，制定本办法。

第二条　本办法所称出国举办经济贸易展览会（以下简称出国办展）包括：

（一）在国外单独举办经贸展览会、友好省市经贸展览会和以商品展览形式举办经贸洽谈会（以下统称举办单独展）；

（二）组织企业参加国外举办的国际贸易展览会和博览会。

第三条 中国国际贸易促进委员会（以下简称贸促会）负责出国办展的审批和管理。

第四条 对外贸易经济合作部（以下简称外经贸部）负责出国办展的宏观管理，对组展单位进行资格审查，对出国办展工作进行监督检查。

第二章 组展单位

第五条 贸促会负责以国家名义组织参加由国际展览局登记或认可的世界博览会，并代表国家出国办展，可邀请国务院各部门、各地方人民政府及组织各地方、各行业企业、经济团体参展。

第六条 全国性进出口商会和贸促会行业分会可出国办展，但不得跨行业组展。

第七条 为配合地方政府间经贸活动，需要以地方政府名义出国办展，由各省、自治区、直辖市、计划单列市（含原计划单列市）及经济特区外经贸主管部门组织实施，但不得跨地区组展。

第八条 各省、自治区、直辖市、计划单列市（含原计划单列市）及经济特区贸促分会可出国办展，但不得跨地区组展。

第九条 经外经贸部批准的外商投资企业协会、专业展览公司和其他有关单位，可按外经贸部核定的组展范围出国办展。

第三章 审批的权限

第十条 贸促会代表国家出国办展计划，经外经贸部、外交部和财政部会签后，报国务院审批，其他出国办展计划一律由贸促会审批。

第四章 审批和备核的程序

第十一条 赴展览会集中举办国和未建交国家（以下简称审批管理国家，名单详见本办法附件）办展，实行审批管理；赴其他国家（以下简称备核管理国家）办展，实行备核管理。

第十二条 赴审批管理国家办展，组展单位应在每季度头两个月且不迟于展览会开幕前六个月向贸促会报送办展计划（计划抄送外经贸部），并填写出国办展申请表。

第十三条 贸促会于每季度最后一个月对组展单位报送的办展计划进行审批（原则上 6 月份集中审批第二年度上半年计划，9 月份集中审批第二年度下半年计划，12 月份审批补报的第二年度计划，3 月份审批当年补报的计划），并核发出国办展批准件。无特殊情况，不增加审批次数。

第十四条 贸促会审批出国办展计划前，将拟审批同意的计划送外经贸部会签。外经贸部在收到该计划后 10 个工作日内予以会签。赴未建交国家办展计划同时送外交部会签。

第十五条　赴审批管理国家办展，组展单位还应在展览会开幕前 3 个月向贸促会报送参展人员复核申请表。贸促会在收到该表后 10 个工作日内予以复核，并核发参展人员复核件。复核件抄送外经贸部。

第十六条　赴备核管理国家办展，组展单位应至少于展览会开幕前 3 个月向贸促会报送办展计划，并填写出国办展申请表。贸促会在收到该表后 10 个工作日内予以备核，并核发出国办展备核件。备核件抄送外经贸部。

第十七条　各级外经贸主管部门凭贸促会核发的出国办展批准件或出国办展备核件，核发展品出境有关证件；各地海关、出入境检验检疫机构凭贸促会核发的出国办展批准件或出国办展备核件及展品出境有关证件，对展品实行查验放行；各级外汇管理部门和外汇指定银行凭贸促会核发的出国办展批准件或出国办展备核件办理相关外汇使用及核销手续。

第十八条　各级外经贸、外事、外汇管理部门和外汇指定银行凭贸促会核发的参展人员复核件或出国办展备核件，办理参展人员出国、外汇使用及核销手续。

第五章　审批的依据和要求

第十九条　审批出国办展的依据是：我国外交、外经贸工作需要，赴展国政治、经济情况，赴某一国家或地区办展集中与否，展（博）览会展出效果，组展单位办展情况及企业参展情况，我驻赴展国使领馆意见等。

第二十条　组展单位应制定切实可行的年度出国办展计划，并须征得我驻赴展国使领馆同意。

第二十一条　各省、自治区、直辖市、计划单列市（含原计划单列市）及经济特区外经贸主管部门举办单独展，一年内一般不应超过两个。

第二十二条　展团人员原则上按每个标准摊位（3×3 平方米）2 人计算，在外天数按实际展出天数前后最长各加 4 天计算，不得擅自增加人员和延长天数。

第二十三条　未经批准，任何单位不得组展和出国办展；办展计划一经批准，不得随意更改或取消；如有变动，组展单位须在展览会开幕前 3 个月通报审批部门和我有关驻外使领馆。

第六章　展览团的管理

第二十四条　组展单位应严格遵守我国的法律、法规，信守承诺，注重服务，合理收费。

第二十五条　组展单位应鼓励企业选择高新技术、高附加值和适销对路的商品参加展出，严禁假冒伪劣、侵犯知识产权的商品参展。

第二十六条 组展单位应注重贸易成交效果，积极组织企业开展市场调研和贸易洽谈。

第二十七条 组展单位应加强对出国人员的管理，组织参展人员进行出国前外事纪律、保密制度、涉外礼仪等方面的学习；严禁借出国办展之机公费旅游。

第二十八条 组展单位应制定严格的展团管理措施，切实加强对展团的领导；组织参展企业做好布展工作，注重展团对外形象；展出期间，参展人员不得擅离展位。

第二十九条 组展单位应接受我驻赴展国使领馆的领导，及时向使领馆汇报办展情况；严格遵守赴展国法律、法规，尊重当地习俗，遵守展（博）览会的各项规定。

第三十条 对参加同一展（博）览会且组展单位多、展出规模大的展览团，贸促会视情况协调有关组展单位制定相应规则予以管理。

第三十一条 组展单位须在展览会结束后1个月内将出国办展情况调查表及总结报贸促会和外经贸部。贸促会会同外经贸部于每年3月底前将上年度出国办展情况报送国务院。

第七章 处罚措施

第三十二条 组展单位有如下行为之一且情节较轻的，贸促会给予通报批评：

（一）未经批准，出国办展；

（二）转让批件；

（三）借出国办展名义公费旅游；

（四）擅自增加展团人数或延长在外天数；

（五）侵犯参展企业利益；

（六）其他较轻的违规行为。

第三十三条 组展单位在筹展过程中出现严重违规行为的，贸促会可中止已批准的出国办展计划。

第三十四条 组展单位有如下行为之一的，贸促会暂停一年受理出国办展计划申请：

（一）未经批准出国办展，造成严重后果；

（二）涂改、倒卖批件或多次转让批件；

（三）严重违反外事和财经纪律，造成不良影响；

（四）侵犯参展企业利益，屡遭投诉；

（五）其他情节较重的违规行为。

第三十五条　组展单位有如下行为之一的，外经贸部给予撤销出国办展资格的行政处罚：

（一）未经批准，多次出国办展；

（二）伪造批件或多次涂改、倒卖批件；

（三）在外严重损害我国对外形象；

（四）两年内多次受到贸促会处罚；

（五）其他严重违规行为。

第三十六条　对在出国办展中触犯法律的有关人员，依法追究法律责任。

第八章　附则

第三十七条　本办法自印发之日起施行。过去施行的出国办展有关规定，与本办法不一致的，一律按本办法执行。

第三十八条　赴香港、澳门特别行政区和台湾省的办展计划，仍由外经贸部审批。

注：出国办展实行审批管理的国家

一、展览会集中举办国：德国、意大利、法国、英国、西班牙、瑞士、俄罗斯、以色列、阿联酋、日本、韩国、泰国、新加坡、埃及、南非、美国、巴西、澳大利亚。

二、未建交国家。

本章小结

项目启动是会展项目管理的前提，可行性分析则是项目启动中最重要的内容。项目启动需要会展项目的策划者遵循一定的原则，在调查研究的基础上，综合评价各种影响因素，从众多项目中选择出一个或几个会展项目，然后对所选择的会展项目进行可行性分析。本章首先讲解了选择会展项目所遵循的原则，以及影响会展项目选择的主要因素；然后重点讲解了如何对所选项目进行可行性分析，包括可行性分析的步骤、市场调研的主要内容、如何用 SWOT 分析方法确定项目的战略、撰写可行性研究报告，如何对所选项目进行财务评估；最后讲解了会展项目的审批要求。可行性分析是本章的重点。

关键名词或概念

可行性分析　宏观环境　市场环境　竞争环境　SWOT 分析　财务评估
项目审批

简答题

1. 选择会展项目应该遵循哪些原则？

2. 选择会展项目应该考虑哪些因素？

3. 什么是项目的可行性研究？会展项目的可行性研究应该建立在哪些信息资源的基础之上？

4. 组成项目管理小组，策划一项会展活动（会议或展览），调查该会展项目所处的内外环境，并用 SWOT 的方法分析该项目应该采取的战略。最后根据调查分析结果编写该展会的可行性分析报告。

5. 财务评估的方法有哪些？每一种方法的特点是什么？

6. 会展项目的立项需要提供哪些资料？

7. 目前我国对会展项目的审批是如何规定的？

案例分析

亚洲经济一体化研究热点与博鳌亚洲论坛2004 年年会的主题议题设计

每年博鳌亚洲论坛年会的议题都是经过仔细分析确定的。2004 年博鳌亚洲论坛年会也是在对当前热点问题进行分析的基础上进行的主题设计。初步分析表明，当前学术界对亚洲经济一体化以下几个问题给予较多的关注：

（1）有些专家认为，以 1997—1998 年之间的亚洲金融危机为转折点，亚洲经济一体化启动并迅速发展。一体化的突然启动和迅速发展导致的必然结果是缺乏理论准备，亚洲经济一体化的目标模式、进程、动力、政治、经济和区域性制度条件、突破口选择等基本问题仍然比较模糊。博鳌亚洲论坛要成为亚洲经济一体化的思想库，应该开发和利用一切可以利用的研究资源，进行亚洲经济一体化基础研究。

（2）亚洲经济一体化的大背景是全球化的不断深入。推动亚洲经济一体化的任何举措，不可避免地对其他地区各个国家的利益，对现存的国际经济、贸易和投资格局，对现存的国际金融、贸易、投资制度和秩序带来冲击和影响。另外，其他国家，尤其是美国以及维持金融、贸易、投资等国际秩序的国际组织，对亚洲经济一体化的看法、观点、立场和反应，在很大程度上决定其成败与否。所以，论坛年会的组织和主题议题设计，必须坚持开放的区域主义原则，把握外部世界对亚洲经济一体化的看法、观点、立场和反应，在此基础上设计区内外都能接受的一体化总体目标、目标体系、阶段性重点、逐步推进的机制和制度措施。

（3）亚洲经济一体化最近几年刚刚提出，欧盟、北美和南方共同市场都有比较长的发展历史，研究它们各自诞生和发展的历史背景，分析各自发展的条件、起点、动力和多边制度与亚洲经济一体化的差别，探讨各自的经验教训对亚洲经济一体化的启示，也是基础研究的重要内容。

（4）很多专家仍然在强调，亚洲缺乏认同，需要清楚描绘亚洲经济一体化对处在不同发展阶段的国家/地区有哪些好处，并提出亚洲经济一体化的原则，强化亚洲区域意识和对一体化的普遍认同，消除各种疑虑。

（5）有专家强调，亚洲经济一体化不应该仅仅局限于贸易自由化，而应该具有超越贸易和投资自由化的目标模式，以适应其特殊的起点、历史背景、多边制度条件和亚洲实现共赢的需要。考虑到亚洲发展阶段的多元特征，应该倡议"普遍特惠制"，区内比较发达的国家给予最不发达国家特别优惠关税待遇，提高亚洲大家庭的凝聚力。

（6）许多专家认为，亚洲经济一体化的起点是金融危机。货币金融合作已经成为亚洲区域合作的首选领域，在一定程度上已经成为不可逆转的自然进程。但是，亚洲货币金融合作机制缺乏稳定性和可持续性。合作目标界定偏小，仅仅是为了防范金融风险。所以，应该研究怎样把货币金融合作作为带动亚洲经济一体化的进程龙头。另外，亚洲10000亿美元的外汇储备是金融资源的极大浪费，是导致通货紧缩的重要原因之一。应该在现有货币金融合作机制的基础上，探索在保证实现稳定亚洲地区金融稳定安全和促进贸易便利的前提下，充分利用这个庞大的金融资源，扩大区内投资的机制。

关于 2004 年年会主题议题设计指导思想的建议

根据 2003 年年会取得的进展以及近期学术界关于亚洲经济一体化的热点课题，海南发展研究院建议在设计 2004 年年会主题议题时遵循两个基本原则。

（1）把握外部世界对亚洲经济一体化的看法、观点、立场和反应，借鉴欧盟、南方共同市场和北美自由贸易区等区域经济组织的经验教训，结合亚洲各国寻求共赢的客观需求，深入讨论亚洲经济一体化总体目标、目标体系、阶段性重点、逐步推进的机制和制度措施。

（2）根据 2003 年年会在亚洲共同合作讨论上取得的突破，设计具体议题，争取至少在"亚洲货币基金"、"亚洲制造"、"亚洲能源安全与能源合作"、"亚洲货币联盟"等领域形成 2～3 个倡议。

建议就以下几个主要议题广泛征求各方面的意见：

①亚洲的 21 世纪与世界眼中的亚洲经济一体化；

②亚洲货币基金与亚洲经济一体化进程；

③亚洲货币联盟展望：条件与进程；

④"亚洲制造与亚洲共赢"：供应链、产业链与区内外产业分工；

⑤亚洲区内贸易自由化与区内"普惠制"；

⑥亚洲能源安全与东北亚能源合作。

思考题

1. 博鳌亚洲论坛 2004 年年会的主题策划主要考虑了什么因素？

2. 博鳌亚洲论坛年会议题与亚洲一体化有什么样的内在联系？

第三章　会展项目组织和项目经理

本章导读

　　任何项目都有两个基本的要素：一定的范围和合理的组织结构。费用、质量和进度是在这两个基本的要素下进行的。而一个合理的组织结构除了选择符合项目环境的结构类型外，还必须有人去承担结构上各个位置的角色。费用、质量和进度只有与其他资源（主要是人力资源）有机结合，才能达到项目目标。因此，了解组织结构的类型，选择符合任务环境的组织结构，招聘项目所需的人才，将招聘来的人整合成一个战斗的团队等问题，成为项目管理必须重点考虑的内容。本章将重点讲述会展项目组织的设计、团队的建设以及会展项目经理的有关内容。

学习目标

　　本章要求学生了解组织的基本概念及设计，掌握会展项目矩阵制组织的特点以及会展项目组织的设计；掌握会展项目团队的发展阶段、项目团队的建设方法、项目利益相关者分析、项目冲突的解决方法；掌握会展项目经理的职责、权力、素质要求以及会展项目经理的选择和发展。

第一节　会展项目组织

一、组织理论概述

1. 什么是组织

在现代社会中，生产的社会化比比皆是。集体的努力使我们能够汇集个人的才智和能力，以实现仅仅依靠个人的力量无法实现的目标。专业化的分工使人们有机地结合起来。这样就能发挥人们的最大效能，极大地提高生产力。每一个人就像是机器上的一个零件，只有组合在一起相互协作相互支持，才能够实现预期的目标。为了达到这种高度的协作性，人们必须建立一种存在结构性联系的系统。这种能够建立协作关系的系统就是我们所说的组织的基本含义。

关于组织有多种的定义方法，它们各有侧重。在这里我们将列举部分经典的定义。

第一，霍奇（B J Hodge）和安托尼（William P Anthony）认为：组织是两个以上或者更多的人为实现一个或者一组共同目标协同工作而组成的集合。这个协作系统由以下四种要素构成：人员因素、物质因素、工作因素和协调因素。这些因素的合成就是一个组织。因此，组织是被设计成以提高个人努力而达到共同目标的一个社会系统。

第二，组织理论的先驱马克斯·韦伯（Max Weber）的定义：一种根据制度把限制和阻挡外人进入的社会关系，其内部秩序由特定的领导或者管理人员来实施。韦伯在他的定义中，强调的是组织的边界和秩序，是组织成员为了实现组织的目标而共同工作的相互关系。

第三，理查德（Scott W Richard）的定义：一个追求某一特定目标的群体，它包括相对固定的边界、规范化的秩序、权力等级和沟通系统。

从系统论的观点看来，组织是有系统性、结构性和整体性的特点。综合起来，组织就是：（1）有目标的，即具有某种目标的群体；（2）心理系统，即群体中相互作用的人们；（3）技术系统，即运用知识和技能的群体；（4）有结构的活动的整体，即在特定关系模式中一起工作的群体。组织的定义即为：组织是特定的群体为了共同的目标，按照特定原则通过组织设计，使得相关资源有机组合，并以特定结构运行的结合体。

从组织的定义我们可以得出它的这些特点：目标的一致性、原则的统一性、资源的有机结合性、活动的协作性、结构的系统性。

组织可以被划分为各种不同的类型。根据不同的领域分为经济组织和政治组织等；根据活动的性质分为公共组织和非公共组织；根据结构的正式程度分为正式组织和非正式组织；也可根据其结构形式分为职能式结构组织、项目式结构组织、矩阵式结构组织（弱矩阵式、平衡矩阵式、强矩阵式）。不同类型的组织具有不同的特点，在以后的部分我们会进一步的讨论。

2. 组织设计

（1）组织设计的含义。组织设计是管理者为了实现组织的目标而对于组织活动和组织结构进行设计的活动。因此，组织设计是在特定的环境中，把组织的任务与组织的职能、部门、职权和规范进行有效的结构性配合的过程。

（2）组织设计的基本要求和原则。在组织设计中，我们要遵循一些原则，以保证这个设计的合理性。它们包括：有利于实现组织目标的原则、整体协调的原则、突出重点的原则、因事设职的原则、权责结合的原则、规范标准化制度化的原则。

（3）影响组织设计的因素。人们习惯把组织结构的上下方向叫做层次，而把结构的左右方向叫做幅度。从管理发展的总体趋势看，组织层次正从高长型向扁平型演变。例如，美国通用公司，原来是标准的九层次，现在扁平化为六个层次。幅度结构也存在从宽向窄变化，但这种变化不如层次的变化明显。之所以发生这样的变化，是因为影响组织设计的因素在变化。

一个组织，应该设计成什么样的结构，主要与下列因素有关：任务的内容和性质、工作条件、工作环境、管理对象和管理者。如果是简单工作，组织层次少而幅度大；如果是复杂的大型工程，组织层次就会多，每一层还会存在不同的管理幅度；如果工作条件好（如有先进的沟通工具等），管理层次就可以少些，反之则然；工作环境复杂就会产生各种应付不同环境的相应组织结构，如 20 世纪进行的三线建设，工作环境太复杂，组织结构也十分复杂。有的三线基地，有二十多个职能部门；当然，管理对象对任务的熟练程度和管理者自身的经验技能也影响组织设计。

3. 组织结构

任何组织都是由各种的基本要素、部门和成员，按照系统的目标，以一定的关联形式组合而成的。因为关联的形式不同，便产生了不同的组织结构。

（1）组织结构的基本形式

①直线制组织结构。这种组织结构来源于军队的组织指挥系统。它的基本模式如图 3－1 所示。

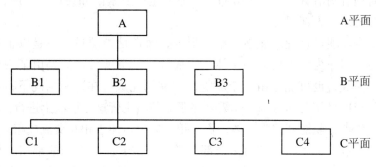

图 3－1　直线制组织结构图

在这种组织结构中，工作部门 A 可以指挥命令下属工作部门 B1、B2 和 B3。同理，工作部门 B2 也可以指挥命令其下属的 C1、C2、C3 和 C4。但是，这种结构不允许工作部门 A 对 C 直接发号施令，也不允许 B1 和 B3 这样做。因为在直线制的组织结构中，每一个工作部门只有唯一的一个上级领导部门。

直线制组织结构的优点是指令唯一、权责分明、行动灵敏、纪律易于维持。缺点是工作部门负责人的责任重大，往往要求他是全能式的人物；组织内部横向联系以及相互协作少；缺乏合理分工，专业化程度低。

②职能制组织结构。职能组织结构是社会生产力的发展、技术的进步和专业化分工的结果。当企业的规模不断的扩大、业务量不断的增多时，企业在目标以及管理上都有了不同于过去的需求。它们需要专业职能人员和并且开始设立相应的部门，将相应的专业管理职责和权力赋予职能部门，各职能部门在专业职能范围内拥有直接指挥下级工作部门的权力。其基本模式如图 3-2 所示。

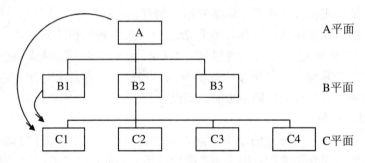

A平面

B平面

C平面

图 3-2　职能制组织结构图

这是一个标准的金字塔形的结构。高层管理者位于金字塔的顶部。中层和低层管理者则沿着塔顶向下分布。企业的生产要素诸如设计、生产、营销、财务等职能划分为部门。

所谓企业项目管理的职能制组织形式，通常是指项目任务是以企业中现有的职能部门作为承担任务的主体来完成的。一个项目可能是由某一个职能部门负责完成，也可能是由多个职能部门共同完成。在这种情况下，各职能部门之间与项目相关的协调工作需要在职能部门主管这一层次上进行。

主要优点：职能部门为主体，资源相对集中，便于相互交流或相互支援。

主要缺点：①当项目需由多个部门共同完成，而一个职能部门内部又涉及多个项目时，这些项目在资源使用的优先权上可能会产生冲突，职能部门主管通常难以把握项目间的平衡；②当项目需由多个部门共同完成时，各职能部门往往会更注重本部门的工作领域，而忽视整个项目的目标，跨部门之间的沟通比较困难。

适用情况：规模小，以技术为重点的项目。

③事业部制组织结构。事业部制组织结构，是在总公司的领导下，根据产品类或者地域类设立多个事业部，总公司集中决策，由事业部独立经营。总公司集权控制与确定有关公司的重大方针与事项，而事业部分别有其独立的产品或者市场，独立的利益，成为利益责任中心，在决策的执行方面是分权化的。事业部制组织结构的主要优点是：实行分权化管理，事业部成为一个比较完整的经营系统，便于统一管理，独立核算，管理的灵活性和市场的适应性提高；有利于总公司能从具体事物中摆脱出来，致力于重大问题的研究，做好战略规划和发展决策；有利于发展产品专业化，将联合化与专业化结合起来。事业部制组织结构一般适用于经营多样化，规模大，跨地区的组织系统。

④矩阵制组织结构。矩阵制组织结构是将组织内的工作部门分成两大类：一类按照纵向设置，另一类按照横向设置。两者结合，形成一个矩阵。所以借用数学术语，称其为矩阵制组织结构，其基本模式如图 3-3 所示。

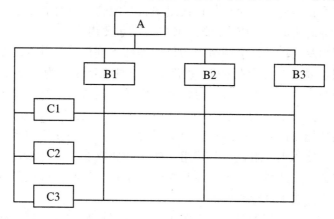

图 3-3 矩阵制组织结构图

在矩阵制组织结构中，一维（如纵向）可以按管理职能设立工作部门，实行专业化分工，对管理业务负责；另一维（如横向）则可以按照规划目标（产品、工程项目）进行划分，建立对规划目标总体负责的工作部门。在这样的组织结构系统中，存在垂直的权力线与水平的权力线。在矩阵的某一节点上，执行人员既要接受纵向职能部门发出的指令，又要听从横向管理部门做出的工作安排，接受双重领导。

矩阵结构又可分弱矩阵、平衡矩阵和强矩阵。在强矩阵之中，由于横向的项目组织和纵向的职能组织中的员工，在部分时间内去承担其他的任务，从而形成一主三仆现象。这种结构人们又称其为复合式。复合式的进一步演变，出现了网络式结构。

这种组织形式的优点是：目标平衡，功能协调，避免资源重置。缺点是：一主二仆，甚至一主三仆，出现双重领导和多重领导。这通常会使职员陷入两难困境，成员间的责任和功过也不容易分清。它适用于有多重目标，需要资源分享（人力、物力和技术等）的情况。

（2）组织结构的整合。

不论选择什么样的组织结构，都会面临结构的整合问题。在结构整合的途径中，比较突出的是非正式组织和正式组织相配合、集权和分权的合理配置。

正式组织与非正式组织共生共存是组织的天然属性。在组织活动和运行中，这两种组织会以不同的方式和途径同时发生各自的作用。非正式组织自身的特点，使得它对组织的目标和活动具有正负两种功能。因此，如何发挥非正式组织的正面功能，使它与正式组织相互配合，以有利于组织目标的实现和组织任务的完成，就成为组织结构整合的重要内容。

正式组织及其规定是按照组织的目标和任务理性设计并为之服务的，而非正式组织是因组织成员情感和心理需要的感性而产生并为之服务的。因此，使正式组织与非正式组织有机配合，就是使组织成员的情感心理感性与组织的目标任务理性结合，通过特定的方式和途径发挥前者对后者的积极功能，抑制其消极功能而达到组织结构整合的过程。通常人们使用构建和宣传正确的组织文化、使非正式组织与正式组织的构建相吻合、设计满足组织成员情感心理要求的机构和活动、进行经常性的组织管理者与一般成员之间的心理和信息沟通等方法来进行整合。

集权和分权的合理配置。在组织中，过度集权和过分分权，都会对组织的活动和运行造成消极影响。因此，必须通过授权把组织的最高权力把自己的权力予以权项分解，保留若干权项而下放若干权项，并把它们授予组织中的各层次、各部门和各职位。

制度化授权和事务性授权是两种基本的授权形式。制度化授权以组织结构为依托，通常具有权力界限清楚、权力责任明确、权力运行规范和集权分权程度相对稳定等特点。它是组织活动和运行整合的权力制度化方式。事务性授权是管理者在组织活动和实际运行过程，根据特定的事务需要进行的临时性授权。事务性授权是在制度化授权范围外的一种权变性的授权，是对于制度化授权的一种变通的做法。其目的是为了组织能够适应环境和任务具体变化的要求而在运行过程中保持整合状态。这种授权具有临时性、灵活性、变通性等特点，并且应该遵循因事、按级、单项、定期授权的原则。

在组织结构的整合中，协调和整合直线管理与职能人员、发挥委员会的作用也是值得关注的问题。

4. 组织文化

组织文化是组织成员在组织活动中共同形成的一种心理体验。有学者认为组织文化是组织成员共有的一套价值观、信念和意识。

组织文化有不同的表现形式。在国外，学者根据组织文化的特性，把组织文化划分为参与型组织文化、一致型组织文化、适应型组织文化和任务取向型组织文化；以组织文化中的价值为核心，根据价值是来源于传统还是来源于领导魅力，价值范围是限于组织功能还是限于组织精英，形成四种组合，进而把组织文化划分为"功能价值—传统沿习"型、"功能价值—领导魅力"型、"精英价值—传统沿习"型和"精英价值—领导魅力"型四种组织文化类型。在我国，学者根据组织文化的内容和性质，把组织文化划分为人和型、挑战型、创业型、守成型、发展型、技术型、智力型、主导型和服务型；或根据组织文化的活跃程度，把组织文化划分为活力型、僵化型和停滞型；或根据特定组织所处的民族和社会文化的外在环境，认为组织文化与民族文化和社会文化具有同构性，因此，主张从民族文化和社会文化的角度，宏观划分组织文化。按照这一主张，组织文化可以划分为美国式的组织文化，即以个人为中心的组织文化；日本式的组织文化，即以团体为中心的组织文化；欧洲式的组织文化，即以职守规则为中心的组织文化，等等。美国组织文化研究学者库克和赖佛特把组织文化划分为人文关怀型的组织文化、高度归属型的组织文化、相互同意型的组织文化、传统习惯型的组织文化、依赖型的组织文化、规避型的组织文化、反对型的组织文化、权力取向型的组织文化、内部竞争型的组织文化、力求至善型的组织文化、成就取向型的组织文化、自我实现型的组织文化等 12 种类型。

组织文化的功能：组织文化使组织具有明确的价值取向。组织的价值观能够对广大员工和领导行为起到引导的作用。组织价值观是多数人的共识。因此，在价值观方面的导向功能通过自觉行动、规章制度、传统、风气等实现；组织文化可以形成组织的凝聚力。组织文化具有强烈的"群体意识"，它能将分散的个人聚合团结起来；组织文化具有对于组织成员的约束作用；组织文化可以使组织调整和强化与社会环境的良性交流和相互作用；组织文化能够使广大的员工具有共同的价值观、对问题认识趋向一致，能够增加了相互的信任和沟通，使各种活动更加的协调。

二、会展项目组织类型

1. 为什么需要矩阵组织

在预期的成本、进度计划和业绩标准条件下，为了满足管理某些项目的需要，混合直线（项目）和职能结构的矩阵组织产生了。

矩阵在字典中被定义为"一种情形或周围的内容，在其中，一些东西产生、发展或包含在内"。矩阵式组织于 20 世纪 60 年代初出现，作为组织人们服务于项目团队的传统方式的一种方案。在 20 世纪 70 年代和 20 世纪 80 年代初，矩阵流行起来。矩阵组织设计原始的概念强调项目团队成员个人的和集体的作用。

矩阵组织结构试图把纯职能型组织结构和项目型组织结构的优点结合起来，这是很适合于公司的，比方说建筑公司。一方面，各个项目经理直接向副董事长和总经理负责。因为每个项目都代表一个潜在的权力中心，所以项目经理的职权由总经理直接授予。项目经理对项目的成功负有全部责任。而另一方面，职能部门则有责任为项目提供最好的技术支持。每个职能单位都由一位部门经理来领导。他的主要职责是确保有一个统一的技术基础而且所有的信息都能在项目之间互相交流。这样的结构在现在工作目标日渐复杂、需要大量的资源共享的情况下是有其独特的优越性的。所以我们需要矩阵组织。

2. 矩阵组织的特点

矩阵结构有许多的优点。职能机构主要对项目起辅助作用。正因为如此，技术骨干可以共享，而成本也能实现最小化。可以分给职员各种各样的具有挑战性的任务。这样每个人在完成项目之后就有了"归宿"，每个人在公司里的发展之路都通过项目得以体现。这种组织里的人对于激励和最终项目的鉴定十分负责。职能经理会发现建立和维持一个良好的技术基础是很容易的，而且可以花更多的时间去解决复杂的问题。知识是所有项目都可以共享的。

矩阵型结构对于变化、冲突和其他的项目需求能做出快速反应。冲突通常很小，而所需要的答案则可以通过直线命令来解决。只要消除了与其他项目的计划冲突，快速反应能力就是项目经理有权调用公司资源的必然结果。而且，项目经理还有权独立建立他自己的项目政策与章程，只要不与公司的政策相矛盾就行。这可以减少冗余的工作程序并较好地平衡时间、成本与任务。

3. 会展项目组织类型

综上所述，一个会展公司采取什么样的组织结构进行项目管理，是一种复杂工程。需要综合考虑以下因素：

(1) 公司的业务特点和发展规模；

(2) 公司所处的大环境和产权结构；

(3) 公司的人力资源素质和结构；

(4) 公司的长远发展规划和战略步骤；

(5) 市场环境和竞争对手；

(6) 企业文化；

(7) 其他。

许多文化小企业都是以项目起家。但是具体在发展过程中采取什么样的组织形式，要根据上述考虑具体拟定。一般而言，可以采取矩阵式组织结构，即可以发挥职能式组织结构成本高效的优点，又可以在局部充分体现现代化的柔性和人性化管理，以客户为导向。但是在矩阵式组织结构中，又可以根据组织结构中哪种组织结构特征的大小分为弱矩阵组织结构、中（平衡）矩阵组织结构和强矩阵组织结构。下面分别介绍一下各种组织结构的特点。

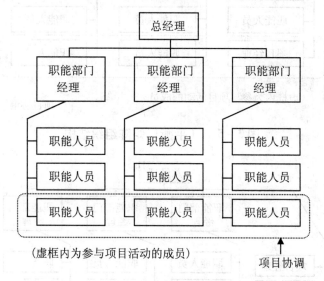

图 3 - 4　弱矩阵组织结构

三种矩阵结构的不同主要体现在项目团体的领导责任和权限上。弱矩阵组织结构如图 3 - 4 所示。这种组织结构并未明确对项目目标负责的项目经理。即使有项目负责人，它的角色只不过是一个项目协调者或项目监督者，而不是一个管理者，即项目经理。项目人员的唯一直接领导仍是各自职能部门的负责人。

项目协调还是比较困难，项目实施的组织环境对项目并不十分有利。

中（平衡）矩阵组织结构如图 3-5 所示。这种组织结构强化了项目的管理。在项目管理班子内，从职能部门参与本项目活动的成员中任命一名项目经理。项目经理被赋予了一定的权力，对项目总体与项目目标负责。但是由于它只是某一职能部门的属下成员，得接受本职能部门经理的直接领导，因而必然会受本职能部门利益的影响，其权利和工作也必然受到限制和影响，项目协调不能充分和完全顺利进行。

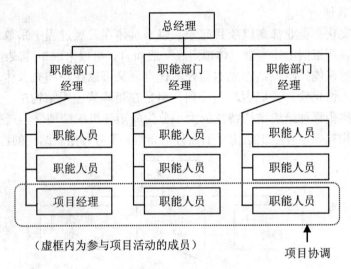

（虚框内为参与项目活动的成员）

项目协调

图 3-5　（平衡）矩阵组织结构

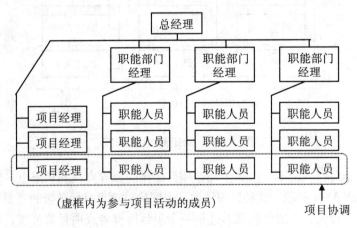

（虚框内为参与项目活动的成员）

项目协调

图 3-6A　强矩阵组织结构

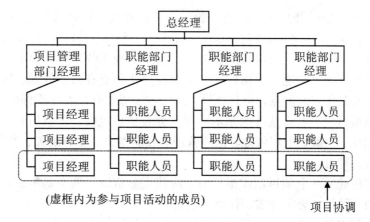

(虚框内为参与项目活动的成员)

项目协调

图 3 –6B　强矩阵组织结构

强矩阵组织结构如图 3 – 6A 和图 3 – 6B 所示。在这种组织结构中，由系统的最高领导任命对项目全权负责的项目经理，项目经理直接向最高领导负责。或者，在系统中增设与职能部门同一层次的项目管理部门，直接接受系统最高领导的指令。项目管理部门再按不同的项目，委任相应的项目经理。在这种结构中，项目经理为了实施项目目标，有权联合各个职能部门的力量和协调各部门之间的关系，有效地支配和控制系统的资源。因此这种结构对大型复杂的系统实施项目较为有利。一方面，他有对项目总体负责且具有相当权力的项目经理；另一方面，项目管理班子实际上又是加在传统职能部门之上的一个管理机构，其目的是为了能更有利于依靠整个系统的力量去完成业务。

企业可以根据自己公司现有的资源和发展规模，有步骤地构建介于中矩阵和强矩阵组织结构之间的公司管理结构。

三、会展项目组织规划

有一点我们必须明确：没有什么好的或坏的组织结构，而只有适合的或不适合的组织结构。每一种组织结构都有其自身的优点和缺点。它的好坏在于我们怎么去运用，而不在于其本身。

假如现在的组织变得太复杂，而传统的组织结构又不再适应有效管理时，高层管理者该怎样来确定哪一种组织才是最佳的，特别是在某些项目仅需要几个星期或几个月而其他项目则可能要花费好几年的时候？

一般说来，项目管理方法能有效地适用于一次性任务。一旦一组任务被选定并形成一个项目，下一步就是确定项目的种类。这些类型包括个人的、集体的、特殊的、矩阵的或复合的项目。但是，许多公司对项目没有一个清楚的定义，结果一些大的项目团队被经常用来处理小的项目。而事实上这些小项目本可以通过其他一些结构形式来获得更快和更有效的处理。所有的结构形式都有其优点和缺点，但是项目管理的方法却似乎是最有可能的选择。

影响项目组织形式选择的基本因素主要有项目规模、项目历时长短、项目管理组织的经验、上层管理者的经营理念和洞察力、项目配置、有效资源、项目的独特部分。

在考虑建立一个项目组织形式时，应该先分析以下四个基本参数：整合机制、权力结构、影响分布、信息系统。

项目管理就是选择一种合适的组织形式来协调公司人力资源的一种手段，尤其是在研究和开发中。当我们考虑怎样设计组织形式以便于协调工作时，可能会出现两个问题：一是建立一个正式的协调部门，还是只简单设置一些相互独立的协调职位呢？二是如果建立了个人协调职位，那么他们应该怎样与更大的组织发生联系呢？非正式的协调在而且只是在冲突机构间能够有效合作时效果才最佳。如果没有明确的职权，协调者这一职位便只是充当了职能部门间的交换媒介。

从管理的观点来看，组织形式的选择常常取决于高层管理者愿意委派或放弃多大的权力。并不是所有的组织都需要一个纯粹的矩阵结构来实现这种协调，许多问题可以根据组织的规模和项目性质通过命令链条得到解决。需要实现项目控制的组织规模可以从一个人到几千人，而需要有效项目控制的组织结构则被管理高层的意愿和项目环境所左右。

另外，项目管理人员要特别注意，我们在大多数情况下，只是静态地研究项目的组织结构。其实，对项目这种柔性组织而言，随着项目活动的展开，项目周期的不同，项目也可能经常性地调整组织形式。也就是说，项目的组织结构处在不断的变动中。

1. 总则

项目的目标决定了整个系统的结构，项目目标决定了项目的组织。因此项目组织规划应以有利于实现项目目标为指导。

项目组织规划，就是根据项目工作结构分解，确定组织结构形式，选择合适的人员，并进行责任和任务的分派。在项目规划阶段，通过对项目的定义（项目目标规划和项目工作分解结构），需要由哪些人员组成什么样的部门来实施项目这个问题就应该可以得到解答。根据项目的目标，并将工作分解结构中的工作进行分类，就可以得到初步的组织结构。

具体地说，组织规划是根据项目的目标和任务，确定相应的组织结构以及如何划分和确定这些部门。这些部门又如何有机地相互联系和相互协调，共同为实现项目目标而各司其职又相互协作。组织规划应该明确谁该去做什么，谁要对何种结果负责；并且在各部门及个人之间有非常明确的任务分工和管理职能分工，以消除由于分工含糊不清造成执行中的障碍；此外，还要能提供反映和支持项目目标的控制、决策和信息沟通网络。

在组织规划时考虑的原则包括：

（1）在项目涉及的所有部门之间建立一个契约。

（2）在工作分解结构上的所有层次上赋予角色和责任。

（3）采用一个简明的报告结构。

2. 项目组织规划要考虑的问题

现代项目组织设计只能从传统的组织结构形式、组织行为学理论和项目实施的特点中寻求一种平衡：项目管理既要考虑个人的目标，又要考虑企业的目标，更重要的是考虑如何有利于实现项目的目标。在这个阶段，需要完成的内容包括项目组织形式及其结构和工作流程设计。

组织设计需要考虑的首要问题是：组织是设计成管理人的还是管理工作的？要从三个层次去认识这个问题：

（1）一是从项目环境的层次。首先需要列出项目参与各方之间的关系，包括投资方、合资方、赞助商、咨询单位、设计单位、合作方等。业主和他们之间的关系大部分是根据合同来确立的。但同时还必须考虑一些政府管理性质的指令关系。他们都是项目的参与者，项目管理的成功必须依赖于各方的协调和合作。因此，项目组织问题并不能局限于项目管理组织本身的工作，而是应该立足于项目环境。项目经理不仅是组织项目班子的人员，还应组织起各项目参与者共同为实现项目目标而工作。这又可以从三种层次去分析。

①项目决策层（项目建设的最高层次）：包括项目发起人、投资人、合资人和其他政府方面的主管部门等。决策层主要负责确定和批准项目的总体计划、落实项目需要的资源、检查项目的进展、做出一些重要的决策，较少介入项目的实际工作。

②项目管理层（最为关键的一个组织层次）：项目管理层次起着承上启下的作用，是项目建设的枢纽和核心。它主要进行目标的规划，并根据项目决策层批准的目标在项目进展中进行目标的控制，以保证项目目标的实现。其核心任务是质量控制、进度控制和投资控制。如果大部分任务委托外来的组织实施，项目管理层的工作就偏重于组织协调，通过组织和管理项目实施层各组织的行为进行目标控制。

③项目实施层：它是承担实现项目目标所需要的具体工作和任务的组织层次，如设计单位、承包商、供货商等。项目实施中的工作可由企业组织内部的部门和人员完成，也可以委托外部组织来完成。

在项目环境的层次，项目组织设计要考虑以下几个因素。

有一些与项目利益相关者的关系是项目经理所不能改变的，如贷款协议、合资协议、政府批文等。这些关系对项目的资源起着制约作用。同时项目规划中的关键部分，如目标的规划须征得有关方面的批准和认可，重大问题的决策也必须有他们共同参与。因此，项目组织设计中应考虑这一渠道的汇报和协调机制。

对于设计单位、咨询单位和施工单位等委托的项目实施单位，项目经理必须有能力对他们进行控制和协调，进行界面管理。此时，合同是确定双方关系和行为的依据。合同的结构形式对项目经理的组织和协调来说十分关键。合同的规划工作要为组织设计服务，以保证控制和协调的有效性。

要注意考虑一些不具有合同关系的组织也存在指令关系，比如设计单位和实施单位。因此项目组织的设计应明确所有项目参与方纳入项目管理的范畴，明确各方在项目中的任务、责任、各方的组织关系和工作的流程等。

（2）从项目管理组织的层次。项目管理的组织并不是一个固定的班子。有些成员只是部分的为项目工作，其主要工作仍旧归属与其他部门。另外项目班子也不可能存在于企业之外，项目经理责任的增加，使得他的协调任务也增加了。图3－7说明了企业中存在的项目经理与上层管理和职能经理之间的协商机制。

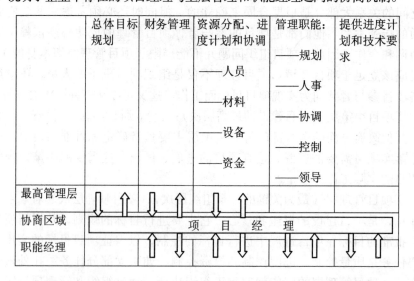

图3－7　项目经理与上层管理和职能经理之间的协商机制

　　从项目管理组织的层次来分析，对于成功的项目管理来说，以下三点是很重要的：

　　①项目经理的授权和定位问题，即项目经理在企业组织中的地位和被授予的权力如何，这对项目管理组织的规划起着关键的作用；

　　②项目经理和其他控制项目资源的职能经理之间良好的工作关系；

　　③一些职能部门的人员，如果也为项目服务时，既要竖向地向职能经理汇报，同时也能横向地向各项目经理汇报。

　　这三点对于企业内部的项目组织设计很重要，即项目组织设计中必须在目标控制和项目经理—职能经理的界面之间找到平衡。

　　（3）从项目实施组织的层次。项目经理要通过项目实施层成员的共同努力来实现项目的目标。在项目组织设计中，项目实施组织的设计主要立足于项目的目标和项目实施的特点，同时要有利于项目管理组织对其的控制和协调。项目实施层组织设计的依据是项目管理组织的控制系统。

　　3. 项目组织设计的依据

　　项目组织系统是一个为明确项目目标而存在并运行的，因此在进行项目组织设计之前就必然要对项目的目标、项目的结构以及项目的环境进行分析。

　　（1）项目的目标和任务分析。组织是为达到项目目标而有意设计而成的系统。组织的目标实际上就是要实现项目的目标：投资、进度和质量，以及尽量避免对企业原有的经营活动造成影响。项目管理组织的设置也正是围绕项目的目标以及如何对项目实施进行目标控制而确立的。

　　项目目标的分解：项目目标的分析是通过对目标的分解而进行的。项目的总体目标可分解为投资、进度和质量三大目标。这些目标又可继续分解。此分解将更为清楚地识别出项目管理组织所面临的任务以及因此对人员的要求。

　　项目目标的层次性：如图3-8所示，不同层次的项目目标规划其工作内容、工作方法和在项目实施工作中所处的阶段和层次各有不同。同时这些层次与项目组织的层次相对应。各层次的组织也构成了整个项目组织系统。这一组织系统也正是建立在相应的目标系统之上。

　　项目目标在各阶段的体现：项目管理的组织并非是一成不变、从一而终的，而是随着项目目标重心的变化而调整的。既要从组织措施上保证必需人员的到位，又要防止人力资源的浪费以及由于冗员造成的组织内部矛盾和效率低下的状况。

　　此阶段要列出各阶段各层次管理组织所需要的人数。

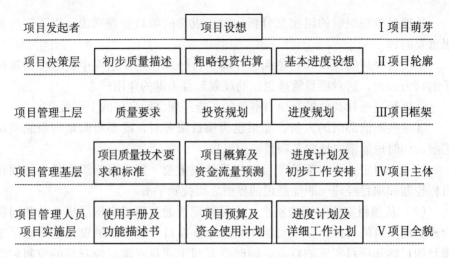

图 3 - 8 项目目标及目标规划工作的层次性

（2）项目分解结构。项目分解结构的准备和完成的过程是项目组织规划的基础，项目经理可以将其与组织结构的设计结合起来，根据工作单元不同的技术和任务要求，赋予各项目班子成员以相应的职责。

每一个工作单元应包括五部分内容：工作过程或内容、任务的承担者（多人时应包括人员分工和明确的职责分工）、工作对象、完成工作所需要的时间、完成工作所需的资源。

①项目分解结构的目的包含以下几个方面：一是将整个项目划分成可以进行管理的较小部分，同时确定工作内容和工作流程；二是完成责任矩阵；三是针对较小单元，进一步对时间、资金和资源等做出估计；四是为计划、预算、进度安排和成本控制提供共同的基础和结构。

②项目分解结构的形式包括两种：一是根据项目组成结构进行分解；二是按项目的阶段进行分解。

③项目分解结构的目的是将项目的过程、产品和组织这三种结构形式综合起来。项目分解结构的步骤可以归纳为如图 3 - 9 所示步骤：

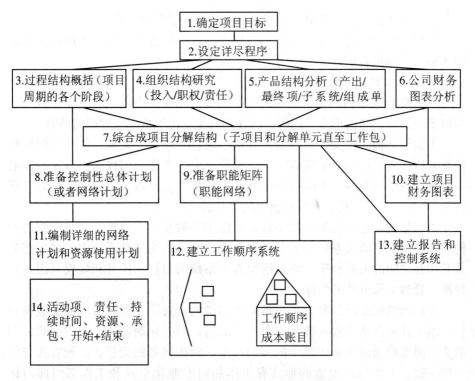

图 3-9　形成项目分解结构的步骤

（3）项目环境分析。项目经理的主要任务是投资控制、进度控制、质量控制以及组织协调等。但是，一个项目的成功与失败常常依赖于项目经理直接控制之外的一般环境中的各种因素。

①一般环境。

②项目环境。项目环境是指与项目系统有直接联系的、并对项目实施有着直接影响的因素。影响组织设计的项目环境因素可分为决策性因素和实施性因素等。它们一般是一些具体的机构和团体等。其中最重要的是项目主管部门，项目主管部门与项目系统的接口位于项目决策层次。这是项目主管部门施加其权力影响的主要渠道。从项目组织和管理的角度，减少这种行政权力对项目实施干扰的策略有：

一是保持项目决策层和项目主管部门之间具有清晰明确的界面，避免行政权力的影响过多地渗透进项目决策层的日常工作；

二是简化、缩小项目系统与项目主管部门之间的接口，使行政权力的影响集中在一个尽可能小的正常范围内；

三是简化决策工作环节，以减少决策过程中受到的干扰。

③内部组织环境。又称为组织内部气氛，包括各成员在组织内部体现的团队精神、作风和特点等。

4.项目组织设计的内容

（1）项目系统内的组织结构。组织结构是相对静态的。它主要研究一个项目系统的组织结构形式、组织内的任务分工、组织内部管理职能的分工。

①组织结构的含义。组织是由人员、职位、职责、关系、信息等组织结构要素所构成，由一个个成员的职位或是一个个工作部门作为节点连接成的一个系统或结构的网。人员和职位是两个最基本的要素，是构成组织的"硬件"。职责、关系、信息是构成组织的"软件"。

组织结构是组织内部结构要素相互作用的联系方式或形式，是组织内的构成部分所规定的关系的形式。简单地说，组织结构就是系统内的组成部分及其相互之间的关系框架。它是组织根据系统的目标、任务和规模采用的各种组织管理架构形式的统称。

②组织结构设计的要素。一是工作部门的设置。工作部门应根据组织目标和组织任务合理设置。确立一个工作部门，同时须确定这个部门的职权和职责。同等的岗位职务应赋予同等的权力，承担同等的责任，做到责任与权力相一致。工作部门设置的形式有工作部门专业化形式和工作部门部门化两种。

二是工作部门的等级。在一个组织中，分权和集权是相对的。采取何种形式，应根据组织的目标、领导的能力和精力、下属的工作能力、工作经验等综合考虑。

三是管理层次和管理幅度。一般组织的管理层次分为决策层、管理层和执行层等。管理幅度也称管理跨度，主要取决于需要协调的工作量，一般为5~6人。管理层次和管理幅度取决于特定系统环境下的许多因素：

——管理人员的工作能力、性格、个人精力及授权程度等。

——工作的复杂性。

——信息传递速度的要求。

——下级的工作能力。

——工作地点的远近。

③组织结构的形式。组织结构的形式通常取决于生产力的水平和技术的进步，还受到组织规模的影响。组织规模越大，专业化程度越高，分权程度也越高。此外，组织所采取的战略不同，所处的组织环境不同，其组织结构模式也会不同。

一个系统采用何种项目的组织形式须根据项目的具体情况、项目的环境条件、系统原有的组织结构，尤其是应根据项目的目标来做出决策。表3-1列出了不同的项目组织结构形式对项目所会产生的影响。

表3-1 项目组织结构形式对项目的影响

项目特征	职能组织结构	矩阵组织结构			项目（线性）组织结构
		弱	中（平衡）	强	
项目经理的权力	无或几乎无	受限制	小至中等	中等至大	大至几乎全部
全职参与项目活动成员的比例（%）	无	0～25	15～60	50～95	85～100
项目经理的角色	兼职	兼职	全职	全职	全职
项目负责人的实际称谓	项目协调者项目负责人	项目协调者项目负责人	项目经理项目主管	项目经理计划经理	项目经理项目经理
参与项目活动成员的角色	兼职	兼职	兼职	全职	全职

（2）工作流程的设计。工作流程的设计包括系统内物资流程的组织和信息（管理）流程的组织。

第二节 会展项目团队和人力资源

一、会展项目团队建设

1. 项目团队基本知识综述

（1）基本概念。团队是由两个或者两个以上的人组成的，通过人们彼此之间的相互影响、相互作用，在行为上有共同规范的一种介于组织与个体之间的一种组织形态。其重要特点是团队内成员间在心理上有一定联系，工作上彼此之间发生相互影响。狭义的项目团队就是为了实现一个共同目标而协同工作的一组个体的集合，一个迅速形成的、由具备协作精神的成员所构成的临时性组织。作为项目团队的一分子——项目管理员来讲，项目团队要求其成员主动融入其中，服从领导安排并按时完成分配给自己的任务。团队的工作就是团队成员为实现这一共同目标而进行的协调、配合、沟通等方面的努力。可以说，项目团队的形成需要具备如下基本要素：

①项目成员有着共同的目标，为完成共同目标，成员之间彼此合作；

②项目成员之间互相依赖、互相影响，彼此之间形成一种默契和关心；

③项目成员具有团队意识，具有归属感；

④责任心。

（2）有效团队协作的基本原则。实现真正的团队协作依赖于组建一个能够变成团队的团体、创造并保持团队协作的环境和发挥领导能力，促进团队协作的开展。团体一旦形成，成员一般都会认为他们已经是一个团队了，而实际上并不是。应该说，团队协作失败主要是由于缺乏团队协作的知识，而非缺乏团队协作的决心所造成。因此，任何团队的成员都需要对促进团队良好协作的基本原则有较为深刻的认识：

①设定共同目标。项目团队成员经常是各种不同职能、职责人员的代表。由于项目成员的天性和团队协作的文化背景，每个团队成员都想积极参与管理活动。通过积极地参与会激发责任感，并由此产生对项目目标的承诺。建立团队协作应从定义团队目标并且概括完成目标所要求的各种角色和责任开始。

②承认相互依赖和相互尊重。几乎所有的关系问题都是由于角色和目标期望方面的冲突或者不清楚造成的。在团队环境中，相互尊重、关系、每个人的角色以及相互依赖是团队协作中必不可少的因素，而且它们需要共同促进。所有角色及成员间相互依赖的关系都需要被项目成员所认可。而相互尊重是指接受每位团队成员所扮演的角色，尊重他们的能力，特别是超出自己专业范围内的能力。

③共同的行为准则。为了提高项目团队的协作能力，项目经理非常有必要制定必须遵守的行动准则并询问每一位成员是否可以遵守这些行为准则，以了解现状和深层次的问题。在设定这些行为准则时候要考虑如下方面：客户关系、公司财产的个人使用与保管、出勤率和工作时间、安全、质量标准等。

④团队共享奖励。分享的概念是指根据参与工作的人数来分享奖励。由所有做出贡献的团队成员共享赞誉往往比发给他们现金奖励还重要。当团队成员相信他们的个人的表现及团队的表现会得到同事和管理层的公认和赏识的时候，他们就会很受鼓舞，从而更好地完成工作并且愿意相互协作。

⑤共同塑造团队精神和活力。若想在团队中形成团队协作的风气，就要首先铲除由于教育背景和商务经验给很多人带来的"自我第一"的竞争意识。让成员在观念上认识到：成员之间相互依赖，而不是相互独立；将团队需要置于个人需要之上；永远不要让团队成员做你不愿意做的事情；资源共享。

（3）当前项目环境中的团队工作。团队的工作通常跨越了组织的界线，包括一个由分配的人员、支持团体、转包商、卖者、合伙人、政府机构和客户组织组成的复杂的矩阵。技术、经济、政治、社会和法规因素造成的不确定性和风险是组织和管理项目团队的一个巨大挑战；另一个挑战是在不同的团队派别和支持团体之间建立有效的联系，以进行正确的沟通、决策和控制。要求项目领导者跨越组织界线，对其很少有或没有正式权力的人事资源进行调配，有效地使资源共享、处理多样的汇报关系。

为了在一个动态的环境中有效地管理项目，任务领导者必须了解组织和行为变量的相互影响。他们必须培育一种氛围，有益于跨部门的合作，有益于把目标和要求转化为具体的结果，如能在市场中顺利竞争的产品或服务。由于这些复杂性和不确定性，在很多情况下，层级制度的团队结构和传统的领导形式是无效的，正在被自主的、自我管理的组织模式所取代。

从20世纪60年代，正式的项目管理产生开始，在不同的组织背景中的经理对跨部门团队组建的内容和实践日益表示关注和兴趣。1980年以来，多位学者在诸多领域进行了深入研究，考虑了组建有效的、高性能的动态项目团队及其标准。这些研究表明，在高性能工作团队的组织、发展和管理中的子系统和变量具有巨大的广度和深度。

随着现代组织（如矩阵）的发展，传统的官僚层级组织已经衰落，横向适应性团队和工作单元对于有效的项目管理变得越来越重要。这些团队成了通过职能线迅速地、可预测地并且在给定的资源约束内传达信息、技术和工作观念的管道。许多企业领导者和项目经理变得非常关注他们的组织作为一个统一的工作团队有效运行的能力。面临的主要挑战是把分配了具体任务的一帮人转变为一个有凝聚力的、统一的工作团队。

（4）项目团队的发展阶段与领导方式。在团队形成的过程中，如果项目经理在不同的团队阶段使用了不适宜的领导方式，则很难收到好的效果。一般来说，团队形成分四个过程，其相应的领导风格是指导型、影响型、参与型和授权型。

①形成阶段：团队发展进程中的起始步骤，是个体成员转变为项目团队成员的过程。团队成员之间急需相互了解，相互交往来增进彼此的认识，也对团队工作、能否与其他成员和睦相处存在疑虑，渴望表现和展示自己的能力，但工作效率较低。此时，作为项目团队的领导者、整合者和沟通者，项目经理须向团队成员介绍项目背景、目标和团队与组织内各部门的关系，说明成员的岗位职责、承担的角色，指导成员完成项目团队的建立工作，并在团队成员的协助下确定团队内部的行为准则。

②疑问阶段：项目团队成员之间的冲突与不和谐是此阶段的显著特点。随着项目目标更加明确，每个团队成员所扮演的角色、职责和权限进一步明

确，团队开始缓慢地推进工作，同时各方面的问题逐渐暴露出来，如项目任务比预计更艰难、更繁杂，队员之间难以紧密配合、和谐相处等。面对如何情势，团队成员和项目经理要认识到这是团队成长的必经阶段，对冲突正确认识和妥善引导，促使冲突及时化解，在冲突与合作中寻找理想的平衡。

③规范阶段：经历震荡之后，团队目标变得更加清楚，团队成员学会了分享信息，相互理解、关心和友爱以及接受不同观点，努力采取妥协的态度来谋求一致。同时，建立了标准的操作方法和工作规范，逐渐熟悉新的技术和制度，并不断促进新制度的完善。在此阶段，项目经理要始终参与团队成员的活动，注意团队文化建设，责任划分及资源配置等问题，并通过一些严密的计划和实际考核系统来试验这些方法，以营造一个鼓励队员发挥特长、为团队本身成长及目标实现而尽职尽责的工作氛围。

④执行阶段：经过形成、震荡和规范阶段的发展，队员的状态已达到了最佳水平。在熟练掌握处理内部冲突技巧的基础上，团队能够集中集体智慧做出正确的决策、解决各种困难和问题；各方面的工作走上正轨，队员为实现项目的目标而共同努力；队员之间真诚、有效、及时沟通，进行有效的分工合作；和谐、融洽的氛围中，团队成员具有极强的归属感和集体荣誉心。此时，项目经理要对团队成员授予充分的权力，鼓励队员发挥自己的主动性、积极性和创造性，在必要时对某些队员的工作任务进行指导。

一个真诚统一的团队具有以下重要特征：

①个人需要得到满足；

②存在共享利益，成员之间相互信赖；

③在团队活动中感到骄傲和愉悦，进而产生强烈的归属感；

④高信任、低冲突，共同致力于团队目标；

⑤高度的团队相互影响和有效的沟通；

⑥鼓励团队成员发展的能力和同其他组织交涉的能力。

由于上面所有的因素同高性能团队强烈相关，培育一个满足这些需要的团队环境对于经理来说是重要的。营造这样一个高质量、有益合作的氛围和文化包括多方面的管理挑战，提高了项目及其组织环境的复杂性。单独的技术知识和好的领导将不再是足够的，而是需要跨越广泛的技能和成熟的组织支持系统的杰出才能，以便有效地管理这些项目团队。

2. 项目团队的组建

（1）项目团队的组建与类型。团队组建可以描述为这样一个过程，聚集具有不同需要、背景和专业的个人，把他们变成一个整体的、有效的工作单元。助理项目管理师可能单独在小项目中担任项目经理单独负责项目团队的组建工作。此种项目团队具有规模小、组织结构简单等特点，但在组建的过程中同样面临着如何迅速组建高质量团队的问题。团队组建的方法，除了我们要利用 WBS 去决定所要招聘的人员外，关键是人员来了以后，如何使他们愿意投入。我们认为，现代的许多团队建设活动是十分重要的。它通过在一定环境下的人际互动，尤其是面对特殊困难的生存环境，只有通过合作才能活命（如生存岛训练）时，团队成员对劫后余生情感的珍惜，有助于他们在日常工作中增进合作。但必须提出的是，管理科学中许多传统的方法依然是团队建设的主要工具。如一般管理技术（纪律与规范等）、绩效考评与奖励系统、人的基本需求分析、人的个性组合与优化、人员的合理配置以及对团队成员进行企业宗旨和企业文化的培训，这是更加实用和有效的团队建设工具。同时，团队组建过程中需要把握如下一些原则：

①建立一个多元化的项目团队：有利于取长补短，增强团队的创造力和活力。

②建立项目经理的领导权威：若群龙无首，整个团队可能成为不堪一击的乌合之众。

③树立并保持项目组的团队精神：强调按照共同的价值观及行为规范工作的意义，提倡团结合作、信息共享、个人服从组织的团队精神。

④争取职能部门的支持。

⑤确保团队内信息的畅通：及时而准确地交流项目信息，队员的成功得到及时的承认和赏识，使他们有一种参与感、归属感，从而赢得他们的广泛合作。

团队有各种不同的类型。在传统项目管理中，传统的项目团队主要是来自建筑和国防工业中，团队的思考和行为模式来自过去的实践。它有如下特征：

①存在描述团队生存和如何被用于不用行业的一个重要的知识体系。

②主要涉及物理实体的设计、开发和生产（建造），以支持客户的产品和基础结构。

③都有一个明确的生命周期并需要安排重要的财务、人力和其他资源。

④使用项目管理过程和技术的非正式实践往往有较长的时间。

⑤当想到用于现代组织中的团队时，传统的项目团队往往会被想到。

非传统的团队有许多传统团队的特征。然而非传统团队有它们自己的生命力，可以用以下特点描绘：

①团队处理的组织要素已经存在，团队的目的是提高那个要素。

②团队通常借助于改变要素所包含的过程来提高组织要素的效率和有效性。

③在处理现有的问题和已经存在于企业中的机遇时，团队工作可以迅速启动。

④变更许多项目管理的理论和方法以应用于不同企业，且同企业经营和战略进步的设计与实施密切相关，通常以报告的形式提交提高资源使用效率的资源设计和实施方案。

⑤引起组织中个人和集体角色的巨大变化并对于所属的组织文化有重大影响。

⑥团队的使用已经成为一种提高团队所属企业全球竞争力的一种方法。

常见的非传统团队类型有：市场评估团队、竞争力评估团队、标杆超越团队、利益相关者评估团队、危机管理团队和质量提高团队。

（2）项目团队建设方法。①角色界定法。团队角色是一套深受团队建设者喜爱的一种方法。贝尔宾（Belbin）1981年提出了一组八个重要角色（如表3-2示），在后来的修订中，他把"主席"换成了"协调者"，把"公司工人"换成了"实施者"，但是这些角色本身的意义基本没变。贝尔宾是通过一系列模拟练习得出上述角色的。贝尔宾证明说，成功的团队是通过不同性格的人结合在一起的方式组成的，另外，成功的团队中必须包括担任不同角色的人。

表3-2　　　　　　　　团队角色

角色	行动	特征
主席	阐明目标和目的，帮助分配责任和义务，为群众做总结	稳重，智力水平中等，信任别人，公正，自律，积极思考，自信
左右大局者	寻求群体讨论的模式，促成群体达成一致，并做出决策	稳重，智力水平中等，信任别人，公正，自律，积极思考，自信
内线人	提出建议和新观点，为行动过程提出新视角	个人主义，慎重，知识渊博，非正统，聪明
监测\评估者	分析问题和复杂事件，评估其他人的成就	冷静，聪明，言行谨慎，公平客观，理智
公司工人	把谈话和观念变成实际行动	吃苦耐劳，实际，宽容
团队工人	为别人提供支持和帮助	喜欢社交，敏感，以团队为导向，不具决定作用
资源调查者	介绍外部信息，与外部人谈判	有求知欲，多才多艺，喜欢交际，直言不讳，具有创新精神
实施者	强调完成即定程序和目标的必要性，并且完成任务	力求完美，坚持不懈，勤劳，注重细节，充满希望

②建立统一的价值观。许多人认为，团队建设的核心是，在团队成员之间就共同价值观和某些原则达成共识，因此建设团队的主要任务是建立上述

共识。魏斯特（West, M. A.）提出了形成共识的五个方面，并以此作为指导团队建设的原则，如表3-3所示。

表3-3 达成团队共识的五个方面

明确	必须明确建立团队的目标、价值观及指导方针，而且经过多次讨论
鼓动性价值观	这些观点必须是团队成员相信并且愿意努力工作去实现的
力所能及	所有团队成员都支持这一观点是至关重要的，否则他们可能发现各自的目标彼此相反或无法调和根本冲突
共识	所有团队成员都支持这一观点是至关重要的，否则他们可能发现各自的目标彼此相反或无法调和根本冲突
未来潜力	团队共识必须具有在未来进一步发展的潜力。拥有固定的、无法改变的团队共识是没有意义的，因为人员在变、组织在变，工作的性质也在变，需要经常重新审视团队共识，以确保它们仍然能够适应新的情况和新的环境

③任务导向法。以任务为导向的建设途径，强调团队要完成的任务。按照这一途径，团队必须清楚地认识到某项任务的挑战，然后在已有的团队知识基础上研究完成此项任务所需要的技能，并发展成具体的目标和工作程序，以保证任务的完成。卡特森伯奇（katzenbach）及史密斯（Smith）强调，在表现出色的团队中，这一途径尤显重要。为此，他们在现实组织环境中找出了建设高效团队的八条基本原则建设以任务为导向的团队。

· 确定事情的轻重缓急，并确定指导方针。
· 按照技能和技能潜力，而不是个人性格选拔团队成员。
· 对第一次集会和行动予以特别关注。
· 确立一些明确的行为准则。
· 确定并且把握几次紧急的、以那里为导向的任务和目标。
· 定期用一些新的事实和信息对团队成员加以考验。
· 尽可能多的共度时光。
· 利用积极的反馈、承认和奖励所带来的力量。

④人际关系法。该途径通过在成员间形成较高程度的理解与尊重，来推动团队的工作，T-小组训练即是这类途径的早期方法。这类途径主要是在心理学的实验依据基础上通过开展良好的交流、沟通类型的实验与培训加以实现。

总之，团队建设非常重要。但这不仅仅是一个团队的事，还与企业文化密切相关，而企业文化则需要一定时间进行积累和沉淀。

（3）项目利益相关者分析。①组织利益相关者。组织利益相关者是在商业组织的背景下定义的。商业组织中一般的组织权益人（利益相关者）和他们的权益（利益）模型如表 3 - 4 所示。这个模型要求主要经理开发一个合适的战略管理组织，通过：

· 确认合适的利益相关者。
· 明确利益相关者利益的本质。
· 衡量利益相关者的利益。
· 预测利益相关者什么样的行动会符合他/她的利益。
· 评估利益相关者的行动对于项目团队管理项目自由度的影响。

表 3 - 4　　　　　　　组织的权益者和他们权益要求

权益人	权　益
股东	参与利润、附加股提供、资产清偿的分配；股票表决，检查公司账目，股票的转手，董事会的选举和一些附加权力。这些由和公司的合同确立
债权人	参与投资应付利息支付和本金回报的分配。抵押资产的安全性，在清偿中的相对优先权。如果公司内出现某些情况（如利息支付违约），分担一定的管理和所有者特权
员工	在其工作中的经济、社会和心理满足。对公司部分职业专断行动的自由。共享边际利润，自由加入工会和参与集体合约，通过劳工合同提供服务的个人自由。充分的工作环境
客户	提供产品服务、使用产品的技术数据、适当的保证、在客户使用期间支持产品的备用部件、导致产品改进的 R&D、消费者信用的简化
供应商	不间断的商业资源、按时完成传统的信用义务、在签订合同、购买和接受货物和服务方面的行业联系
政府	税收（收入、财产等），公平竞争，坚持对待"公平和自由"竞争要求的公共政策的严谨性。商业人士（和商业组织）遵守反垄断法的法律义务
工会	员工认可的谈判机构，使工会永远作为商业组织的一个参与者的机会
竞争者	由社会和行业确立的竞争行为的准则。现代的商业治理才能
当地社区	在当地社区中，雇佣有用的和健康的人的地方。公司管理者在社区事务中的参与，常规的雇佣，公平的竞争，一定比例的当地产品的购买，对当地政府的兴趣和支持，对文化和慈善项目的支持
一般公众	作为一个整体参与和促进社会的政府过程，在政府和商业部门间的创造性沟通，增加相互了解，承担政府和社会的一定比例的负担，产品的公平价格和产品线所用的技术工艺水平的提高

资料来源：D. I. Cleland and W. R. King, Systems Anaylysis and Project Management, 3d ed. (New York：McGraw - Hill, 1983), 45 页。

②项目利益相关者。每个项目都有其特定的利益相关者集团。成功的项

目管理只有在负责任的经理把项目利益相关者的潜在影响考虑进去以后才能实现。项目计划的一个重要部分就是识别所有的项目利益相关者及其在项目中的利益。在项目计划中的利益相关者，分析对于在项目周期中简化利益相关者的管理的战略发展尤其有用。有效的利益相关者管理到少包括五个重要因素：识别利益相关者、参与的层次、积极调查以确定利害关系和冲突问题、用一种可以接受的方法解决利害关系和冲突、正式的批准。

这种积极的利益相关者管理战略的结果是：项目团队不会被任何问题或质询的意外难倒，利益相关者也不会对项目的任何方面吃惊。项目几乎是在所有的被感动的利益相关者和公众完全接受的情况下进行。这种积极的利益相关者管理很大的促进了项目的价值。

因为项目利益相关者的管理认为，成功依赖于在项目生命周期内考虑到项目决策对不同利益相关者的潜在影响。因而，项目团队面临着一个重大挑战，除了辨识和评估项目决策对利益相关者——他们服从于管理的权力——的影响外，团队必须考虑到项目具体目的和目标的实现会如何影响或受到权力以外的利益相关者的影响。

③利益相关者管理。管理利益相关者要考虑的关键性问题有以下几方面：

· 谁是项目的利益相关者——包括主要的和次要的？

· 他们在项目中有哪些利益、权利或要求？

· 利益相关者为项目团队提出了哪些机遇和挑战？

· 对于其利益相关者，项目团队有哪些义务或责任？

· 什么是利益相关者的优势、劣势和可能用于实现他们目标的战略？

· 利益相关者用于实现其战略的资源有哪些？

· 是不是有一些因素给予利益相关者一个显著的有利位置以影响项目的结果？

· 项目团队应当开发和使用什么战略处理利益相关者带来的机遇和挑战？

· 项目团队如何知道是否成功地管理了项目利益相关者？

3. 项目团队冲突管理

（1）冲突管理概述。冲突就是项目中各因素在整合过程中出现了不协调的现象。冲突管理是项目管理者利用现有技术方法，对出现的不协调现象进行处置或对可能出现的不协调现象进行预防的过程。

项目经理常常被称做冲突经理。首先这是项目的特性决定的。目标能否实现，会因为条件选择的错误和许多不可见因素的出现而困难重重。其次，矩阵式项目组织结构，也容易在项目经理与职能经理或其他资源主管间发生摩擦。因此，项目经理是在冲突的不断处理中走向项目目标的。

科兹纳认为，进行冲突管理，要问如下四个问题：第一，项目的目标是什么，是否会与其他项目冲突？第二，为什么会产生冲突？第三，我们该如何处理冲突？第四，能否预先作某种类型的分析，以识别可能产生的冲突？

冲突产生的类型。在项目管理中最常见的冲突类型包括：人力资源、设备、基本建设费用、成本、技术见解和妥协、优先权、管理程序、时间规划、责任、个性冲突。

（2）冲突解决方式。项目经理们依据他们的经验来确定实际解决冲突的方式。面对面协商是最常见的冲突解决方式。其次是妥协的方法，特点是通过交换来平息冲突。接下来是缓和的方式。强制和退出的方式分别排在第四位和第五位。项目中的冲突与解决建议如表 3－5 所示。

①面对面协商。这种解决问题的方法是，冲突的各方面对面地会晤，尽力解决争端。

②妥协。妥协是为了做交易，或者说是为了寻求一种解决方案，使得各方在离开的时候都能够得到一定程度的满足。

③缓和。这种方法是指努力排除冲突中的不良情绪。它的实现要通过强调意见一致的方面，淡化意见不同的方面。

④强制。这种方法是指一方竭力将自己的方案强加于另一方。

⑤规避。规避常常被当做一种临时解决问题的方法。问题及其引发的冲突还会接连不断地产生。

表 3－5　　　　主要的冲突源和减低其不利影响的建议

项目生命周期阶段	冲突源	建议
项目概念阶段	优先级	制订清楚的规划。与相关各方共同做出决策
	流程	制定详细的管理运作程序，然后用于对项目进行指导。确保取得重要的管理者的认可。制定不成文的规章
	进度	在项目真正开始之前，制订进度计划。对其他部门的优先级和对项目可能产生影响的事情进行预测
项目规划阶段	优先级	通过情况检查会，为支持区提供关于预计的项目计划和需求方面的有效的反馈信息
	进度	与职能小组协作，安排工作分解包（项目子单元）的时间
	流程	为关键的管理事项准备应变措施

续　表

项目生命周期阶段	冲突源	建议
实施阶段	进度	不断对工作进行监控。将情况通报给相关的各方。对问题进行预测，并考虑备选方案。识别出需要密切关注的"故障点"
	技术	对于技术问题，要尽早解决。与技术人员就进度和预算问题进行沟通。注重安排足够的技术测试。及早促成对最终设计的统一认识
	人力	及早对人手问题进行预测和沟通。与职能部门和人事部门一同确定人手需求和优先级
收尾阶段	进度	在项目生命周期对进度进行严密的监控。考虑为容易产生工期延误的关键项目区域重新调派可用的人手。对可能影响进度的技术问题要立即加以解决
	个性和人力	为项目结束制定重新安排人力的计划。与项目班子和支持小组保持融洽的关系。尽力使"高度紧张"的氛围得到缓解

资料来源：Hans J. Thamhain 和 David L. Wilemon："项目生命周期中的冲突管理"（Conflict Management in Project Life Cycles），*Sloan Management Review*，1975 年，第 31 - 50 页。

二、会展项目人力资源管理

1. 项目人力资源管理的概述

项目人力资源管理可以定义为根据项目目标，采用科学的方法，对项目组织成员进行合理的选拔、培训、考核，激励，使其融合到组织之中，并充分发挥其潜能，从而保证高效实现项目目标的过程。

项目人力资源管理包括两个方面：一方面是对项目组织人力资源外在因素即量方面的管理。对外在因素进行管理，就是根据项目目标的要求，进行适当的人力资源调配，满足项目组织对人力资源的实际需要，做到不多也不少。另一方面是对项目组织人力资源内在因素即心理和行为等质的方面的管理。对内在因素进行管理，就是通过对人力资源的载体即人的思想、心理和行为的协调和控制充分发挥人的主观能动性，做到人尽其用。

项目人力资源管理与一般的人力资源管理相比较又有不同之处，项目人力资源管理的特点有：

（1）强调团队建设。因为项目工作是以团队的方式来完成的，所以在项目人力资源管理中，建设一个和谐、士气高昂的项目团队是一项重要的任务。

人员招聘、培训、考核、激励等工作都应充分考虑项目团队建设的要求。

（2）具有更大的灵活性。由于项目组织是一个临时性组织，在项目开始时成立，在项目结束后解散。在项目目标实现的过程中，各阶段任务变化大，人员变化也大。例如，在设计阶段，项目的主要任务是控制设计的质量和进度、控制设计的概算和预算，需要较多的项目管理人员而较少的现场管理人员；项目进行到施工阶段以后，又需要补充和加强施工现场管理人员。因此，项目人力资源管理比较一般组织的人力资源管理具有更大的灵活性。

项目人力资源管理的主要工作包括：人力资源计划、人员的招聘、培训、考核及激励。

（1）人力资源计划。人力资源计划是项目人力资源管理工作整体的规划和安排，是项目人力资源管理工作的指南。它是根据项目总体目标及战略，制定整个项目实现过程中人力资源管理工作的目标、政策及预算，并对整个过程中人力资源管理各项任务如招聘、考核、培训、激励等做出安排的工作过程。

（2）人员招聘。人员招聘工作是根据人员配备计划的安排，进行项目组织所需人员的招募和选择的过程。

（3）人员培训。人员培训工作是根据培训计划的安排进行项目组织成员的岗前培训及在岗培训，以保证项目组织成员能胜任所要承担的项目任务，并在项目目标实现过程中不断提高其素质和能力的过程。

（4）人员考核。人员考核工作是在项目目标实现过程中，对组织成员的工作绩效进行评价，以实现公正客观的人事决策的过程。

（5）人员激励。人员激励工作是通过采取各种恰当的措施，调动组织成员的积极性，从而使组织成员努力工作的过程。

2. 人员配备计划

人员配备对于项目组织而言是一项十分重要的工作，合理的人力资源配备不仅可以降低人力资源成本，而且有利于充分挖掘人力资源的潜力，提高项目组织的工作效率。一个项目组织要想生存和完成项目，就必须选择和配备合格的人员去担当相应的项目工作，因为"人存事兴，人亡事废"。所以，实现项目人员配备的科学与合理化，是非常重要的。

（1）人员配备计划的内容。人员配备计划是人力资源计划中的一项具体的业务计划。它主要是根据人力资源总体规划的要求，制定出项目在整个实施的过程中人力资源配备的规划和安排。一般而言，人员配备计划应具体说明：需要多少岗位；每个岗位具体任务及职责；每个岗位需要的能力、技巧和资格；每个岗位所需人员的获得及配备的具体安排和打算。

概括起来人员配备计划工作主要包括以下几方面：

①工作分析。人员配备计划的首要工作是工作分析。工作分析是通过分析和研究来确定项目组织中角色、任务、职责等内容的一项工作。工作分析的最终成果是形成工作说明书与工作规范。

工作说明书是工作分析的书面文件之一，是一种说明岗位性质的文件，包括岗位定义与说明，即每个岗位工作的内容、权限、工作关系等。

工作规范主要是根据工作说明书中所规定的岗位职责，说明对担任该岗位工作的人员的特定知识、能力和个性特征等方面的规范化要求。通过确定这些方面的要求，为以后的人员招聘及培训提供依据。

②选配人员。工作分析明确了项目组织中需要的人员数量和质量，选配人员工作则是根据工作说明书和工作规范，对每个岗位所需人员的获得及配备做出具体安排。这里既包括项目组织成立之初，从项目母体组织内部及外部招聘项目组织所需各种人员，也包括在项目实现过程中，根据项目组织运行的需要，对可能产生的空缺岗位加以补充和调整项目组织人员岗位等内容。

（2）人员配备计划编写的原则。编写人员配备计划一般应遵循以下原则：

①目标性原则。人员配备计划应以实现项目目标为中心，即项目组织的一切人员的配备必须为实现项目的目标服务。根据实现项目总体目标所需完成的工作的要求，合理配置人力资源，以保证项目目标的实现。项目组织的人员配备工作与一般运营组织的人员配备工作不同，它一般不需要考虑组织的长远发展目标和利益，只需要考虑项目本身的目标即可。

②人尽其才原则。在人员配备计划中，必须充分考虑每一位组织成员的经验、知识、能力、兴趣、爱好和需求，并深刻理解各岗位及工作的性质和要求，并使两方面很好地结合起来，使组织成员能在工作中充分发挥自己的才能。

③专业化原则。亚当·斯密曾提出劳动分工的原则，这一原则一直是人员配备的一项基本原则。按照劳动分工的原则，在进行岗位划分时应使岗位的工作内容尽量专业化，如承建一幢办公大楼项目，其岗位一般划分为：施工监工、木工、电工、焊工、装修工、混凝土搅拌工等。

④灵活性原则。由于项目目标实现过程中各阶段的工作性质和工作量会发生很大的变化，因此，项目组织成员工作的安排要求具有较大的灵活性，有时需要安排一人兼任多个岗位或完成跨职能性质的工作。另外，在坚持专业化原则的同时，也要注意职务扩大化和职务丰富化和必要的职务轮换。

（3）制订人员配备计划的方法。

①责任矩阵。责任矩阵是一种将项目所需完成的工作落实到项目有关部门或个人、并明确表示出他们在组织中的关系、责任和地位的一种方法和工具。它将人员配备工作与项目工作分解结构相联系，明确表示出工作分解结构中的每个工

作单元由谁负责、由谁参与，并表明了每个人或部门在整个项目中的地位。

一般情况下，责任矩阵中纵向列出项目所需完成的工作单元，横向列出项目组织成员或部门名称，纵向和横向交叉处表示项目组织成员或部门在某个工作单元中的职责。用来表示职责的符号有多种形式，常见的有字母式、数字式和几何图形等。

下面以某一城镇节日庆典活动项目为例来说明用这几种方式表示的责任分配矩阵。某城镇节日庆典活动项目需要完成的项目工作单元有文娱节目、宣传、志愿者名单、游戏、清洁、保安、食品、服务等，项目团队由刘明等16人组成，通过责任分配矩阵可以将所需完成的工作合理分配给每一位团队成员，并明确各自在各项工作中应承担的职责。用字母表示的该项目的责任分配矩阵如表 3－6 所示。用几何图形表示的该项目的责任分配矩阵如表 3－7 所示。用数字表示的该项目的责任分配矩阵如表 3－8 所示。

表 3－6　以字母表示的某城镇节日庆典活动项目责任矩阵

序号	工作单元	刘建明 王启 刘国强	王秀楠 李健 申利	候露 胡军 白莉	王鸣 王大行 李之久	刘可 苏方	利民 锁向国
	文娱节目	d　X	X	X	D	X	X
1	宣传	X		X	X　D		
2	志愿者名单	D		X		d	X
3	游戏			X　X			D　d
4	清洁		X		d	D	
5	保安			D　d			X
6	食品	X	d		D	X	
7	服务	X	D　d	X			X　X

D＝决定性决策　　d＝参与决策　　X＝执行工作

表 3－7　以几何图形表示的某城镇节日庆典活动项目责任矩阵

序号	工作单元	刘建明 王启 刘国强	王秀楠 李健 申利	候露 胡军 白莉	王鸣 王大行 李之久	刘可 苏方	利民 锁向国
	文娱节目	●　□	□	□	△	□	□
1	宣传	□		□	□　△		
2	志愿者名单	△		□		●	□
3	游戏			□			△　●
4	清洁		□		●	△	
5	保安			△　●			□
6	食品	□	●		△	□	
7	服务	□	△　●	□			□

△决定性决策　　●参与决策　　□执行工作

表3-8　以数字表示的某城镇节日庆典活动项目责任矩阵

序号	工作单元	刘建明	王国启	刘强	王秀楠	李申	健利	候露	胡军	白莉	王鸣	王大行	李之久	刘可	苏方	利民	锁向国
	文娱节目	2	3		3			3			1				3	3	
1	宣传	3							3		3	1					
2	志愿者名单	1							3					2		3	
3	游戏							3	3							1	2
4	清洁				3							2		1			
5	保安								1	2							3
6	食品	3			2						1				3		
7	服务	3			1	2										3	3

1 = 决定性决策　2 = 参与决策　3 = 执行工作

②人力资源需求曲线。人力资源需求曲线是根据项目时间网络图中对各项工作的计划安排，统计并形象表示出各时间段项目所需人力资源数量的曲线。它具有绘制简单、解读容易的特点，可以帮助我们制订人员配备计划及进行人员配备的优化。

人力资源需求曲线的绘制方法是以时间为横坐标，以人员数量为纵坐标，根据时标网络图中各项目工作的起止时间及各项目工作所需人力资源数量，统计出各时间段内所需的总人数，并用折线表示出来。下面举例说明人力资源需求曲线的绘制方法。

某项目的时标网络图如图3-10所示。

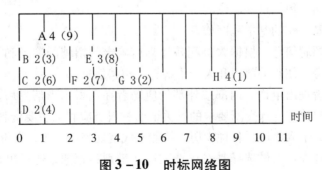

图3-10　时标网络图

图3-10中字母 A、B、C、D、E、F、G、H 表示项目工作的代号，字母后面的数字表示该项工作持续时间，括号内数字表示该项工作所需人员数量。根据时标网络图中各项工作的起止时间，可统计出每个时间段项目所需要的

人员总数。如在 0 - 1 这个时间段内，A、B、C、D 四项工作同时进行，将这四项工作所需人员数加总 9 + 3 + 4 + 6 = 22，即可得出该时间段所需人员数量为 22 人，在时间段内 0 - 1 内画出纵坐标为 22 的横线。同理，可计算并画出 1 - 2 时间段、2 - 3 时间段、直到 10 - 11 时间段所需人员数量。该项目的人力资源需求曲线如图 3 - 11 所示。

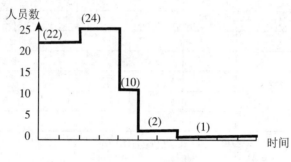

图 3 - 11　人力资源需求曲线

3. 人员招聘

项目组织成员的招聘是项目人力资源管理的一项重要的工作。这项工作的好坏关系到项目的成功和失败。因为项目的各项工作都是由人来完成的。如果项目组织没有招聘到所需要的人员，就无法保证项目目标的实现。项目人员招聘的目标就是要确保项目组织能够获得所需的人力资源。

（1）人员招聘的基本内容与程序。项目组织人员的招聘工作主要包括两方面的内容：①吸引有能力的申请者；②有关人员对申请者进行甄别，以确保合适的申请者得到这一职位的工作。

人员招聘工作的基本程序如下：

①发布招聘信息。根据人员配备计划所确定的招聘的途径和招聘的方式发布招聘信息，使有关部门和人员了解有关招聘信息。

②应聘者提出申请。内部或外部的应聘者在获得招聘信息后，向项目组织提出应聘申请，并递交所要求的有关证明材料。应聘的主要资料一般包括：应聘申请表、个人简历、各种学历、技能和成就证书或证明、身份证明等。

③人员选择。人员选择是对候选人进行辨别和甄选，选择出符合要求的人员的过程。

④人员录用。人员录用是在完成了人员选择之后对入选人员所做的办理各种录用手续、组织岗前培训、试用等工作。

（2）人员招聘的方法。人员招聘的方法有很多，常用的方法有以下几种：

①申请表。申请表法是要求申请人填写应聘申请表，招聘人员根据申请表所反映的情况来进行选择。申请表一般应包括申请人的教育背景、以往工作经历以及与所申请的工作岗位相关的信息。实践证明，申请表中与经历方面相关的、硬性的、可证实的资料可以作为某些工作的具有效度的衡量标尺。但仅凭申请表来决定是否录用往往是不够的，因为有些申请人填写的内容可能是不真实的。因此，申请表法常常被作为初步筛选申请人的一种方法。

②笔试。笔试法是通过让申请人答卷，并根据卷面分数的高低来进行选择。典型的笔试包括有智商、悟性、能力和兴趣等方面的内容。有充分的证据证明，对智商能力、空间和机械能力、认知准确性和运动能力的测试笔试具有中等程度的效度，是常常被采用的一种方法。

③面试。面试法是通过招聘人员与申请人直接面谈来进行选择。面试被认为是一种既有效度又有信度的甄选手段。通过与候选人直接接触，深入交谈，可以对候选人有比较深入的了解，从而提高决策的准确性。

④工作抽样。工作抽样法是给申请人提供与应聘岗位相关的复制物或有关资料，让他们完成该岗位的一种或多种核心任务，然后，根据任务完成的好坏程度进行选择。如在招聘项目经理时，可为申请人提供某一项目的有关资料，让其根据资料，做出一份项目进度计划，然后根据其所做项目进度计划的质量来决定是否录用。这种方法被证明是非常有效的，一般情况下，通过该方法可以反映出申请人是否拥有应聘岗位所需的必要的技能。

⑤测试中心。测试中心法是专门建立一个测试中心。该中心由管理人员、监督人员及受过训练的心理学家组成，模拟性地设计出实际工作中可能面对的一些实际问题，让申请人通过参加中心组织的一些活动，如与人面谈、小组讨论、经营决策博弈等来对他们进行系列测试。然后，由中心的专家们根据他们的表现为申请人打分并给出评价。实践证明这种方法对选择项目经理是非常有效的。

4. 培训计划

培训是项目人力资源管理的一项重要的内容。它是为保证项目组织的成员们具备完成现在和未来工作所需要的知识和能力而提供的教育和训练。培训的目的一方面是使培训对象获得目前工作所需的知识和能力，更好地完成本职工作。由于社会的发展和技术的进步，工作岗位的要求不断提高，几乎所有的成员，即使是那些在录用时高度合格的人，也需要一些额外的培训才能最令人满意地完成他们的工作。另外，培训是要使培训对象学习未来工作所需的知识和能力，从而满足项目组织成员职业发展的需要。

培训计划是培训工作的行动指南。它应根据人力资源配备计划、项目进度计划、工作说明书及工作规范等文件的要求，做出项目目标实现过程中对项目组织各类人员的培训安排。

编制培训计划一般包括以下步骤：评估培训需要、确定培训目标、选择恰当的方法和手段、安排时间、确定培训效果评价的方式和时间等。

（1）评估培训需要。为了使培训工作具有针对性，制订培训计划时，首先应对培训需求进行评估。一般而言，当出现下列情况时可以认为存在培训需要：①工作行为有些不恰当；②知识或技能水平低于工作要求；③培训工作是"补人之短"。所以当项目组织成员存在以上三方面问题时，应及时对其进行必要的培训。

（2）确定培训目标。培训目标为培训方案的设计提供依据，目标也是培训效果检验的标准，根据培训目标可以判断培训方案的有效性。

（3）选择恰当的方法。培训的方法有很多，如在职培训、脱产培训等。应根据培训目标和要求，选择恰当的方法。

（4）安排时间。根据项目的进度计划和人员配备计划，合理安排对各类人员的培训时间，以保证培训工作既不干扰项目工作的正常完成，又能够保证组织成员能及时达到岗位要求，有效地完成所承担的各项工作。

（5）培训效果评价的方式和时间。在培训计划中，还应对如何进行培训效果评价做出安排。规定出具体评价的方式方法及时间安排，从而不断总结培训工作的经验和教训，不断提高培训工作的有效性。

5. 项目团队成员绩效评估

项目团队的考核制度直接关系到整个项目团队运作的水平。它是一套完整的制度。这里主要考虑从项目完成的经济效益来考核团队成员的绩效评估书。本绩效考核评估书只适用于项目团队内部成员的绩效评估考核。其考核成绩直接与项目奖金或考核期奖金发放挂钩，并可作为人力资源部参考作为升职及定级的依据。

一般对于矩阵式组织的团队成员，他的工资应该包含职别工资和项目奖励两部分。本评估书主要以打分考评的方法对参与项目运作的人员进行评价。如果可能，可以在公司内全部实行打分考评制，将其纳入人力资源考核范畴。这可以更好地形成团队凝聚力，避免一些直接冲突，整体上可以激励员工时刻发挥主人翁精神，做到公平合理公正。

按照项目整个操作流程，逐一对项目成员进行考评，普通项目成员主要由项目经理进行打分，并结合客户意见，经和本人沟通后确定；项目经理主要由主管领导根据项目执行情况进行考评。

所分配的项目奖金或者考核期奖金每年年初可由公司领导班子集体确定

奖金总额部分，包括直接盈利项目的奖金发放比例、非盈利项目奖励的参照标准及发放比例。

考评方法如下：

（1）项目经理的打分直接与总额奖金挂钩。如果其打分在75分以下，此次项目无奖金；打分在75分以上，直接把分数值转换为百分数，与奖金发放比例相乘，得到此次项目奖金的发放比例。

例如：年初中心领导班子决定奖金发放比例为利润的30%，项目经理的打分是80分，则这次项目完成发放的奖金比例为：30%×80%=24%。

（2）确定了此次项目奖金的发放比例，也就确定了奖金总额。奖金的分配可分为三部分，包括策划奖金、项目经理奖金和项目成员奖金，其比例建议为3:3:4。如果属于同一部门或直接由项目团队策划，则奖金分配分为项目经理和项目成员两部分，其比例建议定为4:6。

（3）项目经理和项目人员的考核见14.3中文化项目收尾工作文件表8和9。

（4）项目人员的奖金分发办法：除了分数之外，还要考虑工作量。根据不同的项目可由项目经理确定是以工作量还是以进入项目工作时间来衡量工作量。具体分配办法是：

①项目经理确定衡量工作量的方法，可以直接在工作任务分解结构中确定每个任务的工作量；或者以项目人员进入项目的工作时间来衡量。

比如在某征文活动中，前期审批沟通工作量为2；会场布置为2；晚会组织工作为3…所有任务包工作量总和即为项目总的工作量数。或者直接以项目人员进入项目的工作时间来计算，如A为10个工作日；B为5个工作日；C为8个工作日……所有人员（除了项目经理）的工作日总和即为工作量数。

②确定一个工作量或一个工作日的奖金：

单位奖金=项目奖金总额×项目人员所占比例÷工作量数。

③分发办法：

个人奖金=个人工作量×单位奖金×个人打分÷平均打分值

平均打分值=∑个人打分/项目人员数

6. 志愿者组织与管理

（1）志愿者的发展和壮大。大多数文化活动项目，特别是大型活动项目，都有一个"脉动"的组织结构。这就表明当活动开始举办时，其员工人数大大增加，而当活动结束后其员工人数又迅速减少。这对活动项目的人力资源管理提出了许多挑战，包括：获得短期雇佣的有偿员工；雇佣和选择合适员工，培养和完成对新进员工的时间比较短；项目结束后需要很快解雇员工。

另外，就是与有偿员工相对应的志愿者，他们经常构成了项目各种交付品完成的主要人群的一部分。实际上，在一些项目或项目运作的某些阶段，活动项目完全是由志愿者运作的。特别是现代的许多大型活动，以体育盛会、国家庆典为代表的综合性项目，其志愿者的组织和利用对于成果完成项目具有举足轻重的作用，这就要求我们有必要对其进行研究。

（2）志愿者的组织。在经过了项目组织规划以后，就基本要确定人的策略。它涉及成本、质量、组织效率、与社会和法律责任相关的绩效的提高等。接着就要进行工作分析、工作描述，同时应确定对应需要的员工人数。在工作描述中，尽管考虑的大部分都是与有偿员工关系密切，但是还是应该尽量在制定绩效标准时就考虑志愿者职位的标准。

确定了人数，就要查找与制定相关的政策和程序。政策要体现公平，使员工确信自己会收到公平的待遇。而程序要可以帮助管理人员迅速而一致的做出判断，给予管理人员解决问题和保护自己职位的信心。接下来在招聘和选择中，要判断哪里可以找到合格的申请人以及如何把申请人吸引到项目的组织中来。这是一个双向的过程，项目本身想要满足其对人力资源的需要，同时潜在的申请人也在考虑自身是否满足工作的要求，是否愿意申请该职位，以及能否在该组织中实现个人的价值。

在人员招聘到位后，需要对新员工进行培训。研究表明，培训与雇佣人员和志愿者的行为方式和工作绩效存在正相关。培训是为了使员工获得从事一项工作所必需的专业技能，或者改进已有的工作技能。对于一些小项目，许多培训是在工作中进行的，老的员工和志愿者充当指导者的角色。虽然这种方法成本低又非常有效，但是它也有一些局限。其中很重要的一点就是没有提前对项目的具体培训进行评估，从而导致可能不能最大限度地利用有限的资源。

对于大型的活动项目而言，监督和评估雇佣者和志愿人员非常重要。这时不但要对其绩效进行考核，并不断修改其制度，而且应该有适当的奖惩措施，包括终止、调职和再度招聘。

（3）志愿者的管理。对于志愿者的管理主要集中在激励方面。使志愿者们充满激情，从而实现目标，包括他们自己和项目组织的目标。对于管理者来说，具有激励下属的能力是其所有技能中最基础的一项。虽然志愿人员的出发点是纯粹的利他主义，但是大量的激励表明，事实上人们受到了内、外部的因素激励，而这些因素和利他主义无关。

①满足理论。满足理论集中研究什么最初刺激人们以一定的方式进行活动。马斯洛认为人们的需要分为五个层次，从低到高依次是生理需要、安全

需要、社会或归属感的需要、认同的需要、自我实现的需要五个层次。从本质上讲，较低层次的需要必须首先得到满足，人们才有可能被激励去实现更高层次的需要。当人们较低层次没有被满足的时候，不会对更高层次的需要产生兴趣，也就是说更高层次的吸引力对于人们来说是空中楼阁，不会产生效果。前三层的需要被认为是不足的，它们必须首先被满足才能填补空虚，上两层是满足人的感情和心理成长必需的。而对于志愿者来说，相对重要的就是后两层的需要。所以志愿者人群的锁定和激励，都应该围绕后两者进行。

此外，Herzberg 的满足理论指出，一些称之为健康因素的要素不会对人们产生激励或者满足作用，包括工资水平、政策和程序、工作条件、工作安全等。但是这些因素如果得不到满足，就会刺激人们对相关的组织感到不满。而使人们产生引导行为的因素，称之为激发因素则包括成功、认同和有趣的工作、责任、进步和成长等。所以活动管理者可以采取以下的措施激励员工和志愿者：

——制定认同的程序；

——授权给员工，使他们能够为自己那部分工作的成果承担责任；

——为员工提供机会，使之可以获得更多的技能、经验和专业知识；

——尽可能避免那些可能引起员工和志愿者不满的健康因素，比如管理人员的态度，工作条件，包括就餐的时间长度、休息时间的长短以及工作时间的长度和强度等。

②过程理论。过程理论主要包括公平理论和期望理论。

公平理论。它是建立在所有员工包括有偿员工和志愿者都希望获得公平的待遇这一合理假设之上的。在此条件下，如果某个员工或职员人员发现自己的所得与他人的不同，就会被影响多做或少做工作。然而这种感觉或者评价是比较主观的，要想了解员工的心理动态最好的方法就是建立和保持一种公开的交流机制。否则容易产生员工或志愿者努力程度的降低，或者受到要求加薪的压力或者干脆从组织中离开。

期望理论。该理论认为人们会产生动力，是因为人们相信他所采取的做法会导致特定的结果（期望），结果会带来回报，实现结果时所获得的回报足以证明从事此件事所付出的努力（效能）是值得的。在这种理论下，其动力可以解释为：

$$动力 = 期望 \times 回报 \times 效能$$

在此理论下，一旦三个因素中有一个趋近于零，此时使人做出某项决定的动机就会迅速变小。管理者必须清楚这一点，同时必须努力使三个值都达到最大。然而了解每一位员工对于报酬的具体要求是比较困难的。所以尽可能进行公开的交流，努力了解每一位员工。比如当人们参加一个当地的体育盛会时，他们首先希望通过参加活动学到更多的技能，而这些技能将增加他们未来就业的机会时，回报就产生了。如果他们确实认为学到的新技能可以在申请工作时得到巨大的回报，这时效能就大大提高了。

第三节　会展项目经理

一、项目经理的职责

在传统的观念里，项目经理的主要职责就是执行。项目发起人、投资方和业主负责选择项目，对项目可行性进行决策，制定出项目的目标、开发战略和计划框架，然后任命项目经理。项目经理受有关方面委托，对项目实行全面领导和统一指挥，通过严密地组织、详细地计划、有效地沟通、灵活地协调、按部就班地实施，并且对项目资金、进度、质量和其他方面进行及时、准确的控制，实现项目的最终目标。然而，随着信息技术的迅猛发展和经济全球一体化的迅速推进，执行组织和项目经理往往面临更激烈的竞争，因而需要承受更大的压力，需要项目经理介入更广阔的业务。例如，要求他们参与项目的战略计划，对项目的可行性进行研究，制定项目管理的流程与制度，管理客户关系等。因此，项目经理对项目、对组织都非常关键。项目经理在项目中具体职责体现在以下几个方面：

1. 计划

项目经理必须首先十分明确项目的目标，并就该目标与客户达成一致。接下来，项目经理还要与项目团队就如何实现这一目标进行充分的考虑和统一的安排：具体需要做哪些事情，什么时间去做，谁去做，需要什么样的材料、设备或工具，花多少钱去做，做这些事情会有哪些风险等。这些就是项目计划的内容。然后，项目经理还要与项目团队就项目目标与具体计划进行交流，以便使项目小组的每个人都对成功地完成项目目标所应做的工作达成共识。

很多项目经理抱怨说，时间太紧张，没有时间作计划。事实上，并非要求项目经理亲自去做计划，只要他组织作计划就可以了。计划必须是具体的实施者来做。这样做的好处一方面不至于使任务的实施者感到无所适从，另一方面可以发挥集体的智慧。因为，智者千虑，必有一失。诸葛亮也有失街亭的时候，更何况一般人呢！计划决不是可有可无的，而是必不可少的。如果没有计划，项目后期的控制便没有基础。项目经理的计划职责具体包括以下几方面：

　　——确定项目目标，并取得管理层与客户的一致意见；

　　——制订项目计划，并取得管理层的批准；

　　——确定项目所需要的资源；

　　——制定项目管理所用的技术、方法、程序与规章；

　　——建立项目管理的信息管理系统。

　　2. 组织

　　项目经理是项目责、权、利的主体，是项目的组织者。他不同于技术、财务等专业负责人，项目经理必须把组织职责放在首位。在项目内部建立一个领导核心，实现项目班子的最佳组合和有效领导。

　　项目经理组织工作的核心就是组织精干的项目管理组织，确定其管理结构、配备人员、制定规章制度、明确岗位责任，建立项目内部、外部的沟通渠道等。对于项目小组的工作，项目经理要获得小组成员的承诺；对于承包商的工作，项目经理需要与对方界定各自的职责范围并达成协议。另外，项目经理还要营造一种团结紧张、严肃活泼的工作环境，使各方面的人员都能高效地工作。组织工作的成功标准是项目组织能够高效率运转和能够实现有效的领导。

　　沟通和协调是项目组织工作的重要内容。项目经理既是指令的发布者，又是外部信息及基层信息的集中点。因此，他有责任建立一个完善的信息管理系统，确保项目组织内部横向与纵向的信息联系，使项目组织与外部信息联系畅通无阻，从而保证项目管理顺利进行。项目经理组织工作的具体内容包括以下几方面：

　　——开发项目所需人力资源，组建项目小组；

　　——建立适当的项目管理组织机构图；

　　——对项目各职位进行描述，制定项目管理责任矩阵；

　　——确保项目小组成员理解和接受他们的职责；

　　——组织小组成员制订项目计划；

　　——促进项目团队内外部的有效沟通；

　　——根据批准的项目计划，配置各种资源。

　　3. 指导

　　项目经理需要把握项目的方向，需要指引小组成员有效地完成项目目标，需要进行项目决策，这些都是项目经理的指导职能。项目经理是项目组织的最高决策者，及时、正确地做出各种决策，既是项目经理的基本任务，也是项目管理能否顺利实施的重要前提，更是项目能否实现预期目标的关键。

需要项目经理做出的决策有两种：一种决策是项目在实施过程中，各阶段所涉及的不同问题的决策，即问题决策，如投资、进度安排等。这些决策中有一部分属于确定性决策，如招标、设备采购、财务。即使是确定性决策，当环境发生变化时，其性质也会发生相应的变化。

另一种决策是在组织过程中发现的，既矛盾决策。如在工作过程中，项目组织内部发生矛盾时需做出的有关组织结构、人员变动等方面的决策。另外，还有班子内部、外部的矛盾决策等。这一任务的成败标准是决策后是否调动了各方面的积极性，能否保证项目目标的实现。项目经理指导职能具体体现在以下几方面：

——具体指导实施项目计划中的各项活动；

——提供阶段性的项目进展报告及相关信息；

——定期对项目的进展情况进行评价，必要时对项目的计划、组织机构及人员进行变动；

——根据项目计划，评价项目绩效；

——与项目小组及其主管讨论项目表现；

——负责与项目内外部门的联系、汇报、沟通与检查；

——处理冲突，化解矛盾，减小风险；

——促进项目小组团队建设；

——协调解决职能部门与项目小组之间的冲突或问题；

——随时了解项目的总体进展，及时解决发生的问题和矛盾；

——确保纠正措施及时实施。

4. 控制

项目实施过程中，各种重要信息、指令、目标、计划都由项目经理决策后发出的；来自项目内部的有关信息、指令也通过项目经理汇总、沟通。因此，项目经理必须根据项目内部和外部的各种信息反馈，不断地对项目计划进行调整与控制，以达到项目各有关方和母体组织的预期目标，使项目取得成功。具体的控制职能包括以下几方面：

——确定项目活动的优先级；

——按照项目变更控制程序的要求，对项目的范围及其他变更进行评价和沟通；

——对成本、进度、和质量进展情况进行监控，及时发现问题并采取整改措施对分配下去的工作表现进行跟踪，保证这些工作能按要求完成；

——与项目分承包商保持充分有效的沟通，确保合同条款得到有效履行。

二、项目经理的权力

有人说项目经理是个吃力不讨好的苦差事。一方面肩负重任，在有限的时间与费用条件下需提交高质量的产品或服务；可是另一方面，手中管理组员及其他资源的职权却又少的可怜。作为项目经理，你当然做梦都想得到相应的权力。在回答如何获取这些职权之前，我们先来看看项目经理的职权源自何处。

一定的权限是确保项目经理承担相应责任的先决条件，也是项目管理取得成功的保证。为了履行项目经理的职责，必须授予项目经理应有的权限，并用制度和合同的形式具体确定下来。项目经理应具有以下权力：

1. 与职位相关的权力

（1）位置权力。你是正式授权的项目经理，是项目组成员的顶头上司，有可能是你雇用了他们，也有可能你解雇他们，还有可能是你决定他们的加薪，或者提拔他们到更高的职位发展。不过，遗憾的是，由于组织方面的原因，仅有少数项目经理有这样的奖惩权力，或者即便有，也非常有限。

（2）资源支配权力。掌管、支配项目资源的权力也许是项目经理所能拥有的最有效的控制手段。如果你能控制预算，那你就控制了项目；如果你能控制项目人力资源，那就权挑选内部雇员、招募新人员或起用合同工来组建高效的项目团队。但是，资源支配权由于受制于高层的控制，轮到项目经理的手中，往往也大打折扣。

（3）决策权力。项目经理无疑可以作一些与项目有关的决策活动，如决定何时召开项目会议，怎样分配工作等。同样，这种决策权力也相当狭窄。

（4）工作鉴定权力。这是项目经理唯一自主的权力。有了这种权力，你就能对项目组成员的工作表现进行鉴定并发表意见。不过，这一权力是否有效还取决于鉴定的结果能否真正与项目组成员的加薪、提拔挂上钩。

2. 与职位非相关的权力

（1）经验或专业技术方面的权力。由于你在工作上有他人不具备的特别经验，或者在某个领域内有独特的见解，这使得项目小组成员愿意为你工作，从而建立了你自己影响他人的权威。值得指出的是，在谈到权力时，很多人误以为只有到了经理职位的人才具备。事实上，我们每一个人在经验与专业技术方面，都有自己的权力。即便你只是项目中的普通成员，你丰富的经验或独到的见地很可能影响项目经理的决策，这就是你权力的体现。

（2）人格权力。这种权力不同于经验、学识及专业技术给你带来的权威，而是基于你的为人，基于你的道德水准，基于你平时对工作、对生活、对他人的态度，包括受人尊敬与称道的热情、诚实、正直、公正、关爱他人等优秀品德，以及敬业、认真负责、勇于承担责任的工作作风。显而易见，这种权力能量巨大而且影响久远。

三、项目经理的素质要求

一次对涉及有跨国公司、国有企业、民营企业的近百家企业进行的调查结果显示：受访对象有组织的老总也有一般管理人员、操作工人。就问题"假如你是公司的老总，您将任命什么样的人来做项目经理？"的回答结果发现，不同项目和不同组织形式的项目经理，虽然工作内容千差万别，但他们应具备的基本素质却是一样的。

懂专业技术	认真、负责
有领导能力	公正
善于沟通	理解他人
有激情	幽默
善于领会领导意图	是一个好的激励者与小组带头人
理解项目管理的一般过程	关注问题本身，有整体观念
熟悉公司的业务及程序	通才而非专才
有力的组织者	愿意挑战内外部的障碍
热衷于项目的成功	善于处理人际关系
身体好	为人正派

项目经理的素质高低，直接关系到项目管理的成败。这里，将项目经理的素质要求概括为品德素质、能力素质、知识素质和身体素质四个方面，分别阐述如下：

1. 品德素质

要求项目经理具备正直、诚实、诚信，关心他人的道德品质，以及认真负责、遵纪守法、锐意进取、造福社会的责任感。

2. 能力素质

一个称职的项目经理应该具备多方面的能力，包括领导能力、技术能力、组建团队的能力、解决冲突的能力，以及创业能力、获得及分配资源的能力，具体包括：

①获得充分资源的能力。项目经理要获得充分的资源首先要有合适的

预算。

②组织及组建团队的能力。一个项目经理必须了解组织是如何运作的以及应该如何与上级组织打交道。组建团队是项目经理的首要责任，要取得好的绩效，一个关键的要素就是项目经理应该具备把各方人才聚集在一起，组建成一个有效团队的能力。

③权衡目标的能力。项目目标具有多重性，而且在项目生命周期的不同阶段，项目目标的相对重要性也不同，另外，项目目标与企业目标及个人目标之间也存在着权衡关系。总之，在项目实施过程中，处处存在这种权衡关系，项目经理应该具备这种权衡能力。

④应付危机及解决冲突的能力。项目经理应该具有对风险和不确定性进行评价的能力，同时应该提高果断应当危机的能力。对于冲突的解决，要了解冲突发生的关键并及时采取应对措施。

⑤谈判及广泛沟通的能力。项目经理必须具备谈判技巧。只有这样，才能获得充分的资源，解决项目实施中的问题，最终保证项目的成功。

⑥领导才能及管理技能。项目经理要有快速决策的能力，同时在组织内部要有威信。在具备领导才能的基础上，还应该掌握一定的管理技能，如计划、人力资源管理、预算、进度安排及其它控制技术。

⑦技术能力。对项目经理的另一个基本要求是他应该懂技术，了解市场，对项目及企业所处的环境有充分的理解，这样有助于有效地寻找技术解决方案并进行技术创新。

⑧创业能力。需要有全局的观点，远大的志向和创业的精神。

3. 知识素质

要求项目经理具有较宽的知识面和较新的知识结构。现代项目要求进行复杂、动态和系统的管理，因此项目经理只有提高知识水平，掌握现代科学技术，特别是以计算机为代表的信息技术，才能适应现代项目管理的需要。另外，现代管理涉及经济学、心理学、系统论、控制论和信息论，项目经理只有具备工程、管理、经济、金融、市场营销和法律等方面的知识，才能在竞争中取胜，才能取得显著的经济效益和社会效益。我国加入 WTO 以后，在管理方式、市场规则等方面必须与世界接轨，这要求项目经理必须具备相当的外语水平以及外事工作经验。

4. 身体素质

项目经理必须具备强健的身体和充沛的精力，以适应当今社会重负荷、快节奏、高效率工作的需要。如果项目经理身体不好，三天两头生病，或需要看医生，或需要休息，必然给项目工作带来负面影响。

四、项目经理的八大技能

技能的缺乏是项目经理失败的主要原因之一。现代项目管理的新技术、新情况使项目经理面临更严峻的挑战，要求项目经理具备更高的技能。

1. 项目管理的技能

作为项目经理，基本的项目管理知识是必须掌握的。这些知识包括本书所讲到的项目管理过程中的启动、计划、实施、控制、收尾五个步骤，以及项目范围管理、进度管理、成本管理、质量管理、人力资源管理、风险管理、沟通管理、采购管理等八个方面的内容。除此之外，项目经理还必须具备两方面的经验：与项目有关的工作的经验和使用项目管理软件的经验。这些经验无论是技术方面，还是项目团队领导方面的；不管是使用微软公司的 project 2000，还是使用其他的软件，关键是有这方面的感受和认识。

2. 人际关系技能

项目经理的工作主要是跟人打交道，这些人包括他的老板、客户、职能部门的经理、项目小组队员、供应商、承包商、政府官员等方方面面。如果项目经理缺乏人际关系技能，不能很好地跟这些人打交道，项目将会遇到很多麻烦。我从未见过哪个项目经理不会使用 project 2000 而导致项目失败的，却见过许多项目经理处理不好人际关系而遇到麻烦。有个大型建筑集团的老总曾告诉我，他不得不把他的一位项目经理调到一个不必与人打交道的岗位上。这位经理很懂建筑，也知道如何作计划，就是处不好人际关系，常常把业主、监理单位的关系搞得很僵。因此，这位老总不得不需要花很多时间去平息这些怒火。

3. 情境领导技能

领导技能是项目经理最重要的技能之一，因为项目经理需要带领队伍，负责让一组人员去完成一件件具体的工作。项目经理的领导技能集中表现在美国学者卡布兰佳提出的情境领导方面，即根据小组队员职业发展不同的阶段，实施有针对性的领导形态。如图 3 - 12 所示：

例如，对于刚毕业的大学生，他有的是工作热情（意愿高），但没有经验，不知怎么干（能力弱）。你是项目经理，应采取 S1 的领导形态——指令。所谓指令，就是很详细地指导他该怎么做（高指导），而不用听他的或者给他鼓励（低支持）。而对于具有丰富的工作经验（能力强）、又愿意干（意愿高）的员工，你只需要提出要求，授权让他去干好了（S4 的领导形态），而不必一步一步地教他怎么做（低指导），也不用给他鼓励（低支持），依次类推。

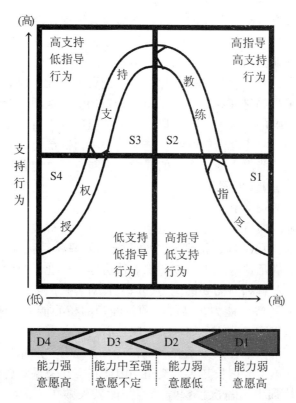

图 3 – 12　项目经理的情境领导

4. 谈判和沟通技能

很多人一听到"谈判",就会联想到国家元首或政府代表团之间举行的、正式的、就重大事件进行的外交斡旋活动,或者立刻想到买房子、买汽车时与卖主、客户等签订合同时讨价还价的场面。的确,这些都是运用谈判技巧最典型的例子。但是,每个国家只有一个元首,那样的机会可能永远也轮不到你头上。再说,你一生中有多少次买房、买车或谈判一个大合同呢?次数不会太多,肯定不是每天都有。但是,如果你是项目经理,你有多少次不得在很多问题上与你的上司、客户、职能经理和其他同事、项目小组成员进行谈判呢?答案是,你每天都要这么做。项目经理也同样需要政治家的外交手腕,需要用到买房、买车时的谈判技巧,将项目小组中想法各异的人引导到一个共同的目标上,并且能够与难以相处的客户、同事打交道。

沟通技巧和谈判技巧唇齿相依,谁也离不开谁,而且远远不止停留在处理不同意见的层面上。在项目管理的进程中,项目经理越来越多地被要求给高层管理者或客户做比较正式的项目进展演示，因此需要项目经理具备相当的演讲与沟通技巧。例如，我曾经辅导过一家大型企业集团的项目管理，这家集团的业务面非常广，涉及贸易、房地产、医药等。公司为每个项目配备了一位项目经理，有些项目的跨度达五年，投资上亿元。因此，及时地让高层管理者知道项目的进展状况，就显得尤为重要。每次项目会议，都有集团高层中非常有影响的人物参加。所以，对于项目经理而言，站在他们的面前演示项目的进展，并建议他们继续推进或终止项目的能力，成为影响这些项目经理职业发展的能力之一。演讲的成败，可能直接决定着他们职业生涯是到此为止、还是更上一层楼。

5. 客户关系和咨询技能

今天，职业的项目经理已不再是坐在办公室的一群技术专家，而是要求他们必须身处客户第一线，识别客户的需求，了解项目利益相关者的期望，然后制定和实施满足这些需求和期望的解决方案。因此，为满足这些要求而应具备的聆听和理解客户需要的能力，以及针对客户的需求，量身定制的更有价值解决方案的咨询能力，已成为项目经理的核心能力。例如，在 IBM，所有新入职的销售代表必须参加一项为期三周、称之为 ELT 的培训。该培训的重要内容就是销售中客户关系和咨询技巧。曾经有一名销售代表，天生是做技术的材料，不怎么擅长与人打交道。因此在客户关系和咨询方面也比较欠缺，结果在培训中第一次模拟拜访客户时就失败了，最后不得不卷铺盖走人。

6. 业务和财务技能

项目经理在制定技术方案的时候，不仅仅关注能否满足客户的需要，还要从财务的角度，分析这种方案能给组织带来的利润和收益。就争取客户的合同而言，现在的许多组织要求项目经理们和销售人员一起制定方案，以便每个人都了解使用这种解决方案的资源投入及盈利情况，避免了销售人员在没有掌握某个方案的技术可行性及资源投入的情况下，就提出了解决方案并做了报价。

为了成为销售人员的得力伙伴，项目经理需要知道两个重要的业务要素：公司的业务的运作模式以及支持该业务模式的财务支持系统。例如，IBM，多年以来，一直以生产和销售 IT 行业的硬件产品，并且以技术高超而著名。可是近年来，由于市场环境的变化，硬件的利润已大大降低。管理层发现，为客户提供围绕硬件方面的服务，要比单单销售硬件更能获利。于是，IBM 便把硬件的价格降低到只收回成本的价位，依靠向客户销售服务来创造增长点，这就是 IBM 的业务模式。有趣的是，许多项目经理并不十分了解机构的业务模式，而知道财务是如何支持机构经营方法的人就更少了。

7. 开拓进取的创新技能

项目是一次性的、独特的工作，没有先例、没有固定的解决模式。而且，项目管理过程中又存在各种各样不确定的风险。因此，需要项目经理能够为了客户和公司的利益而开拓进取、锐意创新，能够凭借坚韧不拔的精神去克服和应对项目中的风险。今天的项目和市场环境，要求任何一个承担管理者角色的个人必须思考组织的未来。公司和个人已不再采用凡事皆万无一失的做法了。项目经理必须在许多方面进行开拓，敢于去冒一定的风险，以确保他们在项目管理方面的竞争优势。我碰到过许多企业的老总，在交谈中他们都希望他们的项目经理们能够在工作中敢打敢拼，能够承担更大的风险，并且具有开拓和创新精神。他们并不喜欢那些谨小慎微、缩手缩脚的愚夫。他们希望项目经理不要去冒不必要的风险和盲目的风险，而是依靠有效的管理工具和技巧来识别、响应和控制风险。敢于冒险和创新不能保证成功，但是，缺乏这些能力必定招致失败。

8. 高瞻远瞩的战略眼光

项目经理还应具备高瞻远瞩的战略眼光，他们能够超越自身项目的局限，完全理解项目与公司战略、客户目标之间的有机关系。有了这样的视野，项目经理就可以看到其他人看不到的东西，就可以从公司整体战略的角度来更好地管理项目，才能为项目和组织做出更大的贡献。

五、项目经理的选择与发展

1. 项目经理的选择

项目经理的选择要注意在选人的同时选择合适的时机。项目经理的选择方式有：竞争招聘制、领导委任制、基层推荐内部协调制。

（1）竞争招聘制。招聘范围可以面向公司内外，其程序是：个人自荐，组织审查，答辩讲演，择优选聘。这种方式既可选优，又可增强项目经理的竞争意识和责任心。

（2）领导委任制。委任的范围一般限于公司内部，经公司领导提名，人事部门考察，党政决定。这种方式要求公司组织和人事部门严格考核，知人善用。

（3）基层推荐，内部协调制。这种方式一般是由公司各基层推荐若干人选，然后由人事部门集中意见，经严格考核后，提出拟聘人选，由党政决定。

文化企业正在处于发展的成长期，建议采用领导委任制和竞争招聘制相结合，小型项目的项目经理直接可由主管项目的领导任命；中型项目的项目经理可由主管项目的领导提名，报公司领导审批；大型项目的项目经理由主管项目的领导提名候选人选 2～3 人，由公司领导层会议确定。

俗话说，"千军易得，一将难求"。发现、培养和发展一名职业项目经理并不是一蹴而就的事情，需要对其进行培训和培养，需要提供项目经理成长的环境和土壤。在许多组织中，项目经理的职位已经不单单是一个不可缺少的角色，而且是一个至关重要的职位。他们的工作证明了项目经理同管理层和技术人员一样，对公司的成功起着关键作用。那么，组织如何来发展项目经理呢？

2. 提供培训

有些人也许不想成为一名项目经理，只不过某个偶然的机会或者某种外部的力量使他接受了这份工作。但他并不完全理解这个角色。因此，对项目经理的培训应针对两种人：一种是新提拔和新录用的项目经理，另一种是有意愿和潜力成为项目经理的人。

培训可以分成两个步骤。首先是项目管理和综合管理知识的培训，包括项目管理过程中的五个步骤和八个方面的内容、项目管理软件的应用等以及领导、沟通、激励、团队建设、问题解决等。培训可以使其具备成为一个合格的项目经理所必需的知识素质和管理素质。

其次是技能培训。通过实际的项目管理实践，引导项目经理将项目管理和综合管理知识的应用与解决公司的实际问题，以此来丰富和发展项目经理在项目管理、人际关系、情境领导、沟通与谈判、客户关系与咨询以及克服风险与创新、战略眼光等方面的技能，使这些既懂技术又懂管理的人能够脱颖而出。

3. 提供晋升的途径

多少年以来，在很多公司里，想进入最高层的途径只有一条：你必须进入管理层。这样就把许多技术型的人才拒之门外。有研究表明，员工在组织中的绩效和工作动力，与其职业发展的前景密切相关。如果一个员工看不到他晋升的途径和职业前途，他的表现和绩效决不会优秀。所以，发展项目经理必须提供其升迁的途径，这个途径可以如图 3-13 所示：

另外，项目经理大多是技术出身，在做技术工作的时候，他们大部分的时间和精力都用来解决技术问题；当他们承担管理的新角色时，他们应将大部分的时间与精力用到管理范畴的计划、组织、沟通、控制上，而具体的设计、编程、施工等则由小组成员去完成。但是，许多人尤其是刚走上领导岗位的项目经理，往往多少有些不适应，就像离水之鱼一样，无所适从。如果你一头扎进技术细节里，或者在具体的工作上锦上添花，你的大量的时间花到那些技术上，你却忽略了你的本质工作——管理项目。

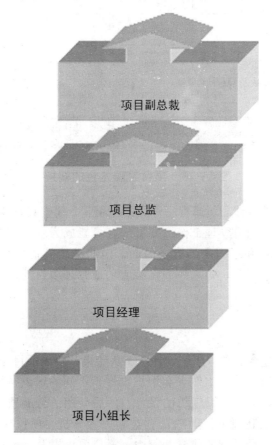

图 3 –13 项目经理的晋升途径

或者，你不信任那些做具体事情的小组成员，你不认为他们的工作就像你做得那么好，也不信赖他们递交的报告。因而，你要逐个仔细地去指导、监督他们的工作，甚至取而代之，索性每事必恭。同样的道理，你的管理职能也被大大弱化了。

这样的结果是项目没人管、项目目标无法实现。这不仅给公司的业务带来影响，也耽误了个人职业的发展。多数人都要经历这样的焦虑期。摆脱的办法就是明确你想要和你的团队一起，实现什么样的目标。也就是说，要在你的头脑中清楚地印上你的目标和任务。再就是帮助项目经理尽快把自身的角色转换过来。如图 3 – 14 所示。

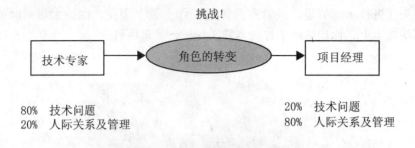

图 3 - 14   项目经理角色的转换

毫无疑问，项目经理将成为一种真正的职业，他们具备特殊的职业素养，矢志不愈地献身于项目管理工作，并将最有可能成为组织的 CEO。因为，项目经理要面对项目和组织内的方方面面，他们必须具备特别的政治、外交、管理、技术技巧。因此，如果他们能够成功地管理项目的话，他们差不多就能管理整个公司了。

本章小结

本章重点讲述会展项目组织设计、团队建设和会展项目经理的有关内容。本章首先介绍了组织的基本概念和组织设计，不同的组织结构、会展项目矩阵制组织的特点和会展项目组织的设计；然后介绍了会展项目团队及其发展阶段、项目团队的建设方法、项目利益相关者分析、项目冲突的解决方法；最后介绍了会展项目经理的职责、权力、素质要求以及会展项目经理的选择和发展。

关键名词或概念

组织   组织设计   矩阵制组织结构   利益相关者   项目团队   冲突管理
项目经理

简答题

1. 什么是组织？组织结构的基本形式有哪些？

2. 矩阵制组织结构有什么特点？有哪些形式？为什么会展项目需要矩阵制组织结构？

3. 什么是项目团队？有效项目团队协作的基本原则有哪些？

4. 会展项目团队的发展阶段有哪些？各阶段需要的领导方式是什么？

5. 项目团队的建设方法有哪些？

6. 项目利益相关者有哪些？如何对利益相关者进行管理？

7. 什么是冲突管理？冲突的解决方式有哪些？

8. 如何制订会展项目人力资源计划？

9. 会展项目经理的职责和权力分别有哪些？

10. 要成为合格的会展项目经理，需要具备哪些素质和能力？

案例分析

2000 悉尼奥运会之志愿者管理

奥运会的组织和服务借助志愿者始于 1912 年斯德哥尔摩奥运会，当时有 6 名志愿者，到 1936 年的柏林奥运会，青年志愿者已达 350 人。此后，志愿者成为奥运会的一个优良传统。2000 悉尼奥运会的志愿者达到 47000 人，加上残疾人奥运会，志愿者总数达 6.2 万多人，占奥运会全部工作人员的将近半数，成为了悉尼奥运的点睛之笔。奥运组委会主席奈茨说："如果没有这支志愿者大军，悉尼奥运会将无法举行，而奥运会的成功将在很大程度上要归功于他们的努力。"

澳大利亚早就形成了志愿者传统，他们活动在家庭、社区和社会的各个领域，非常有利于悉尼奥运会的志愿者招募。早在 1996 年，悉尼奥运会的组织者就制订了有关志愿者的计划，那时决定使用 5 万名志愿者。每个报名参加志愿人员工作的都要填写自己的专长和选择，经过核选决定，从事专门业务的志愿人员如医生、翻译、电脑技师、司机等都要出示有效的专业证明。然后要经过测试和面试，再经过警察局的审查，证实没有犯罪记录后才够资格。

1/4 的志愿人员是 18～25 岁，1/4 的在 55 岁以上。3/4 的志愿者来自新南威尔士州，其余的来自外地甚至国外。志愿人员中大学生很多，也有硕士生、公司职员、家庭妇女、教师、退休人员等。其中，一半人从未干过志愿人员的工作。志愿人员要经过从十几小时到几十周时间不等的训练，志愿者的培训工作由政府出资 3600 万澳元，通过招标，培训由新南威尔士州成人职业教育学院承担，在全州 129 个教学点，提供总计 100 万个小时的培训。培训的主要内容分为三部分：一是奥运知识培训，要求志愿者熟悉奥运历史、理想和精神，悉尼奥运会的特点，会标、吉祥物的含义等；二是场馆知识，熟悉场馆的位置、竞赛项目、时间与地点，自己的位置与职责，报告与责任系统等；三是专业技能培训，如赛事口译、安检程序、救护知识等。

志愿者要经过行为守则和职业道德教育的培训。如规定：从穿上志愿者服装时起，便不准在公众面前吃东西、嚼口香糖、吸烟、喝酒；不准随意坐在观众的位子上；不得要求与运动员合影；不准使用粗俗的语言；不准开不适当的玩笑；不准为比赛的输赢打赌；收受小礼物要报告，不得收受贵重礼品；在岗上不得打私人电话，不得作个人交易；与残疾人讲话要俯身而听，不要去注意对方的残疾之处，而是特别关注他的困难与要求，帮忙前要先礼貌地征得对方同意，以避免伤害对方自理自立的自尊心，等等。

志愿者的专业服装亮丽醒目，设计突出了澳洲潇洒随意、热爱运动的民族性格。上衣右袖印成不同颜色以区分职责：橙黄色是赛场服务人员；豆绿色为保安人员；桔红色为医护人员；紫色为交通运输人员；深绿色则为技术保障人员等。

志愿人员以 8 人编组，组长还负责管理和安全。志愿人员与组委会签订长短不等的合同，有的只干这半个月，有的已干了几年，有的人在奥运会结束后，还要为伤残人奥运会继续服务。有时他们上下午上不同的班，上午收门票，下午在场地照顾观众为他们指路。这样的安排是为了减少工作的单调乏味。组委会对志愿人员的工作条件很注意，规定一周工作五天，每天不超过 10 小时，供应两顿饭。志愿人员没有收入，只提供一整套制服，包括色彩斑斓的风雨衣和 T 恤运动衫、袜子、帽子、长裤。当陪同的则是西装上衣代替了花花绿绿的制服。

奥运会闭幕后，新南威尔士州政府和悉尼市议会为所有志愿人员举行了一次庆功大游行。这次游行是近年来规模最大的一次。那天，志愿人员的交通都免费。这些劳苦功高而在后台坚守各个不同岗位的无名英雄们，身穿制服、身佩证件在市中心的公园集合，然后列队经过市政厅，走过几条热闹的市区大街，参加了一个感谢音乐会。

悉尼奥运会志愿者工作的总时数为 545 万小时。如果将其折合成货币，高达 1.1 亿澳元。志愿者不仅为奥运会提供了大量的人力资源，降低了举办奥运会的成本。更为重要的是，志愿者热心公益、无私奉献的行为对主办城市乃至主办国的民众有强烈的示范作用，从而启发社会良知、鼓励人们多为他人考虑，为社会着想，有利于社会风气的改善，有利于加强社会的亲合力和凝聚力。志愿者是国家的代表，展示着一个国家民众的道德水平。

第四章 会展项目计划

本章导读

《礼记·中庸》一书中有这样一句话："凡事预则立，不预则废。"意思是说，要想成就任何一件事，必须要有明确的目标、认真的准备和周密的安排，也就是我们今天说的计划。会展项目管理一般都是从制订项目计划开始的。项目计划是有效协调会展各项工作、推动项目工作顺利进行的有效工具。会展项目计划可以清晰表述会展项目的总目标和各阶段目标，可以确定为完成会展项目目标所需的各项任务，可以确定完成每项任务所需要的时间、资源。同时项目计划还是实施项目控制的前提和基础。本章主要讲述了有关会展项目计划的基本概念和要素，并重点讲解了会展项目计划（尤其是进度计划）的编制。

学习目标

本章要求学生了解会展项目计划的概念、构成要素、作用、编制的程序，掌握会展项目范围计划、进度计划以及资源计划的内容及编制方法。本章的重点是进度计划的编制。

第一节 会展项目计划概述

一、会展项目计划

为了使项目能够顺利地完成，几乎所有的项目都要事先制订正式的、详细的计划。计划就是确定企业目标并制定为实现这些目标而必需的方针、政策和程序的职能。制订计划的主要目的就是建立详细的指导方案，以确切告知项目团队必须做什么，必须何时做以及需要什么资源等，从而成功地完成项目任务或交付项目成果。作为一个会展项目，小到一个小型会议和展览，大到世博会这样的巨型展览和奥运会这样的大型活动，所涉及的人力、物力和财力是不同的，而且会展项目有一个共同的特点就是需要考虑的细节问题众多。这就更需要在会展活动举办之前制订详细的计划，以指导项目团队的工作，保证会展项目顺利地完成。

会展项目计划就是根据项目策划所选定的会展项目主题，确定会展项目所要完成的目标，并制订为实现这些目标的进度计划和预算安排。会展项目计划不仅有利于项目团队对目标有更清楚的认识和理解，提高项目管理的运行效率，还可以为项目控制提供依据。另外，从会展项目策划开始到实际举办有一段时间，在此期间会发生很多意外或风险性事件。会展项目计划不但可以最大程度减少不确定性，而且还可事先对风险性事件进行预测，并能够事先制定预防性措施。总体来看，会展项目计划需要解决以下五个问题：

（1）何事（会展项目目标）：会展项目要实现什么样的目标，是项目经理和项目小组人员在工作过程中必须清楚的。

（2）如何（工作分解结构图）：通过工作分解结构图可以将会展项目目标分解为具体的可实现的任务。

（3）何人（人员使用计划）：人员使用计划主要决定何人在何时做何事，并要在工作分解结构图中简单注明人员使用计划。

（4）何时（进度表）：决定会展项目的每一项工作在何时实施、需要多长时间、每项工作需要哪些资源。

（5）多少（预算）：这里主要指会展项目的财务预算，预测这一项目需要多少经费。

会展项目计划按照时间的长短可分为战略式计划、战术式计划或作业式计划。战略计划的时间一般是 5 年或更长时间，如 2008 年奥运会计划、2010年世博会计划都属于战略式计划。战术计划的时间一般是 1～5 年，比如一些周期较长的协会会议，需要较长的时间做前期准备。展览业内也普遍认为准备时间在 18 个月以上的展览所取得的效果最好。作业计划是从在 6 个月到 1年之内，一般的会展项目计划都是属于作业计划。一般的协会年会、公司会议以及具有一定规模的展览计划都属于作业式计划，如博鳌亚洲论坛年会、北京国际汽车展等的计划时间都在 1 年以内。

二、会展项目计划的要素

1. 概述

概述是关于一个项目的简要概括，主要是为了让组织的最高领导层或会展活动的委托者了解项目的目标和大概情况。内容主要包括项目目标说明、与组织整体目标之间的关系、项目的组织结构、项目的主要事件和进度安排。

2. 计划目标

确定计划目标是会展项目计划的首要任务。目标是指一个目的、指标或在一定时间内需要完成的份额。任何一个项目都应该有特定的目标。目标可以分为总目标和子目标，一般来说，项目目标和组织的总体目标应该是一致的。组织中各个层次的全体参与者、全体经理人员都应该知道项目的目标，避免由于项目目标在各个层次之间传递的不准确而导致不同人对项目目标产生了不同的理解。项目主要部分计划目标的不良定义对成本和进度产生的负面影响最大，清晰界定项目目标对于项目能够顺利成功完成起着决定性的作用。史密斯和塔克研究发现项目主要部分计划目标的不良定义对成本和进度产生的负面影响最大。[1] 品托和斯勒文发现，在 50% 以上成功的项目中，明确的使命陈述在项目的概念、计划和执行阶段中是一个良好的预测指标。[2] 阿什里等人发现，突出的成功项目展现出明确的范围和工作定义。[3] 波斯内的一项调查发现，缺少明确的目标是超过 60% 的被访项目经理所表述的主要问题之一。[4] 在一项对美国和加拿大超过 1400 名项目经理进行的大型研究中，戈伯里和拉森发现，将近有 50% 的计划问题和不明确的范围与目标定义有关。[5] 由此可见，清晰界定项目目标对于项目能够顺利成功完成起着决定性的作用。

在制定会展项目目标时，既需要有总目标，还需要有各个子目标。总目标是对会展项目最终交付结果的要求，而子目标则是每一项具体任务的结果要求，总目标是靠子目标的实现而实现的。在会展项目具体运作过程中，必

---

① M. A. Smith and R. L. Tucker, "Early Project Problem – Assessment of Impact and Cause," 1984 Proceedings (Newtown Square, PA: Project Management Institute, 1984), p. 226.

② Jeffrey K. Pinto and Dennis P. Slevin, "Critical Success Factors across the Project Life Cycle," Project Management Journal, vol. 19, no. 3 (June 1988), p. 72.

③ David B. Ashley et al., "Determinants of Construction Project success," Project management journal, vol. 18, no 2 (June 1987), p. 72.

④ Barry Z. Posner, "What It Takes to Be a Good Project Manager," Project Management Journal, vol. 18, no. 1 (March 1987), p. 52.

⑤ David Gobeli and Erik Larson, "Barriers Affecting Project Success," in R. Brunies and P. Menard, eds., Measuring Success (Newtown Square, PA: Project Management Institute, 1986), pp. 22 – 29.

须把总目标分解为单个子目标，在子目标完成的基础上有效地整合资源，从而实现总目标。另外，会展项目目标既需要有定性的目标，又需要有定量的目标。比如一个展览的定性目标包括提高展会知名度、提高展会的服务水平和管理水平等；定量目标包括增加展会收入（会议注册费、展位收入、门票收入和其他收入等），增加参展商和观众的数量，提高展会成交额等。定量目标可以衡量，可以作为会展项目控制和评估的基础；而定性目标则把握会展项目的长期发展方向。所以总体目标和每一个子目标要从定性和定量两个标准来判断。

明确展览目标是制定展览计划的第一步。展览项目所涉及的主体众多，既包括会展公司，又包括参展商和观众，还包括众多会展服务公司。不同的主体有不同的目标，因此制定展览计划应该考虑多方参与者的需要，使展览目标尽量具有体系性，以满足多方的需要。从会展公司的角度来看，展览会是其主要的产品或服务项目，是其主要的收入来源。作为利益最大化的市场主体，会展公司的最主要的目标就是扩大展会规模，增加展位销售收入和公司总收入，提高利润率，树立公司形象，成为某一地区、全国甚至世界知名的展会提供商；从参展商的角度来看，展览会是其重要的营销手段，参展的主要目标是扩大知名度，建立营销网络，推广新产品，签订订单并销售产品；对于观众来说，展会是其获得信息的重要渠道；而会展服务商的目标则是通过有关会展服务的提供获得最大的收益。虽然不同的利益主体有不同的利益目标，但是展会总体目标的实现却取决于每一个单体目标是否能够实现。因此，制定会展项目目标时要充分考虑每一个参与主体的目标，突出展览目标的多元性。

需要说明的是，展览目标一定要建立在可行性基础之上，而且是经过项目小组成员的共同努力可以达到的，而不能不顾会展企业所具有的可利用资源的限制而盲目制定不切合实际的目标。

3. 项目范围

确定会展项目目标之后，应该明确确定为完成项目目标所要做的各项工作，也就是项目范围。一般来说，会展项目范围主要包括以下内容：一是参会者、参展商的确定，即确定参会人员或参展商的类型、层次、数量；二是观众商和普通观众的确定，即确定观展人员的类别、购买能力水平、决策能力、数量等；三是制定合适的营销战略，即通过一定营销方式的组合，实现会议和展览产品的顺利销售，确保会展组织者的收入来源；四是确定会展服务的范围，即与会展服务总承包商或分承包商签订合同，为参会者、参展商和观众提供各种服务，如展品运输、展台搭建、保险、清洁、餐饮、邮寄等各项服务；五是展会现场的管理工作，即在展会现场协调参展商、观众和服务商之间的关系，确保展会顺利进行；六是会展评估工作，即在会展活动结束之后要对展会环境、展览工作、展览效果进行评估。

4. 进度计划

进度计划是表达会展项目中各项工作的开展顺序、开始及完成时间及相互衔接关系的计划。进度计划主要是安排具有里程碑意义的事件的执行时间。执行并完成每项里程碑事件所需的事件需要预先估计，最好是和执行该项任务的人员取得沟通，以获得最合适的时间。对于展览计划来说，里程碑事件可能包括展览中心的租用、招展的开始、营销方案的启动、与会展服务商签订合同、展台的搭建、展品的运输等。进度计划有利于对会展项目的进度实行控制。每一个里程碑事件的完成都应该有一个考核标准，所制定的标准是会展项目能够保质保量运行的关键。按进度计划所包含的内容不同，可分为总体进度计划、分项进度计划、年度进度计划。总体进度计划是对整个会展项目的工作和资源进行安排，而分项进度计划则是对每一项工作做具体安排，比如会展营销进度计划、招展进度计划、组展进度计划等。年度进度计划则是在会展项目期间较长时，对每一年的工作做具体安排的计划，比如奥运会就需要做年度计划。

5. 资源配置

计划所解决的问题就是什么人在什么时间做什么事，包括里程碑事件的所有项目工作都需要一定的人员在一定的资源条件下完成。资源配置所解决的问题就是确定每一项工作需要哪些资源，在这里资源包括人力、物力和财力资源。会展项目涉及主体众多，组织工作复杂，需要大量的人力、物力和财力共同协调完成，因此在计划中一定要有所预算，合理配置资源。会展资源配置工作主要包括三个方面：一是人力资源预算，主要解决人力资源的来源及分配问题。会展项目中的各种工作具有不同的性质，不同性质的工作需要具有不同性格和能力的人，因此人力资源的合理配置是会展项目成功的关键。二是物质资源的配置，如会议展览活动需要什么样标准的会展中心、需要什么样的设备、需要什么样的配套服务设施以及需要什么样的高新技术等等。三是财力的配置，也称为财务预算。财务预算能够预先估计会展项目的收入和支出，最大限度地保证会展项目能够以收抵支并获得盈余。另外会展项目还能控制项目流程中的现金流量，以保证会展项目在预先垫付资本较大的情况下不至于现金流量造成中断而给会展公司造成财务压力。

6. 评估方法

评估是会展项目流程中一个非常重要的步骤，是会展项目的收尾工作。

一个会展项目是否达到了预期的目标，是否完成了任务都需要通过项目评估来确定，所以在做会展计划时一定要明确项目评估方法。会展项目评估方法应该包括评估所依据资料的收集和储存、评估指标、评估程序、评估人员等。

7. 潜在问题

会展业属于敏感性行业，容易受外界环境和突发事件的影响，如战争、瘟疫、政治风波、自然灾害等一些外部不可控制的因素，经常会造成展会的停办或延期举办，给会展组织者造成巨大的经济损失。还有会展项目管理过程中会发生一些突发事件或危机事件，如总服务承包商或分包商违约，导致展览运输、展台搭建等工作无法顺利进行，如展会举办过程中发生火灾也会对展会产生巨大影响。这些危机事件虽然可以通过加强管理尽量避免，但在每个会展项目中这些危机事件发生的概率却是存在的。因此，作为会展项目管理者一定要在作会展计划时就充分考虑到会有哪些危机事件发生，并在项目早期就制订出处理这些危机事件的计划。

三、会展项目计划的作用

会展项目管理一般都是从制订项目计划开始的，项目计划是有效协调会展各项工作、推动项目工作顺利进行的有效工具。会展项目计划在整个项目管理过程中主要起着以下几个方面的作用：

（1）会展项目计划可以清晰表述会展项目的总目标和各阶段目标，并以书面的整体计划形式下达到每个项目小组成员手中，使每个成员非常清楚项目的目标，有助于项目小组成员齐心协力为完成项目目标而协调工作。

（2）会展项目计划可以确定为完成会展项目目标所需的各项任务，每一项任务的开始时间、所需时间和结束时间，以控制每项任务的时间进度。会展项目的举办时间具有不可更改性。时间维度对于会展项目管理来说十分重要。会展项目计划必须以会展活动举办时间为基点，倒推每一项任务的完成时间，并让项目小组成员严格遵守，以确保项目管理顺利进行、项目目标顺利实现。

（3）可以确定各项任务所需的资源，包括人力、物力和财力资源，制定各项资源的预算，把最合适的人员、物资和资金分配给最合适的工作。

（4）可以确立会展项目小组各成员及工作的责任范围和地位以及相应的职权，以便各成员按计划要求实施工作，最大限度地降低风险。

（5）会展项目计划所确定的各项工作任务和阶段性目标是项目控制的前提和基础。

四、制订会展项目计划的程序

制订会展项目计划一般来说要遵循如下程序：

1. 确定会展项目目标

项目目标不仅包括最终目标，还包括为达到最终目标而必须实现的阶段性目标。比如举办一个医学研讨会，最终目标可能是通过会议的举办，促进与会代表的交流和先进医疗技术的推广。但为了实现这个目标，前期的阶段性目标应该包括邀请医学界知名专家、有一定数量的医学界人士与会、租用会议中心、预定客房、与服务商签订合同等。

2. 项目工作分解

确定实现项目目标须做的各项工作，通常使用项目工作分解结构（Work Breakdown Structure，WBS）将整个会展项目分解成为便于管理的具体活动（工作）。如对于一个展览活动的基本工作是前期准备工作、具体实施工作、现场管理工作、展后评估工作。前期准备工作又可分解为制定项目目标、确定参展商和观众类型和数量、制订营销计划和项目组织计划等。所要做的各项工作中有些工作必须按照顺序进行，有些则可以同时进行。如制定项目目标应该是项目计划最先做的工作，只有确定了项目目标才能确定参展商和观众、制订营销计划，而确定参展商和制订营销计划二者则可以同时进行。

2000 年澳大利亚悉尼奥运会项目的 WBS 包括以下主要领域：事件；比赛地点和设施，包括食宿、交通、媒体设施和协作；电信；安全安排；医疗保健；人力资源，包括志愿者；奥林匹克文化公园；奥运会前训练；信息技术项目；开幕式和闭幕式；公共关系；财务；检查运动和事件实验；赞助者管理和营销控制。这些项目中的每一个本身均可以当做一个项目来对待。为了保证这些方面的及时完成，从而保证整个奥运会项目的成功，需要进行精确的协调。

建立逻辑关系。建立逻辑关系是假设资源独立，确定各项任务之间的相互依赖关系。逻辑关系是项目计划安排各项目之间前后关系的前提。

3. 为各项任务确定时间

可以根据经验，也可以向每一项工作的负责人员询问得知完成每一项任务所需的时间。

4. 分配资源

为每项工作分配人力、物力和财力。分配资源应该充分考虑每项工作的性质、工作量的大小、所需人员应该具备的基本素质、所需的物力和财力的大小。比如对于会展营销人员一般要配备性格比较外向、善于人际关系、积极主动热情、精力比较旺盛、性格比较坚韧的员工。而选择不同的营销方式则决定了配备的资源数量，如邮寄营销方式的成本相对较低，相应分配的财力和物力可以相对较少；如采用在电视台作广告的方式的营销展会，则需预算大笔的经费。

5. 制订最初计划

在调研的基础之上制订出资源分配计划和进度计划。

6. 召开会议以听取各方关于会展计划的意见，并对所做计划进行调整

各个子计划汇总之后可能会出现冲突情况。这就需要在不同的子计划之间进行协调，并要反复征求各方意见，尽量使计划符合客观实际情况，并能有效顺利地实现项目目标。

7. 最终确定计划

最终计划是建立在调研和反复征求各方意见的基础之上的，最终计划应该制定成书面文件，并发给会展企业高层管理者和会展项目小组的成员，使和项目有关的每个人都能十分清楚计划的内容。

五、会展项目计划的内容

本章主要讲解如何制订会展项目计划，会展项目计划应该包括以下几个部分：项目范围计划、项目进度计划、项目资源计划等。而其中会展进度计划是整个会展项目计划的核心内容，也是本章的重点。

1. 项目范围计划

项目范围计划就是确定项目范围并编写项目说明书的过程。项目范围说明书说明了为什么要进行这个项目，形成项目的基本框架，使项目所有者或管理者能够系统地、逻辑地分析项目关键问题及项目形成中的相互作用要素，使项目的有关利益人在项目实施前或项目有关文件书写前，能就项目的基本内容和结构达成一致。形成项目结果核对清单，作为项目评估的一个工具，在项目终止以后或项目最终报告完成以前使用，以此作为评价项目成败的依据；可以作为项目整个生命周期中监督和评价项目实施情况的背景文件，作为有关项目计划的基础。

2. 项目进度计划

进度计划是表达项目中各项工作的开展顺序、开始及完成时间及相互衔接关系的计划。进度计划是根据实际条件和合同要求，以项目的交付使用时间为目标，按照合理的顺序所安排的实施日程。其实质是把各活动的

时间估计值反映在逻辑关系图上，通过调整，使得整个项目能在工期和预算允许的范围内最好地完成任务。进度计划也是物资、技术资源供应计划编制的依据，如果进度计划不合理，将导致人力、物力使用的不均衡，影响经济效益。

3. 项目资源计划

资源计划就是要决定在每一项工作中用什么样的资源以及在各个阶段用多少资源。资源计划必然和费用估算联系在一起，是费用估算的基础。费用估算是完成项目各工作所需资源（人、材料、设备等）的费用近似值。费用估算是项目财务管理的重要组成部分，我们把它放在第六章介绍，这里只说明其他资源的计划。

资料1　2008年北京奥运会的目标

承办一届历史上最出色的奥运会。通过13亿人民的积极参与，让奥林匹克精神得到最广泛的弘扬和传播；体育设施符合奥运会的各项技术标准，主体育场及重要场馆建成代表当代一流水平的体育建筑精品；竞赛组织工作科学严谨，高效有序，公平公正，为运动员创造良好的比赛条件；各项服务体现"以人为本"，做到热情周到，方便快捷；在先进可靠的基础上，有若干项最新高科技成果在奥运史上首次采用；文化活动体现中华文明的博大精深和无穷魅力，成为东西方文化交流与融合的广阔舞台；安全保卫部署严密，防范有力，氛围宽松，做到祥和安宁，万无一失；组织管理和市场运作在借鉴其他奥运会举办城市经验的基础上注重创新，并尽可能获得良好的经济效益和社会效益。

促进首都及全国的现代化建设。充分发挥奥运会对全国经济发展的促进作用，推动我国现代化建设事业加快发展。力求首都在经济发展、城市建设、社会进步和人民生活改善等方面实现突破性的变化，到2008年，全市人均国内生产总值达到6000美元以上，经济现代化、城市现代化和社会现代化水平大大提高，构建起现代化国际大都市的基本框架，使北京进入一个崭新的发展阶段。

塑造首都改革创新和全方位开放的新形象。以奥运建设项目为载体，加大改革力度，扩大对内对外开放，实行公平准入、公平竞争，基本形成与国际规范接轨的社会主义市场经济的管理体制和管理方式；完善政策法规体系，加强知识产权保护力度；培养和使用高素质人才，学习和借鉴国际先进经营理念和管理经验，博采中外各家所长；在政府工作中，坚持开放、公正、高效、廉洁，增强务实精神，提高办事效率，力求奥运筹备工作和项目运作成为体制创新、机制创新、管理创新的典范。

努力实现我国体育事业的全面协调发展。大力提高我国竞技体育科研管理水平，加快建立和培养一支高素质的竞赛组织管理人才队伍，造就一批在科学选才和科学训练方面的优秀研究员和教练员，培养出一批竞技运动的新尖子人才；争取参加 2008 年奥运会所有大项和更多小项的比赛，力争金牌总数有新的突破，综合实力有明显增强；认真实施《全民健身计划纲要》，不断提高全体国民的身体素质和健康水平；加强体育法制建设，不断深化改革，加快体育社会化和产业化，促进体育事业持续、快速、健康发展。

第二节 会展项目范围计划

根据美国项目管理协会（PMI）项目管理知识体系中的定义，项目范围（Project Scope）是指项目的"产出物范围"（即项目业主/客户所要的项目产出物）和项目的"工作范围"（即项目实施组织或项目团队为提交项目最终产品所必须完成的各项工作）的总和。也就是说，项目范围包括产出物的范围和项目工作范围。项目产出物的范围是最终项目的成果范围，项目工作范围是完成一个项目并且实现项目产出物所必需的全部工作的范围。

制订项目范围计划就是综合平衡各方面的情况和数据，最终编制出一个书面的项目范围计划文件，以作为未来项目各个阶段的决策基础和依据。在项目范围计划中应该包括用来度量项目或项目阶段是否成功的主要标准和要求。项目范围计划是项目实施组织/项目团队与项目业主/客户之间达成协议或合同的基础。项目范围计划的主要内容包括：对于项目目标、项目产出物和项目工作范围等内容的全面说明和描述以及计划安排。

一、定义会展项目范围

项目范围是对项目结果或使命的定义——向你的顾客提供的产品或服务。首要的目标是尽可能明确地定义向最终用户提供的可交付物，从而使项目计划目标集中。

项目范围是将项目计划所有要素互联起来的基点。为了保证项目范围定义是完全的，可以采用项目范围检查表：

```
┌─────────────────────────────┐
│      项目范围检查表          │
│  • 项目目标                 │
│  • 可交付物                 │
│  • 里程碑                   │
│  • 技术要求                 │
│  • 限制和排除               │
│  • 客户检查                 │
└─────────────────────────────┘
```

（1）项目目标：项目范围定义的第一步是定义项目目标。会展项目参与主体的众多性决定了其目标也具有多重性，既要满足会展企业的目标，也应该满足会展活动参加者的目标。会展组织者和参加者的目标之间具有重叠性，如增加参展商和观众的数量既是组织者的目标，也是参加者的目标。因为这一目标的实现可以帮助参加者实现扩大销售额、建立营销网络的参展、参会目的，同时这一目标的实现也有助于展会组织者扩大展会知名度，提高会展项目收益。

（2）可交付物。第二步是定义可交付物——项目周期内的期望产出。如会展项目早期阶段的可交付物是关于此项目的各项计划、工作列表、时间安排等。第二阶段则是招徕一定数量的参展商、参会者。第三阶段是举办会展活动。第四阶段是评估和总结报告。可交付物一般包括时间、质量和/或成本估计。

（3）里程碑。里程碑是项目在某一点上及时发生的一种突出事件。里程碑进度计划仅显示工作的主要段落；它表示项目事件、成本和资源的大致一致的初步估计。里程碑进度计划的建立使用了可交付物作为一种平台，以识别工作的主要阶段和终止日期。在一些持续时间较短的会展计划中，里程碑事件表现得不是特别明显，而像奥运会、世博会这样持续时间较长的大型活动则应该有里程碑事件。

（4）技术要求。应对会展服务水平在技术上有所限定，能够满足参展商或参会者对技术方面的一些要求。如会议室要有满足要求的视听设备和音响设备，展台上应该可以有网络接口等。

（5）限制和排除。就是对某些不应该做的事情排除在项目范围之外，如果没有限制和排除，很可能会把资源用在错误的工作上。

（6）客户的检查。即检查客户是否得到其对可交付物的期望，项目定义是否明确了关键的成果、预算、时间和性能要求，限制和例外问题是否得到考虑。

二、定义项目范围的依据

1. 项目产出物的描述

项目产出物描述是描述一个项目产出物的正式文件。它具体说明了项目产出物的特性、项目的目标、开展项目的理由以及项目产出物与其他同类产品或服务的不同等。一般情况下，项目产出物描述在项目的初期阶段会比较粗略，而在项目后期阶段会逐步细化。项目产出物描述能够使项目客户和项目实施组织对项目所生成的产品或服务的功能、特征和细节有一个准确和统一的理解，所以它是选择和定义项目的根本依据之一。

2. 项目方案选择标准

项目客户在决定开发某种项目以解决所面临的问题或利用出现的机遇时，往往会提出一系列的项目备选方案。人们要从这些备选方案中确定出所要采用的最优方案，因此需要建立一套项目评价和选择的标准，并使用它对各项目备选方案进行评价和选择。项目方案评价与选择的标准一般是根据项目产出物的要求编制的，它涵盖了项目相关利益者对于项目的要求和期望。所以它也是选择和定义项目的重要依据。

3. 相关项目的历史信息

相关项目历史信息是指在以前的项目决策和项目选择中所生成或使用过的各种信息，以及关于以前相关项目实施的实际情况的描述文件和资料。在一个新项目的起始阶段，有必要利用这些相关历史信息作为参考和比照。这一点对于会展项目尤其重要，当开始一个新的会展项目或项目阶段时，有关项目和项目前期阶段成果、问题等信息都是选择和定义项目的重要依据之一。

三、项目定义的成果

1. 项目说明书

项目说明书是经项目业主/客户等相关利益者正式确认的项目说明文件。项目说明书的主要内容包括项目产出物的说明、项目所能满足的商业需要以及项目的总体描述等。项目说明书的内容需要编制成正式的专门文件，以便作为项目其他管理文件的依据或理由。项目说明书应由项目业主/客户或项目的决策者签发，其详细程度以项目管理的需要为依据。项目说明书同时应说明项目经理可以使用的组织资源和从事项目管理活动的权利。

2. 项目的各种限制条件

一般项目的限制条件主要有三个方面：一是项目的工期与日程限制（包

括项目的起始日期与结束日期或项目的主要阶段的起始日期与结束日期等），二是项目的资源限制（最主要的是资金和项目的总预算的限制等），三是项目的范围限制（包括项目需要完成的全部工作和其中哪些工作自行完成，哪些工作承包给他人等）。项目工期与日程的限制条件发生变化会影响其他方面的限制条件，如项目工期缩短就会增加项目资源或缩小项目范围。

会展项目的最终成功就是在时间（工期限制）、成本（资源限制）和性能（范围限制）三个方面的限制下追求满足或超过客户的期望。但这些限制之间的关系在不同的项目之间是不一样的，各个限制的强弱关系也不一样，因此要确定项目的优先级。在会展项目的各种条件限制中，时间通常是最强的限制条件，时间维度上的任何缺陷都必须靠牺牲成本或者质量来弥补。

3. 项目的假设前提条件

定义项目必须明确一些假设前提条件，因为项目的选择和定义是根据这些假设前提做出的。所谓假设前提，是指那些为选择和定义一个项目而不得不主观认定（假定）的项目条件。因为这些条件在选择和定义项目的时候还处于一种不确定状态，所以实际上只是一些尚未确定的假设。在一个会展项目中，假设前提条件主要包括以下内容：

（1）会展项目可用资源及其配备情况。由于项目小组通常是临时组建的，某些项目小组成员或设备可能不属于会展项目经理直接管辖，需要对这些资源做出合理的预期和假设。

（2）会展项目工期估算。对会展项目工期的估算多数是建立在不完备信息的基础上，估算所使用的许多条件是不确定的，也应对工期估算中所依据的条件做出假设。

（3）会展项目的成本预算。

（4）会展项目的产出物。项目产出物是未来的可交付成果，受多方面因素的影响，具有不确定性。因此对产出物可能发生的变动要进行合理的假设和预期。

四、项目范围计划的内容

编制项目范围计划需要各方面的数据和信息，包括项目目标和项目产出物的描述和项目说明书、项目工作分解结构、项目工期、成本和质量等方面的信息等。另外编制项目范围计划的依据还包括一些支持细节文件以及在定义项目时确认的各种项目限制条件和假设前提。如果有关项目范围计划中的全部要素都已经明确了，那么制订项目范围计划的过程就是编制一份书面文件的过程。

项目范围计划的内容包括三个用于明确界定项目范围的文件。一是项目范围综述，属于项目范围计划的主体部分，其内容包括：项目理由、项目内容、项目产出物、项目目标和项目工作分解结构等；二是项目范围综述的支持细节，其内容包括项目假设前提和各种限制条件等，这些资料多以附件出现；三是项目范围管理计划，其内容包括项目工作分解的细节、项目范围变更的可能性、项目范围变更频率和大小的估计、项目范围变更的管理安排等。项目范围计划是项目后续界定开展项目管理的指导性文件。

1. 项目范围综述

项目范围综述是一份保证项目所有的相关利益者对于项目范围有一个共同理解的说明性文件。它全面说明和描述了定义和确认的项目范围。项目范围综述是未来项目决策的主要依据之一，是未来开展项目工期、项目成本和项目资源等方面管理的基础文件之一。项目范围综述中一般包括以下内容：

（1）项目理由。对于开展一个项目的理由所作的全面描述，即对于项目所能够满足的组织各种需求而作的全面说明。

（2）项目产出物。它是关于项目产出物及其构成的清单和说明。

（3）项目的目标。它是完成项目所必须达到的标准和指标。项目目标必须包括项目成本、项目工期和项目质量等方面的具体要求。

（4）项目的工作分解结构。项目分解结构是对项目范围全面而详细地说明和描述，在项目范围中非常重要。同时它也是制订项目进度计划的基础。因此，我们把它放在项目进度计划中统一讲述。

2. 项目范围综述的相关支持细节

它是指有关项目范围综述的各种支持细节文件。它们多数以项目范围综述文件的附件形式出现，主要包括以界定和确认的项目范围可能面对的项目假设前提条件和必须面对的项目限制条件，也包括在确定和编制项目范围综述中所使用的各种信息和数据构成的细节文件。

3. 项目范围管理计划

项目范围管理计划文件主要是描述如何管理和控制项目的范围，以及如何对项目范围的变更进行管理的一种计划文件。项目范围管理计划还应包括对项目范围变更的预期和评估，以及相应的各种项目范围变更的应对措施等。

第三节　进度计划

进度计划是表达项目中各项工作的开展顺序、开始及完成时间及相互衔接关系的计划。会展项目管理过程中尤其在前期准备中有大量细致的工作，而且每项工作相互交叉。因此必须对每项工作开始的时间、需要的时间以及完成的时间做出详细的规定。会展项目的举办时间都有严格的规定，而且具有不可更改性。所以会展计划都要以举办时间为基点，以倒推的方法制订进度计划，以控制各项工作的进度。

会展项目进度计划的编制一般包括以下几个步骤：项目描述、项目分解、工作描述、工作责任分配表制定、工作先后关系确定、工作时间估计、进度安排。

一、会展项目描述

会展项目描述是用表格的形式列出项目目标、项目的范围、项目如何执行、项目完成计划等内容。项目描述是制作项目计划和绘制工作分解图的依据。项目描述的依据是项目的立项规划书、已经通过的初步设计方案和批准后的可行性报告。

项目描述表格的主要内容有：项目名称、项目目标、交付物、交付物完成准则、工作描述、工作规范、所需资源估计、重大里程碑等。

项目描述表

项目名称	
项目目标	
交付物	
交付物完成准则	
工作描述	
工作规范	
所需资源估计	
重大里程碑	
项目负责人审核意见	

二、会展项目分解

1. 会展项目工作分解结构（WBS）

会展项目目标确定之后，要编制出完善的进度计划就要对项目进行分解，就是把整个会展项目分成便于执行的各个具体的工作。项目分解得越细，就越能够准确、恰当地确定各项任务所需要的时间以及所需要的人员和财物资源。项目分解是编制进度计划、实施进度控制的基础。

项目分解所采用的工具就是前面提到的工作分解结构图（WBS）。工作分解结构可以把一个项目分解为由任务、子任务、工作包等构成的等级式结构，就好像直接源于项目行动计划的一种树状图一样，是一个对项目工作由粗到细的分解过程。（如图 4－1 所示）

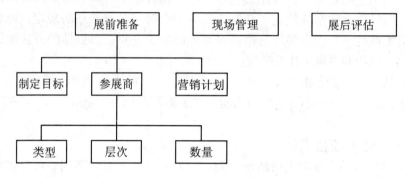

图 4－1　展览工作分解结构简图

工作分解结构图将项目的各项工作及其内容确定下来，最后以表格的形式列出，即编制一个项目工作列表或图，也是工作分解或工作定义的最终结果。

2. 制定 WBS 的过程

（1）根据会展项目目标召开与此项会展项目有关的人员的会议，集体讨论所有主要工作事项。

（2）分解会展项目各项工作。如果以前曾经举办过此项会议或展览，可以套用原来的样板。如果是新开发的会议和展览项目，则应该根据会展项目的具体情况启用新的样板。WBS 分解工作的一般步骤是：总项目、子项目或主体工作任务、主要工作任务、次要工作任务、小工作任务或工作元素。

（3）画出相应的树状图，也就是 WBS 结构分解图。

（4）对每个子项目进行描述，并确定每个子项目的生命周期。

（5）将主要子项目分解成更细、更便于管理的任务。如会展前期准备工作是决定会展项目成功的关键，而且大部分工作也集中在这一阶段。所以要对展前准备工作进行详细划分，分解为确定项目目标、制定营销方案、实施营销计划、确定服务承包商、租用会展中心。而制定营销方案又可分为准备宣传材料、确定营销对象、选择营销方式、确定营销组合、执行营销计划等工作。对于每一项工作必须能详细到可以对该项工作进行成本的估算、安排进度、分配负责人员这样详细的程度。

（6）进行反复讨论和严格论证，以验证以上项目工作分解是否正确。是否存在某些任务还没有划分成更细的任务，是否有的任务没有必要为其分配独立的人员和其他资源。如果存在这样的情况，还要对所做的项目分解结构做进一步的修改。

（7）在验证分解完全正确之后，建立一套编号系统。

（8）随着其他计划编制活动的进行，对 WBS 做进一步的修改。

遵循上述步骤所形成的工作结构分解图就定义了整个会展项目中所有的项目范围。不在 WBS 中包括的工作就不应该是该会展项目的工作。而包含在 WBS 的每一项工作都必须被很好地完成，才能保障整个会展项目顺利完成。因此会展项目分解过程十分重要，是决定项目成败的关键，会展项目经理和各个职能经理以及项目小组的每个成员都应该十分关心项目分解结构图是否正确，积极参与到项目分解工作中，并对所形成的项目分解结构图提出修改意见，以使其更符合会展项目管理的需要。

在会展项目中，一般在第一层次上按会展项目的工作流程分解，而第二层次和更低层次则按工作的内容划分。图4-2、表4-1是会议和展览的 WBS 举例。

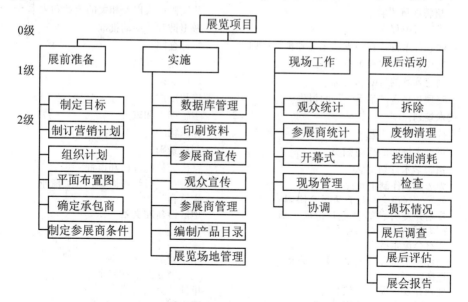

图4-2　展览项目的 WBS 结构分解图

资料 3　项目管理学会的年度专题讨论会

为一个学会规划或者实施一个将会吸引大约 1000 名与会者的国家级会议是一个大型的项目。主办这样一次活动所涉及的任务量是相当可观的，包括挑选一个计划委员会、选择一个主题、联系参加人员、安排当地接待、策划内容等。

匹兹堡被选为 1992 年项目管理学会 9 月份年度讲座/专题讨论会（PMI'92）的主办城市和主办团体。该活动的目标有三个：（1）发布一个用于未来两年的高质量的价值增值规划，（2）提供一个能很好地代表东道主城市的社交联谊计划，（3）满足严格的财务标准。在选择主办城市和旅店之后的第一项工作就是把项目团队和主席召集在一起。这些人员包括负责每条旅游线路、社交联谊、当地接待和其他方面细节工作的经理人员。项目管理团队按照职能方式组成。项目管理学会匹兹堡分会的官员承担大部分的主要责任，来自其他 9 个分会的成员则担负其他职责。

下一步就是展开工作细分结构（WBS，如表 4-1 所示）。

表 4-1　　　　　　　　工作细分结构和各项任务

讲座/专题讨论会（S/S）的项目管理工作	演讲人员
招聘项目团队	落实候选人以及相关的收益和成本
建立组织程序	做出推荐并活动批准
建立首席行政官的支持水平和预算计划	签订合同
向技术副总裁和董事会呈送报告	保持定期联络
确定 S/S 的目的和目标	招待演讲者
整理和呈送"后 S/S"的报告	**宣传和推广**
技术规划	主题创立和审批
确立 S/S 的主题	标志物的设计和审批
进行主题间的战略归类	制作录影带
招聘学术计划团队	宣传资料的确认和审批
为选拔工作制定程序	广告：项目管理协会、公关商业
就专题讨论会与教育委员会协调	媒体和刊物
规划并发出论文/主题讨论征集函	地区性新闻文章
征集受邀的论文/主题讨论	**财务**
征召会议主持人	建立会计代码
制订并发布会议进度计划发言稿	制定财务运作程序
选择印刷单位	建立独立的审计程序
规划并发行提要文献和会刊	单独开立银行账户
为早餐发言会准备相应的奖励	建立现金流估计/规划
确认视听方面的要求	开发并出具标准报告

制定并发布"后 S/S 后"的技术报告	就账户合并与首席行政官交涉
联谊待客项目建立	并出具"后 S/S"财务报告
确立目标	**企业资助**
确定可行活动	树立参与观念
分析成本 – 收益	定位于主要的公司
确认推荐单位	征求参与者
完成合同签订工作	认可
招聘员工	**设备供应商/首席行政官的支持**
	与接待方和后援酒店联系员工招聘

（细节有待与项目管理学会的执行董事和专职经理确认并排定相关进度）

赞助商计划包括几十家企业的展品以及大量为产品进行深度宣传的展示会。联谊项目包括一场高尔夫球比赛，大量同行的聚会联谊活动，匹兹堡观光活动以及多种多样的娱乐活动。

资料来源：杰克·R. 梅瑞狄斯、小塞缪尔·J. 曼特尔著：《项目管理管理新视角》，郑杨磊、李兆玉等译，电子工业出版社 2003 年第 2 版，第 343 – 345 页。

上表所列示的是会议项目的工作分解。当然不同类型的会议有不同的工作，分解的任务也不一样，在实际工作中应根据具体的会议类型和特点做项目分解工作。由于上表中所涉及的工作繁多，在此就不用具体的项目工作分解结构图作具体表示了。其原理与上面所举的展览项目的项目分解结构图是一样的。

3. WBS 工作编码

WBS 编码就是为项目工作分解图中的每一项工作确定一个编码，而且要求每项工作都只有唯一的一个编码。编码可以采用多位数字，具体采用数字的位数视项目的复杂程度而定。一般来说，项目越复杂，采用的编码位数越多。

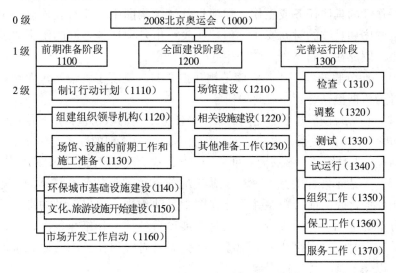

图 4 – 3 奥运会 WBS 工作编码

4. 项目分解结构表

项目分解结构表也是表示项目分解工作结果的一种方法。它是在对分解的每一项目进行编码后用表格的形式表示出项目任务的名称及每项任务的工作描述。在排列任务时将第一层次的任务排列在左侧，然后以缩进的方式排列其他各层次。如下表：

表 4 - 2 项目工作分解表

年　　月　　日

项目名称：2008 年北京奥运会		项目负责人：	
任务编码	任务名称	主要活动描述	负责人
1000	2008 北京奥运会	"绿色奥运、科技奥运、人文奥运"	
1100	前期准备工作		
1110	制订行动计划		
……			
1160	市场开发工作启动		
1200	全面建设阶段	全面落实各项计划	
……			
项目负责人审核意见			
日期：		签名	

5. 会展项目工作分解应注意的问题

项目分解工作是编制进度计划的前提和基础，只是把整体项目分解成具有可操作性的具体任务或工作，在项目分解结构图中并没有表现出各个任务的前后顺序和具体的时间安排，但却要表示出各项任务之间的逻辑关系和层次关系。因此在编制 WBS 时应该注意以下问题：

（1）所分解的各项任务应该是相互独立的，是便于管理的，而且可以定量目标为依据检查是否完成此项任务。

（2）应能反映各项任务之间的联系，任务之间的联系包括不同层次任务之间的包含与被包含关系，也包括同一层次不同任务之间的联系。如展览现场工作包括观众人数统计、参展商数量统计、开幕式、现场管理、协调等工作。

（3）不表示顺序关系。WBS 只确定完成整体项目的各个具体的任务，对于各项任务之间的前后顺序并不能在图中反映出来。项目活动的排序需要在项目分解的基础上专门进行，尤其是会展项目各项工作细小复杂，而且每项任务的进行时间之间存在交叉现象，就更需要对每项任务的前后关系做深入探讨，以保证整个管理过程顺畅。

（4）与任务描述表一起进行。上面我们提到过项目分解结构用表格的形式表示为表 4－1 的形式，在项目分解结构表中就包含了对每一项任务的描述。在下面还要专门介绍如何编写每项任务的工作说明。项目分解工作与任务描述同时进行可以使项目组成员对每一项工作有更清晰的认识，可以帮助其更准确地实施项目分解。

三、工作描述

在对会展项目进行分解的基础上，为了更明确地描述项目包含的各项工作的具体内容和要求，需要对工作进行描述。工作描述可以更进一步地描述每项工作的内容，便于项目小组成员加深对每项工作的了解。前面在讲项目工作分解应注意的问题时已经提到过要与任务描述表一起进行的要求。工作描述的依据是项目工作分解图，其结果是工作描述表及项目工作列表。

1. 工作（任务）描述表

表 4－3　　　　　　　工作（任务）描述表

任务名	制订展览营销计划
任务交付物	营销计划
任务描述	调研、确定营销对象、营销组合
考核标准	报名参展的参展商的类型、层次和数量达到预期的目标
假设条件	制定展览目标、签订租用场馆合同
约束	考虑营销预算
其他	风险：可能会临时更改展览地点
负责人	营销组负责人

2. 项目工作列表

如果把每项工作（任务）描述表进行汇总，就可以列表的形式表示出所有工作的基本流程。

表 4－4　　　　　　　　项目工作列表

工作编码	工作名称	输入	输出	内容	负责单位	协作单位	相关单位

项目工作列表中的每一项的具体含义如下：

（1）工作编码：它是 WBS 编码中为每项工作编的代码，而且是唯一的代码。通过代码可以清楚地看出项目之间的包含与被包含关系。

（2）工作名称：各项任务的名称。

（3）输入：完成本项任务的前提条件。如制订展览营销计划的前提条件就是确定展览目标并租用好展览场地。

（4）输出：完成该任务之后会有什么可交付的成果。如展览营销计划。输出结果可以是产品，也可以是文件，或是方案、决议等。

（5）内容：本项任务需要做的工作以及具体的流程。也就是前面在工作描述表中任务描述栏中填写的内容。

（6）负责单位：负责本项任务的单位或部门。

（7）协作单位：完成本工作的协作单位和部门。

（8）相关工作：与本工作相关的下一层次的工作。

工作任务描述表和工作列表应该能够清晰表明每项任务的最终输出结果，表明此项工作为下一步骤的工作创造了什么条件，以及此项任务开始之前必须具备哪些条件。这样就可以使项目小组人员清楚项目工作分解结构图中每项任务之间的前后联系和先后顺序，从而为进度安排做准备。

四、工作责任分配表制定

工作责任分配表就是将所分解的工作落实到有关部门或个人，并明确表示出有关部门（或个人）对各项工作的关系、责任和地位。比如展览营销工作的主要负责人是营销人员，但还需要展览策划人员的辅助，财务人员不仅要制定财务预算，还要对所有工作实施监督和控制。工作责任分配表可以明确每个部门及每个项目成员在项目中的职责，还可以表明项目组织内部各部门之间、人与人之间的相互关系。责任分配表使每个人能清楚自己的职责，还能够清楚自己与他人的协作关系，有利于项目小组成员之间以及部门之间的协调。责任分配表通常是将工作分解结构图与项目的有关组织机构图相对照。根据每项工作的任务描述和性质特点以及每个部门成员应该承担的责任分配任务，从而形成责任分配矩阵。表 4 -5 是一展览责任分配表。

表 4 -5　　　　　　　　责任分配表（以展览为例）

WBS 编码		任务名称	策划部	展览部	设计部	营销部	运输部	财务部	办公室
1100	1110	制定目标	▲	◆		◆		◆	●
	1120	租用场地		▲				◆	●
	1130	营销计划	◆	◆		▲		◆	●
1200	1210	数据库		◆		▲			●
	1220	印刷资料		◆	◆	▲		◆	●
	1230	实施宣传		◆		▲			●
……	……								

注：▲ - 负责 ◆ - 参与 ● - 监督

责任分配表可以有多种表现形式，还有用矩阵形式表示的。表示责任人在项目中地位的图例符号（▲ - 负责◆ - 参与● - 监督）也可以用字母或数字来表示。但不管用何种形式来表示，基本的格式都是表格或矩阵的列项用WBS编码标明分解后的各项任务，横项则列出项目组的各部门或各负责人员，在横项与列项相交的空格内则用图例符号表示任务和各部门或各成员之间的关系。

上表只是一个例子，表明在展览项目中各项工作的一个基本分类。当然在实际工作中，不同的展览项目的组织机构不同，项目成员也不同，而且所分解的任务也不会完全相同。因此，不能拿表格中的任务分配在实际中简单套用。

五、确定工作先后顺序

根据任务描述表或工作列表可以看出，在会展项目中很多工作的执行必须有一定的前提条件，依赖于一定工作的完成。也就是说，某些工作必须完成之后才能进行下一项工作，各项工作之间具有先后的顺序关系。当然，在会展项目中，也有很多工作是同时进行的，具有一定的交叉关系。这使得会展项目各任务的排序工作显得相对复杂。确定工作先后顺序是制定进度计划的前提，项目管理人员必须知道每项工作的先后顺序，再结合完成每项工作所需要的时间，才能制订具体的进度计划。一般来说，会展项目无论大小，其基本的流程或项目工作分解结构基本相同，各项任务的先后顺序也基本一致。

1. 确定会展项目各工作先后顺序的依据

（1）任务描述表中或会展项目工作列表中各项目，如任务描述、考核标准、假设条件、约束、输入和输出等。

（2）各活动之间的必然联系。活动之间的必然关系是指各项任务或工作之间按照客观需要所必然出现的前后排列顺序。如组展商在为参展商提供展品运输服务时，必须确定了参展商和相应的参展产品后，才能为其提供展品运输服务。那么确定参展商和参展产品与提供展品运输服务之间就具有前后的必然联系。再比如按照会展活动的整个流程来看，必须先做展前准备工作，才能做现场管理工作，最后做后续工作。这种展会的自然运作流程是不可更改的，同时也决定了这三项工作的前后顺序。这种活动之间的必然联系也被称为项目活动排序的"硬逻辑"关系，是一种不可违背的先后顺序关系，是做会展项目活动排序的重要依据。

（3）会展项目活动之间人为的依存关系。会展项目中有很多活动并没有严格的先后顺序，有些活动可以交叉进行。对于这些活动不同的项目管理者，根据不同的具体的会展项目可以有不同的顺序安排。因为这种安排带有明显的人为性和主观性，因此也被称为"软逻辑"关系。

（4）会展项目活动的约束条件。会展项目的排序工作就是根据以上几方面的条件，通过反复的论证和优化，编排出项目活动之间顺序的一项管理工作。编排各项工作的顺序可以使用图形表示，也可以用文字表示。不管以什么方式来表示，在决定以何种顺序安排会展项目活动时，都需要针对每一项活动回答三个问题：一是在该项活动可以开始之前，有哪些项目活动必须已经完成？二是哪些活动可以与该项活动同时开始？三是哪些活动只有在该活动完成之后才能开始？在明确了这三个问题之后，就可以合理地安排项目活动顺序并绘制项目顺序图了，从而可以全面描述会展项目中各活动之间的相互关系和顺序。

2. 确定活动顺序的方法

（1）顺序图法。顺序图法也叫节点网络图法（Activity-on-node，AON），是一种通过编制项目网络图而给出项目活动顺序安排的方法。顺序图法使用节点表示一项项目活动，使用节点之间的箭头表示项目活动之间的相互关系。

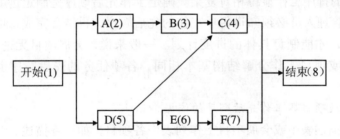

图 4 - 4 用顺序图法绘制的项目网络图

在用节点表示活动的网络图中，每项活动有一个方框或者圆框表示，对项目活动的描述（命名）一般直接写在框内。同时规定每项活动只能使用个一方框或圆框表示，在使用项目活动编号时，每个框只能有一个项目活动编号。项目活动之间关系是用连接这些活动框的箭线表示。活动之间的先后关系是不一样的，有些活动只有在与其联系的全部前序活动都完成以后才能开始；有些活动之间没有先后关系，需要同时进行；有些活动只有在前面几项工作都完成之后才能开始。在实际工作中要分析各项工作的先后顺序。

（2）箭线图法。箭线图法（arrow diagramming method，ADM）也是一种

安排和描述项目活动顺序的网络图方法。这种方法使用箭线代表项目活动，使用节点代表项目活动之间的相互关系。在箭线图中，一个项目活动使用一条箭线表示，有关这一项目活动的描述（或命名）可以写在箭线上方。其实，箭线图法与顺序图法的道理相同，只不过表示不同。（如图4－5所示）

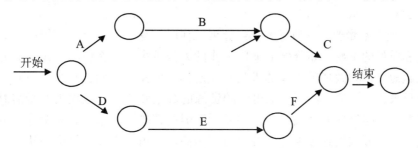

图4－5　用箭线图法绘制的项目网络图

在会展项目中，很多任务之间并没有严格的先后顺序，用顺序图法、箭线图法所表示的项目网络图不可能如此清晰。虽然会展项目可以被简单地划分为展前、展中和展后三个明显的阶段，但在每一个阶段中的各个任务之间并没有非常清晰的界限。许多工作是交叉进行的，而不是要求一项工作的开始必须以另一项工作为基础，或者说，一项工作完成之后必须紧接着另一项工作。这一点是会展项目与其他项目之间的一个非常主要的区别，比如说造船或软件开发等项目各任务之间的前后关系就非常清楚。也正因为这一点使得会展项目的计划工作具有"软约束"的性质，并对会展项目的控制造成了一定的难度。

六、工作时间估计

会展项目的工作时间估计是对已确定出的项目活动的工作时间估算工作，某项工作时间是指在一定条件下，直接完成该工作所需时间与必要间歇时间之和。工作时间的估计是会展项目计划中的非常重要的基础工作，直接关系到各项任务起止时间的确定以及整个项目地完成时间的确定。对于会展活动来说，时间是非常重要的资源，也是优先考虑的因素。如果给某项工作分的时间过短，则可能使项目成员不能保质保量地完成任务，而分配时间过长，则有可能影响整个会展项目的顺利举行。

经验在会展项目管理中非常重要。所以一般来说，对于会展项目工作的工作时间估计都是由会展项目负责人或具有丰富的会展组织经验的人员完成。当然也可以通过计算机项目管理信息系统给出估算，再由会展专家审查以确认这种估算。

会展项目工时估计是建立在以下几方面资料的基础之上的：

1. 工作列表。工作列表是项目工作分解（WBS）的结果，列举了会展项目所须开展的全部活动。

2. 会展工作的约束条件和假设前提。有关约束条件和假设前提在任务描述书中有所表示。

3. 资源数量要求和质量要求。会展工作时间受分配给该项工作的资源的数量和质量的影响。如分配给某项工作的人数越多，那么该项工作所需的时间就越短。再如做某项工作的人员素质越高，所需的时间也越少。但对于会展项目来说，某项工作所分配得到的资源的数量和质量与该项工作所需时间之间并不一定呈现上述关系。比如说对于展前营销工作来说，无论分配给营销工作的资源数量有多少，人员素质有多高，营销工作都会贯穿于从会展项目计划制订到会展活动实际举办的全过程。

4. 历史信息。会展活动的历史信息对于项目工作时间的确定具有很大的参考价值。如果以往同类型展会运作得比较成功，则说明其在工作时间上的安排比较合理，可以借鉴。但需要注意的是，没有两个展会是完全相同的，即使是同一个名称的会议和展览活动。由于在不同的时间举办，所面对的各种约束条件不一样，因此，再成功的展会案例也不能简单的套用其时间安排和进度安排，应该根据目前所管理的展会项目具体情况来安排估计各项工作的时间。表 4 - 6 以展览为例说明具体时间的估计。

表 4 - 6　　　　　　　　展览各任务时间估计

WBS 编码	工作名称	工作时间（周）	紧之前工作
1100	展前准备		
1110	制定目标	2	
1120	制订营销计划	2	1110，1160
1130	组织计划	1	1110
1140	平面布置图	1	1110
1150	确定承包商	4	1110，
1160	制定参展商条件	2	1110
1200	实施		
1210	数据库管理	25	1120，1220
1220	印刷资料	1	1120
1230	参展商宣传	24	1220
1240	观众宣传	24	1220
1250	参展商管理	24	1230
……	……	…… 　 ……	……

上表是利用表格的形式表示了会展项目管理中部分工作的准备时间和其后续工作的编码，后续工作的编码是根据所确定的任务工作顺序而定。

表中的时间只是一个举例，由于现实生活中所举办的各类会议、展览和大型活动多种多样，而且项目管理的总的时间约束也有很大不同。有的常规性会展项目有很多规律可循，有以往举办同类展会可资借鉴的管理经验，而且有较充足的准备时间，因此对于此类展会的各项工作的时间估计和安排一般比较充裕。而有些会展项目是临时策划的，而且很多时候为了抢占市场，尽快推出新策划的展览项目，项目准备时间非常紧张。这样的展会各项任务的估计时间就相应少些。因此，在这里只是提供了会展项目各任务时间估计的一个基本模型和表达方式，最终为各项任务所分配的时间还应视所举办的展会类型而定。

七、进度安排

在把会展项目分为各个分任务，并确定各项工作和活动先后顺序和每一项任务的工作时间之后，就可以安排项目的时间进度。项目进度安排是项目控制的重要依据。它是以项目工作分解结构、项目工作先后顺序、项目工作时间为依据，详细安排每项工作起止时间的项目管理方法。项目进度计划是项目管理者的重要职责，项目各负责人员都应该参加项目进度计划的制订工作。

项目进度安排的结果是项目进度，其主要内容是每项工作的计划开始和终止时间。编制项目进度计划的主要目的是对会展项目进度实施控制。编制项目进度计划的方法主要有以下几种：

1. 甘特图

甘特图是美国学者甘特在20世纪初发明的一种最早的项目计划方法。这种方法使用棒图（或叫条形图）表示项目活动顺序及其顺序并安排和计划项目的工期。甘特图把项目活动按照纵向排列展开，而横向则表示项目活动时间与工期，并将每项活动的持续时间的长短用棒图的长短来表示。甘特图法简单、明了、直观、易于编制，至今还在项目管理的进度计划中被普遍使用。图4-6是根据表4-6，用甘特图表示某展览项目的进度安排。

需要说明的是，由于表4-6中关于展览任务的时间估计只是一个举例，因而根据此表用甘特图编制的进度安排表也是一个例子，主要是介绍甘特图在会展项目管理中的应用。在实际工作中，需要会展项目进度计划的制订人员根据具体的会展项目进度计划制订甘特图。

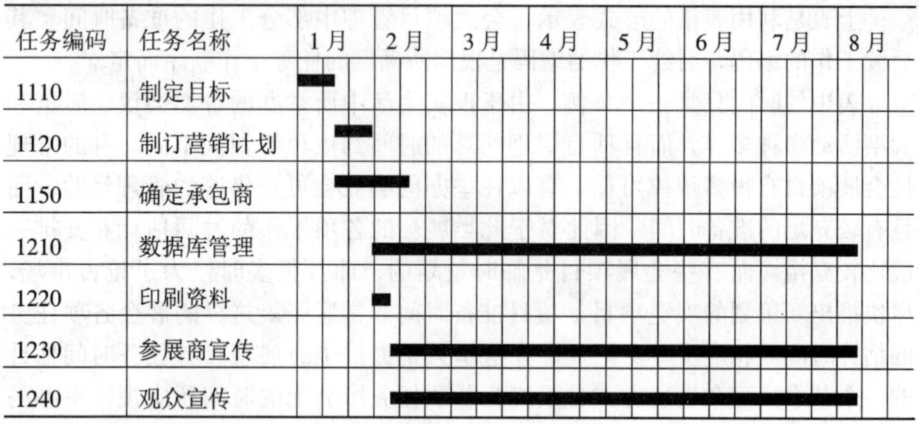

任务编码	任务名称	1 月	2 月	3 月	4 月	5 月	6 月	7 月	8 月
1110	制定目标								
1120	制订营销计划								
1150	确定承包商								
1210	数据库管理								
1220	印刷资料								
1230	参展商宣传								
1240	观众宣传								

图 4 – 6　展览项目进度安排的甘特图

2. 里程碑计划

　　项目中的里程碑事件是对整个项目有重大影响，决定项目成功与否，并对其他工作有重要参考价值的重大事件。里程碑计划是以项目中某些重要事件的完成或开始时间作为基准形成的计划，是一个战略计划或项目框架。通过里程碑计划可以对项目进度有宏观上的把握，里程碑计划是编制更细的进度计划的基础。在会展项目管理中会有很多里程碑事件，如会展目标的制定、营销计划的制订、参展商和观众的宣传等。表 4 – 7 是以会展项目中里程碑时间的起始时间为基准制订里程碑计划。

表 4 – 7　　　　　　　　　　　里程碑计划表

里程碑事件	1 月	2 月	3 月	4 月	5 月	6 月	7 月	8 月
	上中下	上中下	上中下	上中下	上中下	上中下	上中下	上中下
制定目标	15/1 ▲							
制订营销计划		1/2 ▲						
参展商宣传		15/2 ▲						
观众宣传		15/2 ▲						

　　当然也可以里程碑事件结束时间为依据制作里程碑计划表。但不论是以开始时间还是以完成时间为依据，里程碑计划表只是对会展进度计划的宏观安排，不能代替更细一步的包括每一项任务起止时间的进度安排。

　　一般来说，里程碑事件在持续时间较长的会展项目中使用的更广泛，比如在奥运会、世博会的进度计划中首先要做的就是里程碑事件计划，在此基础上再做更细的进度安排。

资料 3　2008 年北京奥运会的里程碑事件的具体安排

前期准备阶段：2001 年 12 月~2003 年 6 月。制定并实施《奥运行动规划》；组建奥运会组织领导机构；全面落实奥运场馆、设施的前期工作和施工准备；环保设施、城市基础设施及一批文化、旅游设施开始建设；市场开发工作启动运行。

全面建设阶段：2003 年 7 月~2006 年 6 月。全面完成"十五"计划确定的各项任务；奥运场馆及相关设施建设全面展开；其他各项准备工作全面进行。到 2006 年 6 月，基本完成奥运场馆及设施的工程建设；各项准备工作基本就绪。

完善运行阶段：2006 年 7 月~2008 年奥运会开幕。各项建设工作全面完成，全部场馆和设施达到奥运会要求；对所有建设项目和各项准备工作进行检查、调整、测试和试运行，确保正常使用；组织工作、安全保卫工作以及各项服务工作全部就绪。

3. 网络计划

网络计划技术是用网络计划对任务的工作进度进行安排和控制，以保证实现预定目标的科学的计划管理技术。网络计划是在网络图上加注时间参数等而编制的进度计划。因此，网络计划由两部分组成，即网络图和网络参数。网络图是由箭线和节点组成的用来表示工作流程的网状图形。网络参数是根据项目中各项工作的延续时间和网络图所计算的工作、节点、线路等要素的各种时间参数。图 4-7 是根据展览任务时间估计表（表 4-6）用网络计划技术表示的进度计划。

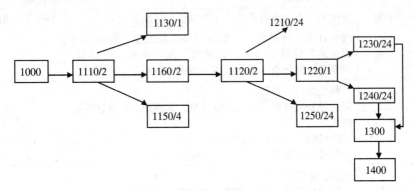

图 4-7　展览项目进度计划图

上面是展览网络计划的简图，关于会展现场管理（1300）和展后活动（1400）没有详细展开。

4. 项目计划表

项目进度除了用以上几种图形表示之外，还有一种非常主要的方法，就是编制项目计划表（表 4－8）。项目进度表是项目进度的详细安排，表中给出了每项工作的持续时间、开始时间和完成时间。

表 4－8 　　　　　　　　　　　　**展览项目计划表**

WBS 编码	工作名称	工作时间（周）	开始时间	结束时间
1100	展前准备			
1110	制定目标			
1120	制订营销计划			
1130	组织计划			
1140	平面布置图			
1150	确定承包商			
1160	制定参展商条件			
1200	实施			
1210	数据库管理			
1221	印刷资料			
1230	参展商宣传			
1240	观众宣传			
1250	参展商管理			
……	……			

表 4－9 是某会议的工作进度表。

表 4－9 　　　　　　　　　　　　**筹备工作进度表**

日程	工作项目说明	完成时间
2003/2 下旬	进度表、企划内容确认，预算确认，完成签约	2003/2 下旬
2003/2 下旬	确认日程及分会场，议程表提供（英文稿，含分会场议程表）设计背景板、议程板、指示海报、资料袋、识别证样稿与会者名单提供（含分类指引）	
2003/2 下旬	资料袋发包、制作 背景板、议程板、指示海报数量、资料袋、识别证样稿确认 "浦江游览"菜单确认并预定 背景板、议程板、指示海报发包、制作	
2003/3 上旬	识别证制作 投影设备数量、质量确认（含屏幕、镭射笔） 客车预订，包括数量	

续　表

日程	工作项目说明	完成时间
2003/3 上旬	所有制作物准备就绪 工作人员彩排（含司仪）	
2003/3 上旬	进场布置： 1. 大会背景板、议程板搭建 2. 指示海报架设 3. 接待台布置 4. 资料袋、内容物装袋备妥 5. 礼品分发 表演人员、节目最后确认	
2003/3 上旬	会议接待 节目表演人员接待、安排	
2003/3 中旬	外滩游轮晚餐、交通安排	

　　资料来源：马勇、王春雷、主编：《会展管理的理论、方法和案例》高等教育出版社
2003 年版。

　　以上都是编制会展项目进度计划的方法，每个会展项目都应该根据自身
的特性来选择不同的方法编制进度计划。在选择编制进度计划的方法时应该
考虑以下几个因素：一是会展项目的规模。如果是规模较大的会展项目，如
奥运会、世博会等，则可以采用里程碑计划或网络计划方法；如果是小型的
会议和展览，则可以采用简单地方法，如甘特图法和项目计划表法。二是会
展项目的复杂程度。项目的规模并不一定总与项目的复杂程度成正比，但在
会展项目中，二者之间却存在着明显的正相关关系。因此，复杂的会展项目
则应该采用网络计划方法和里程碑计划法，而简单的会展项目则适合采用甘
特图法和项目计划表法。三是会展项目的紧急性。如果会展项目准备时间较
短，可以选择甘特图或里程碑计划法对会展项目有宏观的把握；如果会展项
目准备时间相对充裕，则应该采用网络计划法或项目计划表法详细地列出各
项任务之间的关系和起止时间。四是对会展项目细节的掌握程度。如果对会
展项目的每一任务非常清楚，则可以采用项目计划表法，以标出每项任务详
细的起止时间；如果只对会展项目的大概情况有所了解，则应该用甘特图法
或里程碑计划法编制进度计划。

　　当然，考虑以上因素并不是说编制会展进度计划只允许采用一种方法。
事实上，任何一个会展项目都是利用多种方法编制会展计划的，因为不同的
方法具有不同的优点和缺点。一般来说，甘特图法清晰、直观；里程碑计划
法可用于全局控制；网络计划法既可以对整个项目有宏观上的了解，又能充

分表现各项任务之间的关系和每项任务的持续时间；而项目计划表法则能够非常清楚地表示出各项任务的起止时间。作为会展项目计划制订者应根据具体会展项目的不同情况，采取不同的方法编制进度计划。而且会展项目计划制订者往往选择几种方法组合在一起，取长补短，以形成一个清晰、直观并对会展项目控制有指导意义的计划。

第四节　会展项目资源计划

会展项目资源包括项目实施中需要的人力、设备、材料、能源及各种设施等。资源计划涉及决定什么样的资源（人、设备、材料）以及多少自愿将用于项目的每一工作的执行过程之中。

一、会展项目资源计划所依赖的数据

1. 工作分解结构 WBS

利用 WBS 进行资源计划时，工作划分得越细，越具体，所需资源种类和数量越容易估计。

2. 项目工作进度计划

项目工作进度计划是项目计划中最主要的，是其他各项目计划（资源计划、费用计划）的基础。资源计划服务于工作进度计划，什么时候需要何种资源是围绕工作进度计划的需要而确定的。

3. 历史信息

历史信息记录以往类似会展项目所使用资源的情况。历史资源是项目资源计划的重要依据，但资源计划不能简单地依据历史信息，因为历史条件不一定是和现在的会展项目环境相一致。

4. 资源安排描述

什么资源是可能获得的是项目资源计划所必须掌握的，特别是数量描述和资源水平对于资源安排描述时特别重要的。

二、制订资源计划的方法

1. 专家判断法

专家判断法主要是专家根据经验和判断确定和编制项目资源计划的方法。这种方法又有两种具体的形式：专家小组法和德尔菲法。专家小组法是旨在组织一组有关专家进行调查研究的基础上，通过召开专家小组座谈会的方式，共同探讨并提出项目资源计划被选方案，然后制订出项目资源计划的方法。德尔菲法需要有一名协调者去组织专家进行项目资源需求计划安排，然后汇集专家意见，最终整理和编制项目资源计划的方法。这种方法的优点是：主要依靠专家判断，适合于长期性的项目；缺点是：在专家水平不一或专家对于项目理解不同时，就容易使项目资源计划存在问题。

专家判断法特别适合会展项目在编制资源计划时使用。会展项目千差万别，很难用统一的标准定额来判断每项工作所需的资源数量。而采用专家判断法不仅有利于新的会展项目所需资源的判断，对已经举办过多次的会展项目也有很强的指导作用。

2. 头脑风暴法

头脑风暴法就是团队的全体成员自发地提出主张和想法，团队成员在选择方案之前一定要想出尽可能多的方案和意见。头脑风暴法能产生热情地、富有创造性的更好的方案。应用头脑风爆发时，要遵循两个主要的规则：不进行讨论，没有判断性评论。一个成员说出它的注意后，紧接着下一个成员说。人们只需要说出一个好主意，不要讨论、评判，更不要试图宣扬。其他参加人员不允许做出任何支持或判断的评论，也不要向提出主意的人进行提问。头脑风暴法在帮助解决问题时证明是很有效的方法。

三、资源计划的工具

1. 资源矩阵

资源矩阵用以说明完成项目中的工作需要用到的各种资源的情况。表4－10中列项列出了项目中的各项工作（任务），横项列出了所能用到的各种资源，行列交叉处的元素代表各项工作所需要的各种资源的状况。其中"P"表示主要资源，"S"则表示次要资源。

表4－10　　　　　　　　　　资源矩阵

任务	项目经理	咨询人员	营销人员	设计人员	策划人员	公关人员
制定会展目标	P	S				
制订会展计划	P	S			S	
媒体公关					S	P
会展营销			P			S
…………						

2. 资源数据表

资源数据表用以说明各种资源在项目周期内各式间段上的数量的需求情

况。表 4 - 11 是一展览资源数据表，表示了在展览项目期间所需的各类人员的数量。如在整个展览期间都需要一个项目经理，但策划人员和咨询人员只在展览项目前两周才要，人数是两个。

表 4 - 11　　　　　　　　　资源数据表（单位：人）

资源	1	2	3	4	5	6	7	8	9	10	11	12
策划人员	2	2										
咨询人员	2	2										
营销人员			4	4	4	4	4	4	2	2	2	
设计人员	1	1	4	1								
项目经理	1	1	1	1	1	1			1	1	1	1
…………												

3. 资源甘特图

资源甘特图用以反映各种资源在项目周期内各个阶段用于完成哪些工作的情况。（如图 4 -6）

四、资源计划的结果

资源计划的结果是制订资源的需求计划，对各种资源需求及需求计划加以描述，资源的需求安排一般应分解到具体的工作上，并以图表的形式予以反应。资源计划的结果如下：

（1）资源的需求计划；

（2）各种资源需求及需求计划地描述；

（3）具体工作的资源的需求安排。

本章小结

会展项目启动后，计划管理是会展项目管理过程的起点，同时也是项目控制的前提和基础，在整个项目管理过程中居于举足轻重的重要地位。本章首先讲解了会展项目计划的概念和构成要素以及会展项目计划的主要内容，然后详细讲解了范围计划、进度计划和资源计划的编制方法。其中进度计划是本章的重点，需要学生掌握项目工作分解结构（WBS），熟悉进度计划编制的步骤，并掌握编制进度计划的各种方法，如甘特图、里程碑计划、网络计划和项目计划表。

关键名词或概念

会展项目计划　会展项目要素　进度计划　项目工作分解结构（WBS）甘特图

简答题

1. 什么是项目计划？会展项目计划在项目管理中所起的作用是什么？

2. 项目计划的构成要素有哪些？

3. 编制项目计划的一般程序是什么？

4. 志达会展公司欲策划一国际汽车展，试根据展览的基本活动流程编制该汽车展的范围计划、进度计划和资源计划。

第五章　会展项目的实施和控制

本章导读

在项目实施的过程中，种种不确定性因素的干扰，使得项目实施必然会偏离预先设定的计划轨道。为了保证项目成功和各项目标的实现，有必要对这种偏离采取必要的、有针对性的措施加以纠正。此过程即为项目的控制过程。项目控制过程将贯穿于项目的整个实施阶段，幻想不采取任何措施，偏差就会自动消失，几乎是不可能的。项目控制是一个动态的过程，在不断获取项目跟踪所得信息的基础上，要对所发现的问题及时采取措施解决。项目控制就是监视和测量项目实际进展，若发现实施过程偏离了计划，就要找出原因，采取行动，使项目回到计划的轨道上来。为使会展项目达到既定目标，项目控制至关重要。

学习目标

本章要求学生理解项目控制的基本概念、基本理论，掌握会展项目信息系统的建立和控制系统的设计，能够对会展项目进行调整。

第一节　控制及控制目标

一、项目控制概述

项目控制过程将贯穿于项目的整个实施阶段，幻想不采取任何措施，偏差就会自动消失，几乎是不可能的。项目控制是一个动态的过程，在不断获取项目跟踪所得信息的基础上，要对所发现的问题及时采取措施解决。问题发现越早，就越好改正，这是个无须阐明的道理。因此，项目组织在各项资源允许的前提下，可以适当的缩短报告期，以便及早发现问题。尤其是当项目已经偏离了轨道时，就更应该增加项目报告的频率，直至项目回到轨道上来。

项目控制的基本方法是将跟踪到的项目计划执行信息同原计划相比，寻找偏差；仔细分析偏差产生的原因，并对未来发展趋势进行分析；最后采取针对性的纠偏措施。可见，有效的项目控制的关键是定期并及时测量项目实际进展情况，同时需要管理者有敏锐的洞察力，善于发现和解决问题。

项目的一次性使项目控制有别于其他管理控制。由于没有可复制的先例，事先制定的控制标准往往由于各种内外因素的变化而需要调整。所以，项目应根据所投入的费用、人力或其他资源的数量来评价实际实施结果，通过与基准计划的比较、判断和协商，采取相应的措施。

项目控制就是监视和测量项目实际进展，若发现实施过程偏离了计划，就要找出原因，采取行动，使项目回到计划的轨道上来。如果偏差很显著，则须对计划做出相应调整。项目控制要根据具体情况使用适当方法，应对项目进度进行持续的监测，注重采取预防性控制手段。

二、项目控制的基本理论

项目实施是一个动态的复杂系统，为实施项目目标，参与项目建设的有关各方必须在系统控制理论指导下，围绕项目的时间、质量和成本，对项目的实施状态进行周密的、全面的监控。在项目控制中主要运用下述基本控制理论：

（1）控制一定主体为实现一定的目标而采取的一种行为。实现最优化控制必须首先满足两个条件：一是要有合格的控制主体；二是要有明确的控制目标。

（2）控制是按事先拟订的标准和计划进行的。控制活动就是要检查实际发生的标准的偏差并加以纠正。

（3）控制的方法是检查、分析、监督、引导和纠正。

（4）控制是对被控制系统而言的。既要对被控制系统进行全过程控制，又要对其所有要素进行全面控制。全过程控制有事先控制、事中控制和事后控制；要素控制包括控制人力、物力、财务、信息、技术、组织、时间、信誉等。

（5）控制是动态的。

（6）提倡主动控制，即在偏离发生之前预先分析偏离的可能性，采取预防措施，防止发生偏离。

（7）控制是一个大系统，包括组织、程序、手段、措施、目标和信息等若干个分系统。

三、项目控制特点

项目控制是对项目目标及其控制对象和控制方法的总称。其特点如下：

（1）具有过程的特点。为了达到项目目标，管理人员对项目行为状态进行全面控制。项目建设程序具有明显的阶段性，使项目控制具有过程控制的特点。

（2）项目控制具有多目标控制的特点。项目控制包含有投资控制目标、进度控制目标、质量控制目标，与投资成本、进度和质量彼此之间存在密切的内在联系，将直接或间接地影响着工程控制的复杂性。

（3）项目控制具有一定的相对性特点。由于项目建设的复杂性，影响项目目标的诸多因素又具有复杂的可变性或不确定性，因而对项目建设目标的控制难以达到最优控制的境界，建设目标的规划值与实际值之间必然会存在着一定的偏差。项目控制的目标是使实际达到的目标值与规划值的偏差在允许范围内。

四、项目控制目标

（一）项目的成本控制①

项目的成本控制是指项目组织为保证在变化的条件下实现其预算成本，按照事先拟订的计划和标准，通过采用各种方法，对项目实施过程中发生的各种实际成本与计划成本进行对比、检查、监督、引导和纠正，尽量使项目的实际成本控制在计划和预算范围内的管理过程。随着项目的进展，根据项目实际发生的成本额，不断修正原先的成本估算和预算安排，并对项目的最终成本进行预测的工作也属于项目成本控制的范畴。

有效成本控制的关键是经常及时地分析成本绩效，尽早发现成本差异和成本执行的无效率，以便在情况变坏之前能够及时采取纠正措施。成本控制的内容包括：

（1）识别可能引起项目成本基准计划发生变动的因素，并对这些因素施加影响，以该变化朝着有利的方向发展。

---

① 关于会展项目成本控制的问题在第六章还会再介绍。

（2）以工作包为单位，监督成本的实施情况，发现实际成本与预算成本之间的偏差，查找出产生偏差的原因，做好实际成本的分析评估工作。

（3）对发生成本偏差的工作包实施管理，有针对性地采取纠正措施，必要时可以根据实际情况对项目成本基准计划进行适当的调整和修改，同时要确保所有的有关变更都准确地记录在成本基准计划中。

（4）将核准的成本变更和调整后的成本基准计划通知项目的相关人员。

（5）防止不正确的、不合适的或未授权的项目变动所发生的费用被列入项目成本预算。

（6）进行成本控制的同时，应该与项目范围变更、进度计划变更、质量控制等紧密结合，防止因单纯控制成本而引起项目范围、进度和质量方面的问题，甚至出现无法接受的风险。

（二）项目的进度控制

项目的进度控制是指对项目各运行阶段的工作内容、工作程序、持续时间和衔接关系编制计划，在实际进度与计划进度出现偏差时进行纠正，并控制整个计划的实施。进度控制在项目实施中与质量控制、成本控制相互影响、相互依存、相互制约。项目进度控制的重点是对实施阶段进行进度控制，主要包括事前、事中、事后进度控制。

事前进度控制是指项目正式实施前进度的进度控制。具体任务是编制实施阶段进度控制工作细则，编制或审核实施总进度计划，审核单位工程施工进度计划，进度计划系统的综合，编制年度、季度、月度工程进度计划。

事中进度控制是指项目实施过程中进行的进度控制。这是进度计划能否付诸实现的关键过程。进度控制人员一旦发现实际进度与目标偏离，必须及时采取措施来纠正这种偏差。

事后进度控制是指完成整个任务后进行的进度控制工作。具体内容是及时组织验收工作，处理索赔，整理进度资料，将进度资料归类、编目和建档，根据实施进度，及时修改和调整验收阶段进度计划，以保证下一阶段工作的顺利开展。

（三）项目的质量控制

项目的质量控制是指为满足项目的质量要求（如适用性、可靠性、安全性等）而采取的作业技术和活动。它包括确定控制对象，规定控制标准，制定具体的控制方法，明确所采用的检验方法，说明实际与标准之间产生差异的原因，为解决差异而采取的行动等。

项目质量的形成是伴随着项目实施过程而形成的，因此项目质量控制的对象就是项目的实施过程。质量控制的范围涉及项目质量形成全过程的各个环节。任一环节的工作没有做好，都会使项目质量受到损害而不能满足质量要求。质量环节的各阶段是由项目的特性所决定的。根据项目形成的工作流程，由掌握了必须的技术和技能的人员进行一系列有计划、有组织的活动，使质量要求转化为满足质量要求的项目或产品，并完好地交付给业主；还应根据项目的具体情况进行用后服务。这是一个完整的质量循环。

项目的不同阶段对其质量起着不同的作用，有着不同的影响。所以其质量控制的重点不尽相同。

项目决策阶段是影响项目质量的关键阶段，其可行性研究直接影响项目的决策质量和设计质量。所以应进行方案比较，提出对项目质量的总体要求，使项目的质量要求和标准符合项目所有者的意图，并与项目的其他目标相协调，与项目环境相协调。在项目决策过程中，项目决策的结果应能充分反映项目所有者对质量的要求和意愿。在决策过程中，还应充分考虑项目费用、时间、质量等目标之间的对立统一关系，确定项目应达到的质量目标和水平。

项目设计阶段是影响项目质量的决定性环节，没有高质量的设计就没有高质量的项目。在项目设计过程中，应针对项目特点，根据决策阶段已确定的质量目标和水平，使其具体化。项目设计阶段所实现的质量是一种适合性质量，即通过设计，应使项目质量适应项目使用的要求，以实现项目的使用价值和功能；应使项目质量适应项目环境的要求，使项目在其生命周期内安全可靠；应使项目质量适应业主的要求，使业主满意。

项目实施是项目形成的重要阶段，是项目质量控制的重点。项目实施阶段所实现的质量是一种符合性质量，即实施阶段所形成的质量应符合设计要求。项目实施阶段是一个从输入转化为输出的系统过程。项目实施阶段的质量控制，也是一个从对投入品的质量控制开始，到对产出品的质量控制为止的系统控制过程。根据项目实施的不同时间阶段，可以将项目实施阶段的质量控制分为事前控制、事中控制和事后控制。事前质量控制是指在项目实施前所进行的质量控制。其控制的重点是做好项目实施的准备工作，且该项工作应贯穿于项目实施全过程。其主要工作内容包括技术准备、物质准备、组织准备和现场准备等。事中控制是指在项目实施过程中所进行的质量控制。事中质量控制的策略是全面控制实施过程，重点控制工作质量。事后控制是指一个工序或工作完成，形成成品或半成品的质量控制。其控制的重点是进行质量检查、验收及评定。

项目最终完成后，还应进行全面的质量检查评定，判断项目是否达到其质量目标。

第二节 项目跟踪和信息系统

为了保证项目能够按照预先设定的计划轨道行驶，需要在项目实施的全过程中对项目加以跟踪和控制。项目的跟踪和控制是管理项目实施两个不同性质但却密切相关的活动。项目跟踪是项目控制的前提和条件，项目控制是项目跟踪的目的和服务对象。两者互为依托，唇齿相依。跟踪工作做得不好，控制工作也难以取得理想成效；控制工作做得不好，跟踪工作也难以有效率。

一、项目跟踪概述

项目跟踪，是指项目管理者通过建立完善的项目管理信息系统，在项目实施的全过程对项目进展的有关情况以及影响项目实施的内外部因素进行及时的、连续的、系统的、准确的记录和报告的一系列活动和过程。它的根本目的是为项目管理者提供项目计划执行情况的相关信息。项目跟踪工作的基础是项目管理信息系统。它的基本原则是要保证跟踪的及时性、连续性、系统性和准确性。

会展项目跟踪的工作内容有两个：其一，对会展项目计划的执行情况进行监督。保证项目的实际实施工作是按照预先制订计划的要求来做的，但是由于项目的特殊性（即一次性和独特性），项目计划的许多条件是基于假设判断得来的。其不确定性程度很大，实际情况肯定会同所做的这些假设判断有所偏差。几乎没有一个项目是完全按照项目初始计划完成的。同时鉴于项目成员的素质、管理方法和水平的逐步提高，管理观念的变化，项目跟踪工作的这个内容已经逐步弱化。其二，对影响会展项目目标实现的内外部诸因素的发展情况和趋势进行测量和预测。随着科技的进步、项目管理水平的提高，项目管理中的定量测量成分越来越多，所获取的信息也越来越准确、越来越丰富、越来越及时。这一切使得对项目未来发展趋势做出准确判断的可能性大大增加，十分有利于增加项目成功的概率。因此，现阶段项目管理的跟踪控制工作重心逐渐向该方向倾斜。以项目管理信息系统作为平台，对跟踪收集到的信息进行及时的加工处理，以便对项目未来的发展趋势做出科学的预测。

可见，收集信息是项目跟踪工作的基础。项目实施的客观背景极其复杂，产生的信息无穷多，项目在有限的资源条件下既不可能也没有必要对所有发生的这些信息进行全部收集处理。因此，我们有必要先探讨影响项目实施的因素有哪些，确定的这些因素就是信息收集的主要内容。通常影响项目实施和目标实现的客观因素主要有内部因素和外部因素两个方面。

影响会展项目实施的内部因素主要是来自项目系统内部。大多情况下可以被会展项目所控制的因素包括会展项目资金的来源与运用、花费的成本、实施的进度、产品的质量、人事安排等情况。这些因素对项目目标的实现至关重要。对于这类因素，跟踪的主要目的是大量收集信息，寻找实际与计划发生的偏差，并分析其原因，为项目的控制做基础。

影响会展项目实施的外部因素主要是来自项目系统外部、不为会展项目所控制的因素。包括国家政策、法律法规、市场价格、利率、汇率、项目所在地的自然条件、人文环境等情况。对于这类因素，跟踪的主要目的是大量收集资料，尽早做出预测。尽管不能避免其发生，但是可以采取有效的预防措施，减少其对项目实施造成的损害。例如通过大量收集气象信息资料，预测出可能在短期内会发生暴风骤雨的恶劣天气。项目组织就应该做好防洪抗灾的准备，在狂风暴雨真正来临时，项目组织不至于措手不及，造成巨大的损失。

二、会展项目管理信息概述

会展项目管理信息是指参与会展生产过程，能帮助制造产品并能交换的知识，即消息、情况、信号、指令、情报等。控制论创始人美国数学家维纳认为，信息是人们在适应客观世界，并且使这种适应反作用于客观世界过程中，同客观世界进行交换的内容和名称。目前，信息已成为管理会展项目运行等经济活动必不可少的重要依据。

（一）会展项目管理信息的特点

（1）信息的分散性。会展项目的原始数据来源非常分散。它产生在所反映的对象和过程的所在地，即会展项目中的各个环节和有关职能管理部门。

（2）使用的共享性。信息对人们来说是可以共享的，不会随着载荷它的物质介质的改变而改变。

（3）数量的庞杂性。

（4）加工的多样性。目前，人们对信息的加工方法也是多样的，如手工处理方式、机械处理方式、电子计算机处理方式等。在项目管理信息系统中，更多的是采用电子计算机处理方式，利用各种数学模型、计算公式，将各种信息数据编制成程序，输入电子计算机进行数据处理，解决许多依靠手工处理无法解决的复杂经营决策问题。

（5）传递的及时性。即使得到他人提供的准确信息，如果忽视了时间的持续性和空间的广延性，贻误时机也会反馈出错误的结果。

（6）管理的社会性。会展项目管理信息不同于生物系统内部的自然信息。它是人与人之间传递的社会信息，是发出者与接受者共同理解的数据、文字、符号和信号，反映了人类社会的经济活动。

（二）会展项目管理信息的分类

在会展项目管理中，涉及的信息数量大、种类多，十分复杂，为此要根据需要从不同角度对信息进行分类。

1. 根据信息的内容来分

（1）经济信息。经济信息是指反映经济活动特征及其发展变化情况的各种消息、情报、资料等的统称。

（2）科技信息。科技信息是指关于自然科学、数学、技术科学和应用科学等范围内的信息。它是研究会展开发活动成果的有价值的资料，是含有最新科技知识内容的情报。它由高度的知识及多种投资集合而成。其特点是来源于科技的实践，反过来又服务于科技。

2. 根据信息的来源来分

（1）外部信息。外部信息是指反映会展项目所处环境特征的数据、资料、文件等信息，涉及上级要求、指示、市场变化、业主意见、技术经济情报等。

（2）内部信息。内部信息是指反映会展项目内部生产、运行和经营活动特征的数据、资料、指令等涉及技术经济活动的各种信息。

3. 根据信息本身的形态来分

（1）数值信息。数值信息是指可以数量化的信息，如产值、产量等。

（2）非数值信息。非数值信息是指只能用文字、图表、字符等形式表示，不能用数值表示的信息，如提高技术性能、员工素质等。

4. 根据信息的变动状况来分

（1）固定信息。固定信息是指在一定时间内不发生重大变化、在会展项目管理过程中可以重复使用的信息，是人们长期观察和分析不断变化的大量经济信息。固定信息可以揭示经济过程的内在联系和活动规律，形成各项规章制度、工作标准、定额、系数等，又被称为相对稳定的信息。

（2）流动信息。流动信息是指随会展旅游经济生产、运行和经营活动而产生的经常发生变化的信息，如生产日报、旬报等反映生产和运行过程每一时间变化的信息，为经济控制和管理所必需，又被称为经常变动的信息。

5. 根据信息的管理层次来分

（1）国民经济信息。国民经济信息是反映整个国民经济的信息。

（2）部门信息。部门信息是来自部门内部的信息。

（3）会展旅游信息。会展旅游信息是关于会展旅游生产、运行和经营活动的信息。

6. 根据信息的等级来分

（1）战略信息。战略信息是指会展项目管理中高层管理者所需要的有关全局和长远利益的信息，如国民经济和社会发展规划、第十一个五年计划等。

（2）策略信息。策略信息是指会展项目管理中中层管理人员所需要的有关局部和中期利益的信息，如月度生产和运行计划、季度销售计划等。

（3）执行信息。执行信息是指会展项目管理中基层工作人员所需要的日常业务信息，如日产量、考勤记录等。

7. 根据信息的处理过程来分

（1）原始信息。原始信息是指未经加工的信息，如基层单位的原始记录。

（2）经过加工的信息。经过加工的信息是指经过加工、归纳、整理的信息。

8. 根据信息反映问题的性质来分

（1）常规性信息。常规性信息是指反映正常技术经济活动的信息，它按照一定的程序以经常不断的形式进行收集和处理。

（2）突发性信息。突发性信息是指技术经济活动中特殊的、突发的信息，即非正常事件所产生的信息。

9. 根据信息反映的时间范围来分

（1）过去的信息。过去的信息是指已经发生的经济现象，对会展项目管理起过作用的信息。

（2）现在的信息。现在是指正在对当前会展项目管理起作用的信息。

（3）未来的信息。未来的信息是指对会展旅游部门将来发展有指导性和预见性的信息。

10. 根据信息的用途来分

（1）决策信息。决策信息是指会展项目管理中最高管理层据以决定经济方向、计划、政策、策略的各种静态和动态的信息。

（2）控制信息。控制信息是指会展项目管理中管理层为了实现经营目标而对生产、运行和经营活动各个环节进行业务监督、控制所需要的信息。

（3）作业信息。作业信息是指会展项目管理中基层工作人员所需要的日常业务信息。

除此之外，信息还可根据其获取的方式或渠道分为按照制度或规定收集的信息，从正式流通渠道以外获取的信息、外部环境信息、特定经济信息、特定技术信息、特定产品信息，以及政府提供的信息、私人提供的信息、商业提供的信息、公众提供的信息等。

三、会展项目管理信息的处理流程

项目管理信息系统是为收集、分析、储存和报告描述项目完成情况的信息而建立的一套信息处理流程。该系统包含的三个最基本的要素分别是：信息的收集、输入；信息的加工、处理、储存；信息的报告、输出。

（一）信息的收集、输入

信息的收集、输入过程是收集描述项目完成情况的原始数据，并将其输入至信息系统。为提高信息的运作效率，必须要明确三个问题：信息收集对象、信息收集时间和信息收集方式。

（1）信息收集对象。在项目的实施期间，凡是可能对项目实施和项目成功产生影响的因素都是信息收集的对象。但是由于资源的有限性，信息系统应该集中优势对项目的影响概率最大、影响程度最深的因素进行连续跟踪收集。其收集对象主要有：项目实施的范围、项目实施过程发生的变更、项目计划的关键假设、项目的资源供给情况、项目的关键目标、项目的工期进展和任务完成情况、项目的预算耗用以及项目的所有总结性的报告，另外还有影响项目实施、来自项目项目系统外部的因素等。具体来说，信息收集的这些对象可以分为五大类：

①项目投入的有关信息。包括：资金、工时、各阶段成本及总成本等。

②采购活动的有关信息。包括：采购量、供应量、库存量以及供应商的有关情况等。

③实施活动的有关信息。包括：项目进度、采用的技术、成员的努力情况、出现的各种问题、发生的变更等。

④项目产出的有关信息。包括：项目产品的数量、质量、收入和利润等。

⑤项目的外部因素信息。包括：国家的宏观经济政策、利率政策、汇率政策、相关法律法规、项目所处的地理环境、人文状况等。

（2）信息收集的时间。信息收集的速度自然是越快越好，最好是在情况或变化的一开始就抓紧。当然这需要收集者具有敏锐的观察力和判断力，能够随时随地地跟踪项目实施出现的各种情况，并对其能否对项目成功产生影响做出准确而迅速的判断，从而决定是否将该信息输入系统。要做到快速准确地收集信息，需要事先确定符合项目特点的信息收集标准，需要收集者具有丰富的经验，需要信息系统具有先进的跟踪观测设备。

（3）信息收集的渠道：

①业务进程登记。即以凭证、票据等形式收集信息。

②间接摘录。即广泛阅读各种报刊，对有用的信息进行摘录，以便分类储存。

③市场调查。市场调查收集信息的基本方法有观察法、询问法、实验法等。观察法如参加会展项目管理，实地考察市场行情和销售情况，参加专业会议等；既可以典型调查，也可以抽样调查。询问法的方式有采访、通信、会议和展览会调查等。实验法就是向市场投放一部分产品，了解销售信息的一种方法。

④参加情报网交流。参加各界各地组建的情报网，搜集与本部门有关的信息，特别要注意参加同行业的情报网。

⑤参加各种形式的信息发布会。信息发布会通常由政府部门、科研单位等举办，作为会展项目管理的信息总做人员应积极参加。

⑥参加产品销售订货会。通过参加销售订货会可以了解这个行业的市场情况，收集供需状况方面的信息。

⑦视听电视广播。电视、广播传递信息最快，可以从中捕捉各种信息。

⑧科学预测信息。

⑨购买信息。向信息服务单位有偿索取所需信息。

⑩采集信息。配备专职或兼职的信息员，如聘请技术顾问、市场预测顾问组成智慧团，由他们提供信息或通过出谋划策来获取信息。

（二）信息收集的方式

项目实施的过程就是不断生成信息的过程，项目活动中的信息载体丰富多样，因此项目信息收集的方式也是多种多样。无论采用何种方式收集信息，最关键要保证两点：其一保证信息收集的可靠性，即要保证通过该种方法收集到的信息客观、准确、真实；其二要保证信息收集的经济性，即要保证通过该种方法收集信息花费少、成本低廉。本着这两点原则，在项目实施过程中，可以采用以下几中方法收集信息：

（1）频数/频率统计法。即对某一跟踪事项在某一阶段期间的发生频数/频率进行统计，以此收集需要的信息。这种方法常用于统计安全运营天数、发生故障次数等信息。

（2）原始数据记录法。即对项目实施的实际投入量和产出量进行统计，获取信息。如某项工作投入的工时数、资金量、原材料用量等实物指标。

（3）专家判断法。该种方法受评判者的主观因素影响程度较大，因此应邀请多人同时评判，尽量消除因个人主观偏见带来的不公正性。通常在收集难以量化的信息时，多采用此方法，如使用德尔菲法判断产出物质量。

（4）间接替代法。当某些跟踪对象的信息较难或者无法直接获得时，可以寻找一个替代对象，间接获取需要的信息。例如要获取项目成员之间的沟通效果信息，可以用成员对项目变更的反应速度和程度这一指标来替代。为了提高此方法收集信息的准确度，尽量要使所选择的替代对象比较容易测量而且同跟踪对象的相关程度较高。

（5）询问法。这种方法常用来测量、收集项目有关人员思想情况的信息。如通过交谈询问判断团队成员的士气、组织上级主管部门的态度、项目业主的满意程度，等等。

在信息收集的活动中，除了要确定以上三个问题之外，还要具体安排负责信息收集工作的责任人以及如何将收集到的信息输入系统。所有这些因素都会影响到所收集数据的及时性和准确性，进而会影响对项目实施情况跟踪的效果和质量。

（三）信息的加工处理和存储

收集的信息被输入至项目管理信息系统之后，经过汇总、处理，分析实际完成情况同计划完成情况的比较，为出现的问题提出合理的解决方法，并对项目的未来发展趋势进行科学的预测，以便及时发掘潜在问题，建立适当的预警机制，采取有力措施加以防范。

1. 信息的加工处理

信息的加工处理是指将收集来的信息按照一定的程序和方法，进行分类、计算、分析、判断、编写的过程。其加工处理方法主要有：

（1）集中归纳法。集中归纳法就是把信息按一定的目的集中在一起，并加以分类归纳，以反映某一个会展旅游经济问题。

（2）横向比较法。横向比较法就是围绕某一个会展旅游经济问题，把杂乱无章的众多信息从横的方面加以连接，并做出比较分析。这种方法有利于增强信息的对比鲜明性，使人一目了然。

（3）纵深排列法。纵深排列法就是围绕某一个会展旅游经济问题，把信息按照事件发生的过程及变化趋势逐一排列，以搞清来龙去脉。这种方法能使信息更加有序，便于人们采用。

（4）图表示意法。图表示意法就是将收集到的信息，按其内在规律绘制成图表来示意。这种方法描绘的结果形象、具体，有感染力。

2. 信息的储存

对各种有价值的信息，要采用各种方法把它储存起来，以便查阅备用。常用的方法有：

（1）卡片制。卡片制就是用人工的方式把信息记载在卡片上，分类保管。

（2）电子计算机存储。在信息处理工作中，应用电子计算机以后既能保证严密性，又能减轻信息管理人员的事务工作量和劳动强度，还能对会展项目进行准确的计算和经济效益的评价，及时反映会展项目管理过程，进行有效的控制，以取得良好的经济效益。在信息处理工作中，应用电子计算机存储的内容主要有：

①科技信息系统。科技信息系统主要收集国内外同行业和本单位已经研究成功的科技成果及其在生产和运行中应用效果的信息，以及国内外同行业将要发表的科技项目和有关产品发展方向方面的信息。收集这类信息的作用是为本部门进行技术改造、研制新产品、购置设备以及引进技术装备等提供可靠的信息，以便减少盲目性，为瞄准国内外先进技术进行决策而创造条件。

②市场信息系统。市场信息系统是联结会展旅游部门生产和消费的纽带。及时掌握市场信息，有利于了解市场行情。这样根据市场需要组织生产，就能做到产品适销对路，防止产品积压和滞销。同时，了解市场变化，就能在产品竞争、占领市场和开发市场中掌握主动，发挥本单位的优势，在较短的时间内收到可观的经济效益。

③质量信息系统。在会展项目管理的各个阶段，对会展项目质量影响的主要因素就是人事、材料、设备、方法和环境等五大方面。因此质量信息系统应加强对这五个方面的信息加工和存储。

④生产信息系统。

⑤工艺信息系统。

⑥设备信息系统。

⑦物资信息系统。

⑧财务信息系统。财务工作不但从货币的数量上反映会展旅游再生产过程的资金运动，而且要从质量上说明会展旅游再生产活动的成果，提供本部门收入与支出、盈与亏、成本与经济效益等方面的有关资料。这些资料就是财务信息。它们直接关系到会展项目各项工作的决策与开展，因此要认真搞好财务信息工作。

⑨统计信息系统。要通过对会展旅游生产、运行和经营活动的大量指标、

数据、报表，较全面地记录和反映会展旅游在一个时期内的生产、运行和经营管理方面的信息。

⑩人事信息系统。人是会展项目管理中最积极、最活跃的因素。人事信息工作的重点就是要围绕人事管理的过程和实施来收集有关信息，供领导和职能部门选用，以便充分调动人的积极性。

（四）信息的报告、输出过程

将分析、整理后的信息结果以特定的形式，向项目管理者以及其他有关人员汇报，为其行动、决策做准备。输出的信息成果应该包括两大部分：其一，项目实际进程的资料信息，主要是占用的时间和花费的成本；其二，有关项目变更方面的资料信息，主要是范围变更、进度变更和成本变更的有关情况。信息的报告、输出有很多形式，可以是定期报告或不定期报告；可以是日常报告或例外报告；可以是会议报告、口头报告或书面报告；可以是文字报告或图表报告。

项目信息报告应该采取定期报告和不定期报告相结合的形式。这样既有利于有规律地比较实际实施情况同预定计划的偏差，又有利于及时向管理者汇报项目实施过程中所发生的重大问题，及时采取解决措施。定期报告的间隔时间可以依项目的复杂程度和整个生命期的长短来确定。一般说来，项目越复杂，周期越短，报告的时间就应该越短。例如项目周期仅为半个月，那么报告期可能短为一天；如果项目要运行两年，那么报告期可能是一个月。

四、会展项目管理信息系统的建立

（一）会展项目管理信息系统的概念

会展项目管理信息系统就是以计算机、网络通讯、数据库作为技术支撑，对会展项目整个生命周期中所产生的各种数据，及时、准确、高效地进行传递、分析、反馈等各项管理，为项目所涉及的各类人员提供必要的高质量的信息服务的综合系统。

这一系统内部应形成纵横交错的信息网络，一般分为最高管理层、中间管理层和执行管理层三级管理层次。在三级管理信息系统中，从上而下的指示、从下而上的报告，都贯穿着信息的流动。在三级横向层次中，又贯穿着各个垂直子系统，从而使横向组合与纵向组合的职能包括在整个系统中。

（二）会展项目管理信息系统的作用

信息系统的主要功能是使管理部门能够评价项目如何逼近目标，从而可有效地利用宝贵资源及时做出决策。在设计会展项目管理系统时必须仔细考虑两个重要要素：信息系统和控制系统。这是两个既有区别又相互关联的要素，系统的信息要素本身主要涉及与项目费用、进度及实施方向有关的准确的结构性的信息的产生和数据加工工作；而系统的控制要素主要涉及利用所提供的信息形成决策和给出与资源的利用或问题的解决有关的指令。控制要素和信息要素必须设计为彼此兼容和相互依存的，否则它们将起不到综合系统的作用。

所有的项目经理都必须依赖有效的项目信息系统的支持。因为就项目管理的本质而言，项目负责人必须超越职能机构的界限才能完成其目标，即综合和指挥各个机构的特有资源走向一个特定的目标。项目管理信息系统，包括了有效控制项目的必要信息，是项目管理者开发、提炼和管理的一种有价值的资源。如果项目经理没有这一支持，他们不能控制项目，发现问题时往往为时已晚，必需的简单的管理和收集信息将花费大量珍贵且有限的资源和时间。他们能获得的任何信息显然都不可避免太少、太迟了。他们制订计划和做出决定也将十分缓慢，以致不能帮助他们组织和控制项目。因此及时掌握项目进展的相关信息，有利于管理者掌握同时进行的各项工作的执行情况、工作中存在的隐患以及需要协调的问题；有利于管理者掌握各项目成员的工作之间以及成员个体工作同项目整体执行情况的关系；有利于管理者同项目成员一起对项目目标的理解达成共识；有利于促成项目成员之间的沟通交流，降低因某项工作的变更而导致的混乱；有利于对计划不当、难以落实的工作做出最快的决策和行动；有利于项目的高层管理者俯览全局、运筹帷幄；有利于保证项目业主以及其他人员了解项目实施的动态，特别是项目成本、工期进度和交付成果的有关情况。可见，建立一个有效的项目管理信息系统对于项目管理者正确的把握项目实施动态，保证项目有效实施极其重要。

（三）会展项目管理信息系统的建立原则

（1）会展项目管理信息系统要与会展项目管理系统相一致。其表现是会展项目信息流要与会展项目管理中的各种要素如物流、人流、资金流相一致。

（2）会展项目管理信息系统的建立和运行必须规范化。要实行标准化管理，如采用信息分类编码标准，体现信息工作的统一性。

（3）会展项目管理信息系统要保持相对的独立性，不应受行政部门的干扰。

（4）会展项目管理信息系统的目的性要明确，要有针对性，要有的放矢。

（5）会展项目管理信息系统的管理要在保证具备必要功能的前提下，力求简单、实用和灵活。

（四）会展项目管理信息系统的建立步骤

由于项目管理信息系统结构目标是一个大系统，复杂程度高，因此必须在项目启动初期确定这个系统的总目标和主要功能。也就是从总体上来把握系统的目标功能框架，提出实施的解决方案，继而研究论证这个总体方案的可行性。信息系统的建立不可能一蹴而就，必须有步骤地加以实施，主要包括以下工作：按照项目的具体要求，进行初步调查、分析以确定系统的目标；制定出实施的策略与具体方案；进行系统的可行性研究并编写可行性报告。

1. 确定系统目标

为了确定系统的目标与功能，先要进行初步的调查研究，旨在从总体上了解概况。初步调查的内容包括：

（1）整个组织的概况。规模、历史、系统目标、人力、物力、设备和技术条件、管理体制等。

（2）组织的对外关系。与哪些外部实体有联系，哪些环境条件对本组织有影响。

（3）现行系统的概况。功能、人力、技术条件、工作效率、可靠性等。

（4）各方面对现行系统的情况及新系统持怎样的态度。

（5）新系统的条件。管理基础、原始数据的完整和准确、计算机方面的设备和人员情况，开发新系统的经费来源等。

2. 制定实施策略与方案

（1）实施策略。当前项目管理信息系统的实施策略主要是：

①要以项目信息门户网站作为项目管理信息系统的战略目标。

②建立不同项目生命周期信息系统之间的数据流程和接口是项目信息系统规划的核心任务和目标。

③项目管理信息系统的规划设计必须列入项目概念阶段方案拟定和认证的必备内容。

④以概预算、合同、财务管理为主线和重心构建项目管理信息系统。

⑤建立进度项目划分、费用项目划分和质量项目划分三者之间编码的统一或对应关系是项目管理信息系统开发的重点和难点。

（2）实施方案。实施方案主要是两个方面，即总体技术构架与实现方式：

①总体技术构架。项目管理信息系统包含了计算机技术、网络技术、通信技术、数据库技术等几乎所有的尖端 IT 技术。它是非常庞大的综合应用系统，只有在设计开发过程中采用模块化设计，才能有条不紊地完成整个系统的开发与研制。

②实现方式。主要有两种，即购买商品化的软件和重新定制开发。重新定制开发又可以分为完全自行开发与完全委托开发，一般大多介于两者之间。

3. 可行性研究

可行性就是指在当前的具体条件下，这个信息系统是否具备必要的资源条件及其他条件。可行性包括可能性和必要性两个方面。开发的可能性就是指开发的条件是否具备，而必要性是指客观上是否需要。可行性研究主要从以下三个方面考虑：

（1）技术方面。根据系统目标衡量所需要的技术是否具备，如硬件、软件和其他应用技术以及从事这项工作的技术人员及水平。

（2）经济方面。估计系统开发所需要的投资费用和将来的运行费用，包括设备费用、人员费用、材料费用、网络布线施工费用及其他费用等，并同估计的系统收益进行比较，看是否有利。

（3）运行方面。评价系统运行的可能性及运行后所引起的各方面变化，包括组织机构、管理方式、工作环境等，将对社会或人的因素产生影响。

第三节　控制系统的设计

要实现对项目的有效控制，应使控制工作程序化、规范化，建立项目控制系统。在一个控制循环系统中可以明确的分为四个步骤，即：建立绩效标准、实施绩效观察、对比实际绩效与标准、采取纠偏措施。

项目控制系统的工作流程设计，如图 5－1 所示：

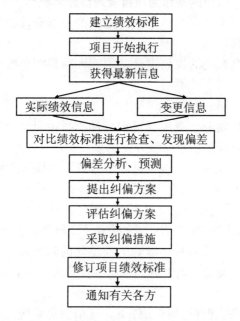

图 5－1　项目控制系统的工作流程设计图

一、建立绩效标准

项目绩效标准是由项目计划派生而来的，其要旨是基本的原理，即正确的计划促进正确的控制。它是项目初始计划的现有版本，用来指导项目执行并与之对比实际项目执行情况。此标准表明项目范围怎样才能按时在预算范围内达到规定的质量标准。项目业主与项目组织就项目控制标准达成一致后，项目就可以开始实施了。

在项目控制中，一些重要的标准包括：工作范围、项目规格、工作分解结构、工作包、成本估算和预算、进度计划、质量、项目所有者的满意、项目团体的满意、资源利用、生产率、可靠性，等等。

二、实施绩效观察

在项目实施的过程之中，要对其完成情况进行持续的跟踪，不断获得项目执行有关情况的最新信息。绩效观察就是收集充分的项目信息，对计划的和实施的绩效情况做出正确的比较。项目绩效的信息来自多种渠道，绩效观察的过程也可以采取正式和非正式的多种形式。

正式的信息渠道包括报告、简报、参加回顾会议、信件、备忘录和审计报告等，绩效观察过程可以采取下列形式：

定期的正式的项目会议，接收关于项目绩效情况的正式的信息报告，在会上讨论项目的进度，包括识别需要的补救行动以及由谁负责进行后续察觉到的缺陷的纠正等。

和项目有关的具体问题和机遇的简报，这些问题和机遇已经产生或预计将要产生，是关于项目展开的战略状况的。

非正式的信息渠道包括不正式的谈话、观察、听取项目团队内和组织的其他部门的传说和闲谈等，绩效观察过程可以采取下列形式：

定期和项目团队以及其他关系人谈话并听取意见，以寻求他们对于"项目如何进展"的评价。

走进项目，根据他们不同的能力，观察在项目中工作的人正在做什么。

非正式的午餐会或咖啡休息会谈，这有助于提供一个综合的信息系统，用于完全了解正在进行的事情。

保持专心的倾听，倾听项目关系人对于项目的意见。

绩效观察所获取的信息是对项目进行监控，并对项目未来发展趋势进行预测。因此无论是收集项目实际绩效的信息资料，还是有关变更情况的信息资料，都应该比较及时。具体说来，如果项目定期报告每个月进行一次，那么应该在每月的月中或月底收集信息，以便在采取纠偏措施或估测项目发展趋势时，有最新的信息作为依据。

三、对比实际绩效和标准

收集到最新的信息资料后，应当将其同绩效标准进行比较。一方面要寻找偏差，以确定工期进度是否提前、花费的成本是否节约、质量是否达标等问题，掌握项目实施的现状、偏差产生的原因以及处理偏差的措施等；另一方面需要判断原先制定的绩效标准是否科学、可靠，按照该计划生产出来的产品是否会被市场认可。

项目管理者应该深入分析现有偏差产生的原因，辨明偏差的性质，预测偏差的未来走势，评价对实现项目目标的影响程度，以及决定是否采取纠偏措施。跟踪项目的完成情况并不能识别问题，它描述的只是一个机体的症状。当识别出症状后，必须调查研究，判断问题的实质原因，才能找到合适的解决方法。例如实际进度落后于计划进度，则可能出于以下原因：工作量比预计的更多；人们投入在工作上的时间低于预计；进度记录不准确等。

通过项目检查，将检查报告提交给项目经理和管理者，可以使其准确地获悉项目的当前执行情况（主要是成本、进度完成情况，偏差情况）、未来的发展趋势（是否会出现偏差、现有偏差的走势、偏差的性质）、关键路线上的任务完成情况、风险状况（现有风险、潜在风险）等。项目检查报告的原则是简洁明了。应该组织好数据信息，以便于比较计划和实际的差异。对重大偏差应该突出显示，并做出解释。

四、采取纠偏措施

识别出偏差产生的根本原因后，项目管理者就应该对症下药，及时提出纠偏方案。通常偏差越大，对项目成功的威胁就越大，纠正难度就越大，纠正成本也越高。在真正采取纠偏行动之前，应对拟实施的纠偏措施进行评估，以确保该措施可以使项目回到原先的范围、时间和预算约束之内。但是，一般来讲，一旦项目发生偏差，需要采取措施加以纠正。这一定会导致项目的进度计划和成本计划发生变化，从而导致基准计划也要发生相应的变动。因此对于所要采取的纠偏措施应该慎重对待。改进绩效有两种方式：一是纠正，二是预防。所谓纠正是把现有的问题纠正到正确的轨道上；预防是指解决问题的根源，避免以后类似问题的再发生。管理者如果只是纠正，而不去真正地解决问题，容易造成"救火式"管理的恶性循环。

调整后的项目绩效标准将作为后续项目控制活动的基础，并应该及时通知项目成员、项目业主以及其他利益相关者，获得他们的同意和支持。例如需要增加资源投入、增加项目成本时，需要征得项目出资方的同意；如需要增加排污量，则要征得当地政府环境主管部门的同意。

第四节　会展项目的调整

在会展项目的生命周期中，各种因素不断干扰项目的进行，项目总是处于一个变化的环境之中。项目管理得再好，采用的管理方法再科学，项目也避免不了会发生变化。根据项目管理的哲学思想，这种变化是绝对的。对于项目管理者而言，关键的问题是能够有效地预测可能发生的变化，以便采取预防措施，以实现项目的目标。但在实际中很难做到这一点。更为实际的方法则是通过不断的跟踪、有效的沟通、协调、认真的分析研究，力求弄清项目变化的规律，有效地进行调整，实现项目的目标。

一、会展项目变化概述

会展项目的变化是指对原来确定的会展项目计划基准的偏差。这些偏差包括项目的目标、项目的范围、项目的要求、内外部环境以及项目的质量指标等。

（一）会展项目变化的规律

由于项目的变化不可避免，调整的关键就是能够掌握项目变化的规律，有效地进行项目变化的控制。一般情况下，会展项目变化主要受到以下因素的影响：

（1）会展项目的生命周期。会展项目的生命周期越长，项目的变化就越多，特别是项目的范围就越容易发生变化。

（2）会展项目的组织。会展项目的组织越科学、越有力，则越能有效控制项目的变化。反之，缺乏强有力的组织保障的项目则越容易发生变化。人员的流动、协调的困难、管理的随机性等都会使项目容易产生较大的变化。

（3）项目经理的素质。高素质的项目经理善于在复杂多变的项目环境中应付自如，正确决策，从而使会展项目的变化不会造成对项目目标的影响。反之，则在这样的环境中，往往难以驾驭和控制项目。

（4）业主的要求。会展项目的变化更多的是来源于项目业主的要求。随着会展项目的进展，项目业主会越来越清楚地认识到一些在项目初期未能认识到的问题，因此会不断提出更改的要求。

（5）外部因素。引起会展项目变化的因素不仅来源于项目本身，更多的则是来源于项目的外部。例如，恶劣的天气、瘟疫、战争、法律纠纷、团队成员的消极态度以及有关方面的干预等因素都会使会展项目发生变化。

当然，除了上述因素外，还有其他若干因素。例如，项目要采用新方法、新技术或新材料，项目就可能会发生变化；项目计划出现错误，项目需要变化；项目中原定的某项活动不能实现，项目也需要变化；项目的设计不合理，项目更需要变化，等等。

（二）项目变化对会展项目的影响

（1）项目目标。项目的变化可能会造成会展项目工期的延长或缩短、项目费用的增加或减少、项目质量的降低或提高等。这种影响是会展项目管理人员最为关心的问题，也是最重要的。例如，在项目设计阶段的设计变化会导致更高的成本并且花费更多的时间。因为除了工作必须返工以外，工作的连续性也被打断了，不但有关的具体工作的设计必须更改，而且所有与之相互关联的工作也必须更改。

（2）项目生产要素。项目的变化可能会导致对会展项目所需材料、设备或工具等生产要素的更新。例如，在项目施工阶段发生变化，会导致代价很高，因为已经投入的人力、物力和财力可能不得不成为废料，而设计、材料的采购和施工工作也必须在一个匆忙的基础上进行。

（3）项目组织。项目的变化也可能会导致项目组织的变更。一方面项目的变化会导致团队士气和效率的降低，另一方面会影响项目组织成员之间的关系。

项目的变化可能会对以上三个方面都产生影响，也可能只对有些方面产生影响，而对另一些方面则不会产生影响。这就需要会展项目管理人员针对具体情况做出具体分析，以便识别项目的变化对项目所产生的实际影响。

二、会展项目的调整

为了保证项目的顺利实现，处理项目变化的最根本措施就是调整。会展项目调整就是针对会展项目的变化状况所采取的控制项目变更的有效措施，也是以实现会展项目的既定目标为前提的针对性的应变措施。

对于可预见的项目变化，可以采取预防措施，以消除变化对会展项目的影响。而更多的则是会展项目的变化无法预测，因此也就无法事先采取对策，以使项目进行合理的调整。会展项目调整是一项复杂工作。在会展项目进行过程中，项目的调整可能是由业主引起的，也可能是由项目团队引起的；可能是由于计划的不完善引起的，也可能是由不可预见事件的发生引起的。会展项目的变化要求项目的调整，这种调整会发生在会展项目实施过程中的任一阶段。根据项目的生命周期理论，项目的调整越早，损失就会越小；调整越迟，调整的难度就越大，损失也就越大。项目在失控状态下，任何微小变化的积累，最终都可能会导致项目质量、费用和进度的调整，这是一个从量变到质变的过程。

为了有效地控制项目变更，对会展项目的调整应做好以下工作：

（1）获得高级管理层对经理努力抵制非必要变更的支持；

（2）会展项目的原始技术规范和范围应该尽可能清楚；

（3）在一些定义非常清楚的阶段，绝不允许进一步的变更，那些对项目成功绝对必要的变更除外；

（4）采取有效的调整措施，即建立变更控制系统。

三、会展项目变更控制系统

变更控制系统有时被称为"趋势预测"、"偏差控制"或"配置控制"，在会展项目周期中较早实施变更控制系统至关重要。

（一）变更控制系统的任务

（1）确认源自原始范围的变更。

（2）预测变更的费用和对其他工作的影响以及需要的时间。

（3）使变更从属于管理分析和决策。

（4）记录有关的实际数据。

（5）向高层管理强调。

（6）建立一套系统，用最少的冲突解决争议。

（7）确保变更的执行。

（二）变更控制系统的基本要求

1. 确定变更的协议

在会展项目最初，项目承约人与项目业主之间、项目经理和项目团队之间应就有关变更方式、过程等问题进行协商，并形成文件或协议。

2. 谨慎确认变更

在对项目的变更进行控制之前必须首先确认它们。对任何一方提出的变更请求，其他各方都应谨慎对待。例如，承约方对业主提出的变更，在未对这种变更可能会对会展项目的工期、费用产生何种影响做出判断前，就不能随便同意变更，而应估计变更对项目进度和费用的影响程度，并在变更实施前得到业主的同意。业主同意了对项目进度和费用的修改意见后，所有额外的任务、修改后的工期估计、原材料和人力资源费用等均应列入计划。

确认变更可以通过变更申请书来完成，它包括以下信息：

（1）它确认变更，对其进行描述并给出所影响的成本账目、工作包或成本控制编号；

（2）它给出变更的原因；

（3）它明确了是谁最先发现或要求变更的，并提供该人的签名；

（4）它对变更的结果和其影响的项目分别最先做出描述；

（5）它对项目计划所受的影响进行了大致的估计；

（6）它给出了一系列费用估算来明确其对成本的影响；

（7）它能选择代码编号以确认变更发生的原因，例如业主要求、后来的设计变更、由环境原因引起的遗漏等；

（8）它还为更加确定的时间和费用估算留有余地，并提供了赞成或反对这一变更的记录。

3. 制订变更计划

无论是由业主、承约方、项目经理、项目团队成员，还是由不可预见事件的发生所引起的变更，都必须对项目计划涉及的范围、费用和进度等进行修改。一旦这些变更被各方同意，就应形成一个新的基准计划。

4. 实施变更计划

变更计划确定后，应采取有效措施加以实施，以确保会展项目变更达到既定的效果。其步骤包括：

（1）明确界定会展项目变更的目标。项目变更的目的是为了适应项目变化的要求，实现项目预期的目标。这就要求明确项目变更的目标，并围绕着该目标进行变更，做到有的放矢。

（2）优选变更方案。变更方案的不同影响着会展项目目标的实现，一个好的变更方案将有利于会展项目目标的实现，而一个不好的变更方案则会对会展项目产生不良影响。这就存在着变更方案的优选问题。

（3）做好变更记录。会展项目变更的控制是一个动态过程，它始于会展项目的变化，而终止于会展项目变更的完成。在这一过程中，拥有充分的信息、掌握第一手资料是做出合理变更的前提条件。这就需要记录整个变更过程，而记录本身也是会展项目变更控制的主要内容。

（4）及时发布变更信息。会展项目变更最终要通过项目团队成员实现。所以，会展项目变更方案一旦确定以后，应及时将变更的信息和方案公布于众，使项目团队成员能够掌握和领会变更方案，以调整自己的工作方案，朝着新的方向去努力。同样，变更方案实施以后，也应同胞实施效果。

本章小结

本章主要介绍了如何在会展项目实施过程中对会展项目实施控制。主要内容包括：项目控制的基本概念、基本理论、特点、目标和控制系统；会展项目控制所需要的各种信息分类及管理信息系统的建立；控制系统的设计；会展项目的变更及调整。

关键名词或概念

会展项目控制　成本控制　进度控制　信息系统　控制系统　项目调整

简答题

1. 什么是项目控制？项目控制有什么特点？
2. 会展项目控制主要需要哪些信息？
3. 如何建立会展项目控制系统？
4. 会展项目变化主要受哪些因素影响？
5. 如何对会展项目进行调整？

第六章　会展项目的财务管理

本章导读

虽然会展项目具有很多社会功能，但对于商业性会展项目来说，项目管理的一个很重要的目的是追求经济上的可盈利，表现在财务方面即是获得利润。在项目运作管理过程中，现金不断地变为非现金资产，非现金资产又不断地变为现金资产。在这种周而复始的现金流转过程中如何尽可能地扩大收入、降低成本，进而实现利润最大化就是会展项目财务管理的主要目标和任务。没有财务上的可行性，任何项目都是难以为继的，可见财务管理在会展项目管理中的重要性。本章介绍了会展项目财务管理的基本知识，重点讲述了财务预测和预算的编制以及如何进行资金筹集和财务控制。

学习目标

本章要求学生了解财务管理的对象和内容，掌握财务预测的程序、基本内容和方法，掌握会议、展览和大型活动的收支项目以及财务预算的编制，了解如何进行资金筹集和成本控制。

第一节　财务管理的对象和内容

会展项目运行过程中需要大量的前期垫付资金，会展项目的收入和支出不能同步，需要会展项目管理者或主办者有较强的资金实力和经济实力。能否保证充足的资金流是决定会展项目管理成败的关键因素，因此加强会展项目的财务管理就成为项目管理中的重中之重。财务管理是有关资金的筹集、投放和分配的管理工作。财务管理的对象是现金（资金）的循环和周转。

利润是收入和成本的差额，增大利润的方式有两种：一是扩大收入，二是减少成本。对于盈利性会展项目，为了使利润最大化，就要最大程度地控制成本。因此，会展项目财务管理的目标就是通过对现金流转的管理和对成本的控制，使会展项目实现利润最大化。

一、会展项目财务管理的对象

财务管理主要是资金管理，其对象是资金及其流转。资金流转的起点和终点是现金，其他资产都是现金在流转中的转化形式。因此，会展项目财务管理的对象可以说就是现金及其流转。财务管理也会涉及收入、成本和利润问题。从财务管理的观点来看，成本和费用是现金的耗费，收入和利润是现金的来源。

1. 会展项目的现金流转

现金流转是指项目管理中现金变为非现金资产、非现金资产又变为现金的这种周而复始的流转过程。由于会展项目最终交付的是展会服务，而不是实物产品，因而在会展项目中，现金的流转不仅仅表现为现金和非现金资产之间的转换，更多的是反映资金的耗费，如用现金支付人工成本、租用会展中心、支付营销开支等。这些资金被耗费了，而不是投资形成非现金资产。但这些被耗费的资金要成为制定展会价格的基础，并通过展会产品的出售而得到价值补偿。

根据会展项目时间的长短，可以把现金流转形式划分为短期和长期两种现金流转形式。现金流转的时间在一年以上的流转称为长期流转，在一年以下的称为短期流转。与短期现金流转不同的是，长期现金流转涉及固定资产折旧的提取。折旧费是在固定资产使用过程中逐步减少的那部分价值。折旧费与场地租用费、人工费、营销费用等一起共同构成展会的成本，并在出售展位时得到补偿。

2. 会展项目现金流转的平衡

在会展项目中，如果在同一会计期间现金流出量和流入量相等，会展项目不至于因为入不敷出而中断，财务管理工作将大大简化。但在会展项目实际运作过程中，不是收入大于支出，就是支出大于收入，收支平衡的情况极少。而会展项目财务管理的目的就是要使会展项目的现金流不中断。

不同会展项目的现金流转是不一样的。对于一些不以营利为目的的会展项目，主要依靠举办单位拨款或其他企业赞助获得收入。由于在活动筹备前期已经获得大部分收入，在此类展会项目的前期准备中，现金收入应该是大于现金支出，最后项目是否有盈余要看收入和支出的差额。而有些会展项目主要依靠销售展位、收取参会费或提供其他展会服务以获取收入，收入是随着展位销售不断获得的，而且参展商在预定展位时通常只交纳一小部分预定费，大部分展位收入只能在展会举办前期才能收到，而大部分费用都要在展会举办之前支付。此类会展项目筹备期的现金收入通常小于支出，最后是否盈利也要看整个会展项目的收入和支出之差。对于在准备前期现金流入大于现金流出的项目，财务管理相对容易；而对于在准备前期现金流入小于现金流出的会展项目，除了依靠正常的收入之外，还能依靠其他筹资方式，如获取赞助收入或借款等。

二、会展项目财务管理的内容

1. 资金的筹集和使用

筹资是指筹集资金，筹资决策所要解决的问题是如何取得会展项目所需要的资金，包括向谁、在什么时候、筹集多少资金。筹资的数量多少要考虑支出的需要。会展项目的主要资金来源渠道有主办单位拨款、展位销售收入（或参会费）和提供服务的收入、赞助收入、捐赠收入、借款、其他形式的收入等。无论以何种形式筹集资金都是有成本的，如获得赞助收入和捐赠收入要给赞助商和捐赠者一定的赞助回报，展位销售收入要为参展商提供一定的服务，借款要支付一定的借款利息，即使是主办单位的拨款没有显性的资金使用成本，但还是有机会成本的。[①] 会展项目筹资要考虑各种资金的使用成本，确定合理的筹资结构。

资金的使用就是会展项目中的各项支出，各项支出形成了会展项目的各项成本和费用。严格地从会计学的概念界定角度来讲，成本和费用有一定的区别。但从财务管理的角度讲，成本和费用都导致现金流出，在计算利润时都属于收入的减项，因此在此我们对成本和费用的概念不作区分。

2. 利润的规划

利润是会展项目的经营成果，是会展项目在经营期内的收入减去成本后的总额。

利润＝收入－成本

财务管理的目标是获得最大利润，而获得最大利润的方法是尽量增加收

---

① 机会成本是指一种资源被用于一种目的而不能用于另一种目的的代价。这里所指的主办单位拨款的机会成本是指拨款用于举办会展项目，而不能用于其他用途的代价。

入、降低成本。

3. 应收应付账款的管理

由于参展商通常在展会举办前几天才支付参展费用的余款，也有很多参会者通常是在现场注册的时候交纳会务费，这种经营特点决定了会展项目在持续期间会有大量的应收账款。另外，会展项目通过签订合同的方式把会展服务承包出去，通常也是在签订合同时交纳一小部分定金，而在展会服务提供之前或之后支付剩余款项。在会展项目持续期间这些款项则属于应付账款。应收账款和应付账款是影响会展项目现金流动的两个非常重要的因素。为了保证现金的正向流动，会展项目应该采用各种方式和手段加快应收账款的回收，并尽量推迟应付账款的支付。

（1）加速应收账款回收。加快应收账款的回收，主要是指缩短应收账款的占用时间。发生应收账款会增加企业资金的占用；但它又是必要的，因为它可以扩大销售规模，增加销售收入。问题在于如何既利用应收账款吸引参会者和参展商，又缩短收款时间。这要在两者之间找到适当的平衡点，并需实施妥善的收账策略。

①加强应收账款回收的监督。应收账款时间有长有短，有的尚未超过收款期，有的则超过了收款期。一般来讲，拖欠时间越长，款项收回的可能性越小，形成坏账的可能性越大。对此，会展项目应实施严密的监督，随时掌握回收情况。实施对应收账款回收情况的监督，可以通过编制账龄分析表进行（如表 6 - 1 所示）。账龄分析表可以显示有多少欠款尚在信用期内，有多少欠款超过了信用期，超过时间长短的款项各占多少，有多少会因拖欠时间太久而可能成为坏账。

表 6 - 1 　　　　　　　　　　　账龄分析表

2004 年 6 月 30 日

应收账款账龄	账户数量	金额（千元）	百分率（%）
信用期内	200	800	50
超过信用期 1 ~ 20 天	100	400	25
超过信用期 21 ~ 40 天	50	200	12.5
超过信用期 41 ~ 60 天	25	100	6.25
超过信用期 60 天以上	25	100	6.25
合计	400	1600	100

由表 6 - 1 可以看出，有一半的应收账款是在收款期内收到的，有 50% 的应收账款超过了信用期。不过其中拖欠时间较短的有 25%，这部分应收账款

回收的可能性很大。而有 6.25% 的应收账款拖欠时间超过 60 天，收回有一定难度，很可能成为坏账。对不同拖欠时间的欠款，企业应采取不同的收账方法，制定出经济、可行的收账政策；对可能发生的坏账损失，则应提前做出准备，充分估计这一因素对损益的影响。

②制定收账政策。收账政策是对各种不同过期账款的催收方式的组合。比如，对过期较短的顾客，不要过多地打扰；对过期稍长的顾客，可措辞婉转地写信催款；对过期较长的顾客，频繁地信件催款并电话催询；对过期很长的顾客，可在催款时措词严厉，必要时提请有关部门仲裁或提请诉讼等。

③给与付款方一定的现金折扣。现金折扣是为促使付款方及早付款而给与付款方的折扣。例如，付款方能在 10 天内付款，就给与 3% 的折扣；如果付款方是在 20 天内付款，就给与 2% 的折扣；如果付款方在 30 日内付款，就要全额付款。这种现金折扣通常表示为"3/10，2/20，n/30"。很多情况下付款方为了争取能获得现金折扣都提前付款。

（2）推迟应付账款的支付。推迟应付账款的支付是指在不影响自己信誉的前提下，尽可能地推迟应付款的支付期，并充分运用收款方给与的信用优惠。如果遇到会展项目资金紧张时，甚至可以放弃供货方的折扣优惠，在信用期的最后一天支付款项。当然放弃现金折扣是有代价的，会展项目管理者需要考虑急需现金和放弃折扣代价之间的利弊得失来确定。

三、会展项目财务管理主要环节

会展项目财务管理的主要环节包括：

（1）制定财务决策，即针对项目的类型和各种财务问题决定行动方案，也就是要制订整体计划。

（2）制定预算和标准，即针对会展项目期间的各项收入和支出的预测情况，用具体的数字表示已形成财务预算。

（3）记录实际数据，即对会展项目管理过程中实际收到的收入和实际发生的支出进行记录，这通常是会计的职能。

（4）对比标准和实际，即对上述两项数据进行比较，以确定差额，发现例外情况。

（5）差异分析和调查，即对足够大的差异进行具体的调查研究，以发现产生差异的原因。

（6）采取行动，即根据产生问题的原因采取行动，纠正偏差，使活动按既定目标发展。

（7）评价与考核，即根据差异及其产生原因，对会展项目小组中的执行人的业绩进行评价和考核。

（8）激励，即根据评价与考核的结果对执行人进行奖惩，以激励项目小组成员的工作热情。

（9）预测，即在激励和采取行动之后，经济活动发生变化，要根据新的经济活动状况对会展项目进行重新预测，为下一次决策提供依据。

四、会展项目财务管理的职能

一般认为，管理最主要的职能是决策、计划和控制，所以财务管理的职能也分为财务计划、财务决策和财务控制。

1. 财务计划

计划是指预先决定做什么、何时做、怎样做和谁去做。广义的财务计划工作包括很多方面，通常由确定财务目标、制定财务战略和财务政策、规定财务工作程序和针对某一具体问题的财务规则以及制定财务规划和编制财务预算组成。狭义的财务计划工作是指针对特定期间的财务规划和财务预算。

财务规划是个过程，是使项目的资金、可能取得的收益、未来发生的成本费用相互协调，以保证实现财务目标。财务规划受财务目标、战略、政策、程序和规划等决策的指导和限制，为编制财务预算提供基础。财务规划的主要工具是财务预测和本量利分析。

预算是以货币表示的预期结果，是以预测为基础而编制的。它是计划工作的重点，也是控制工作的起点，他把计划和控制联系起来。

有关财务计划的内容主要在第二、三节介绍。

2. 财务决策

财务决策是有关资金筹集和使用的决策。会展项目财务决策要根据项目类型的不同，选择合适的筹资方式。

有关会展项目资金的筹集和使用部分主要在第四节介绍。

3. 财务控制

财务控制和财务计划有密切联系，计划是控制的重要依据，控制是执行计划的手段，它们组成了会展项目的财务管理循环。有关财务控制主要是对会展项目成本的控制，有关成本控制的内容请参见第五章。

第二节　会展项目财务预测

一、预测

预测是用科学的方法来预计、推测事物发展的趋势，根据已知推测未知，根据过去和现在来预测未来。预测是预算的基础，是控制的起点，也是项目管理成败的关键。

预测是在一系列特定的情况下对潜在的销售水平、成本水平所做出的估计，是以原始数据为基础做出的。由于预测是根据过去或现在的资料、并采用一定的方法对未来尚未发生的收入和成本做出的，因而预测具有未知性和不确定性。为使所预测的收入和成本能够尽可能地接近实际可能发生的数据，要求成本预测一定要采用科学合理的成本预测程序和方法。

对预测的理解应该从以下几个方面入手：一是预测是对未来事件的预测。二是预测是在历史数据的基础上做出的。因此，历史数据的收集和整理以及完好的保存对于会展项目做好预测的意义重大。但是，根据历史数据进行预测应该注意到一个问题，就是历史虽然能够反映未来的发展趋势，但有时未来的发展趋势并不是历史的再现和简单的推移。由于一些特殊事件所造成的销售额的激增或锐减都不能说明未来的发展方向，这就需要在预测时对历史数据进行一些定性的修改。三是预测结果的不确定性。预测仅仅是对未来事件的一个预计或估计，它不可能精确到和未来事件完全一致的程度，而且会展项目举办过程会遇到许多不确定的因素，如市场的竞争、市场结构的变化、顾客需求的变化、特殊活动的举办等。但是预测结果的不确定性或者说不完全准确并不意味着预测没有用处，预测是对未来经营发展状况的一个指导，是会展项目管理的基础和前提。四是预测遵循一定的程序，并采用科学合理的方法。预测程序基本包括几个步骤：确定预测目标、收集资料和数据、确定预测方法、决定预测结果。

二、预测的程序

预测的程序包括：确定预测目标、收集资料和数据、确定预测方法、确定预测结果。

1. 确定预测目标

合理确定目标是科学预测的前提和保证，因为只有目标明确，才能按照目标有目的地收集资料、选择合适的预测方法、科学合理地预测。预测目标可分为收入和成本两大类，每一类又包括许多具体的项目。

2. 收集资料和数据

预测不是凭空想象的，是根据过去和现在客观存在的资料和数据对未来的收入和成本做出预测的。预测是否准确合理在很大程度上决定于预测所依据的原始资料和数据是否客观和准确，因此，收集资料和数据也是预测的重要环节，而对资料和数据收集工作也有非常严格的要求。首先，所收集的资料和数据必须是准确的、客观的、全面的，这些资料和数据可以通过会计记录、市场调查等渠道或国家统计部门获得；其次，要对所收集的数据进行一定的加工和处理，尽量使其满足成本预测的需要；最后，还要对加工处理完的资料和数据妥善保存，作为以后修改预测或再预测的参考依据。

3. 确定预测方法

预测方法有很多种，有定性预测法和定量预测法。定性预测法一般包括：专家座谈法、德尔菲法和类推法。而定量预测法则包括朴素法、回归分析法、移动平均值法和加权平均法等。

4. 决定预测结果

根据所收集的资料，采用一定的方法，从收入和支出两个方面进行预测。

三、会展项目预测的内容

1. 规模的预测

会展项目的规模主要是对参会人数、参展商数量以及展览面积所作的预测。会展项目规模预测是收入和成本预测的基础。规模的预测需要分析历史资料、市场行情、安全环境等资料综合确定。

2. 固定成本和可变成本的预测

所有的现金支出最终形成两大部分的成本：固定成本和可变成本。固定成本是指那些不随参展商和观众人数的变化而变化的成本，如项目小组成员的工资、保险费、电话费等。可变成本则是指那些随会展活动参加人数的增加而增加的成本，如劳务费、注册工本费、活动节目单设计、印刷费以及其他需要最终确定数量和价格的项目累计费用。会展项目所涉及的费用科目繁多，不同的费用在不同的会展项目中的性质也不一样。拿场地租金举例，对于展览项目来说，会展中心的租金一般随着参展商数量的增加而增加；而对于歌舞表演活动场地租金则不会随着参加人数的变化而变化。也就是说，场地租金在展览项目中通常属于可变成本，而在歌舞表演活动中则通常属于固定成本。

例如，举办一个中等规模的协会会议，其中会议场地的租金被视为固定成本，不随参会人数的多少而改变，假设租金为 20000 元，另外固定成本还包括会后的娱乐活动成本 10000 元。而参会人员的食品和酒水费用则属于可变成本，假设每人食品费用为 150 元，每人酒水费用为 100 元。假设现在协会主办者还未确定协会参会人数，但根据以往资料可确定参会人数最少 100 人，最多 300 人。据此可知此协会会议的成本构成，如表 6 - 1 所示：

表 6 - 2	某会议固定成本和每人可变成本		
出席人数（人）	100	300	
食品：每人 150 元	15000	45000	可变费用
酒水：每人 100 元	10000	30000	
会场租金（元）：	20000	20000	固定费用
娱乐费用（元）：	10000	10000	
费用合计（元）：	55000	75000	

划分固定成本和变动成本主要是会展项目在作利润预测和本量利分析时使用，同时也有利于成本控制。但无论是固定费用还是可变费用都是资金的耗费或者说是资金的流出，是利润的减项。而会展项目要想实现最大化利润，就必须要从固定成本和可变成本两方面入手控制成本支出。

3. 盈亏平衡点的规模预测

会展项目成本中包括固定成本和可变成本，即使没有一个人参加会展活动，即没有销售收入，固定成本也是存在的，而此时会展项目处于亏损状态。随着参展商和观众数量增多，会展项目的收入在增多，同时可变成本也在增大，而固定成本的数额还是固定不变。一般来说，单位收入要大于单位变动成本，二者的差额要弥补固定成本。当会展项目的销售达到一定量时，收入与可变成本之间的差额就能完全弥补固定成本。当销售量继续增长时，会展项目就会有利润出现。上面这个过程就是会展项目的利润规划，而成本、销量和利润之间的关系分析被称为本量利分析，而将三者之间关系反映在坐标系中则成为本量利分析图（如图 6 - 1 所示）。[①] 用本量利分析图可以清楚地看出利润为零时的销售量，并可为销售目标的确定提供依据。

_____

① 本量利分析法主要适用于依靠销售收入为主要收入来源的展会确定利润和销售量。而对于以拨款或赞助捐赠为主要收入的展会活动的利润额与活动参与人数没有太大的关系，利润可以通过收入减去成本直接得出。

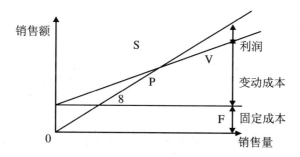

图 6 - 1　本量利分析图

在图 6 - 1 中，F 代表固定成本线，V 代表总成本线，S 代表销售收入线。在坐标原点，销售收入为零，总成本为固定成本，亏损额相当于固定成本。在达到 P 点以前，销售收入小于总成本，会展项目依然处于亏损状态。在 P 点，销售收入等于总成本，会展项目不盈利也不亏损，利润为零。当销售量超过 P 点所对应的销售量时就会获得利润。其中点 P 被称做盈亏临界点，是指企业收入和成本相等的经营状态，即边际贡献等于固定成本时企业所处的既不盈利又不亏损的状态。在会展项目中，通常用一定的参会人数或参展商数来表示盈亏临界点。

盈亏临界点销售量＝固定成本/单位边际贡献

＝固定成本/（单价－单位变动成本）

根据上例，假设每个参会人员须交纳参会费 400 元，并假设除以上所列示的成本之外没有其他成本，则可知其盈亏临界点的参会人员数量为：

盈亏临界点销售量＝（20000＋10000）/（400－150－100）＝200（人）

也就是说，在参会人员达到 200 人时，此协会会议处于盈亏临界点上。如果参会人员只有 100 人，会议项目处于亏损状态；如果参会人员达到 300 人，该会议处于盈利状态。也就是说，该协会会议的举办者应力争使本会议的参会人员超过 200 人，才能获利。（如表 6 - 2 所示）

表 6 - 2　　　　某会议固定成本、可变成本及利润

出席人数（人）	100	200	300
收入：每人 400 元	40000	80000	120000
食品：每人 150 元	15000	30000	45000
酒水：每人 100 元	10000	20000	30000
会场租金（元）：	20000	20000	20000
娱乐费用（元）：	10000	10000	10000
费用合计（元）：	55000	80000	75000
利润（收入－费用）（元）	－15000	0	45000

4. 收入预测

根据所预测的会展活动的规模以及单位参会、参展费用，就可以预测出收入。当然，对于会展活动来说，除了注册费、参展费之外，还有许多其他的收入来源。收入预测要综合考虑各个方面的收入来源，力求做出准确的收入预测。

5. 财务风险的预测

会展项目尤其是国际性会展项目会涉及大量的外汇收支，而财务风险中表现得比较突出的就是外汇风险。外汇风险是由汇率变动所引起的风险，所谓汇率是指两种货币相交换的比例，也可以说是以一种货币来表示另一种货币的价格。从这个意义上来讲，汇率又称外汇价格。例如 1 美元 = 6.7 元人民币就表示 1 美元的价格是 6.7 元人民币。

因为汇率的变动，将导致国际性会展项目既有可能盈利，也有可能遭受损失。究其原因，是国际性会展项目经营的国际性特点使其必然存在不同币种之间的折算问题。在外币的收付方面，如应收账款、应付账款、货币资金的借入和贷出等，均须与本币进行折算，以结清债权债务并考核其经营活动绩效。尤其对会展这样一类特殊的经济活动来说，从交易的达成到应收账款的最后收进，或应付账款的最终付出，或借贷本息的最后偿付，存在着一个相对较长的期限。外汇风险就是指因各国货币汇率的变动而导致企业以外币计价的资产和负债价值上涨或下跌的风险。

举例来说，一个美国会展公司与一家英国公司签订合同，为其在英国举办一个公司展会。合同金额是 40 万英镑，所有费用以英镑支付。合同于 6 月 1 日签订，公司展会于 12 月 21 日举办。合同规定英国公司应在 6 月份支付合同金额的一半，并在展览会举办前 1 天支付合同金额的另一半。6 月份美元和英镑之间的汇率是 1 英镑 = 1.658 美元。需要说明的是，会展公司为美国公司，该展览会所有的支出以美元表示，共计 50 万美元。如果美元和英镑之间的汇率从 6 月 1 日到 12 月 21 日一直没有变化，那么该美国会展公司不会承担汇率损失。如果在 12 月 21 日之前汇率发生了变化，假设汇率变成了 1 英镑 = 1.5 美元，那么美国会展公司则会因此而承担财务损失。

由此可见，汇率变化给展览会的经营者带来了财务风险。当应收账款以外币计价时，外币升值则财务收益增加，外币贬值则财务收益减少；当应付账款以外币计价时，当外币升值，则财务收益减少，外币贬值则财务收益增加。

第三节　会展项目财务预算

一、财务预算

1. 财务预算的内涵

财务预算是会展项目全面预算的一部分，它和其他预算联系在一起形成一个数字相互衔接的整体。预算是计划工作的成果，项目财务预算既是决策的具体化，又是控制整个会展项目进程的重要依据。财务预算在传统上被看成是控制支出的工具，但新的观念认为财务预算是"使企业的资源获得最佳生产率和获利率的一种方法"。

财务预算是关于资金的筹措和使用的预算，包括短期的现金收支预算和信贷预算以及长期的资本支出预算和长期资金筹措预算。会展项目与一般的工业项目有显著的区别，即会展项目提供的是会展服务，而不是实在的产品。因此在做财务预算时就和一般工业项目有很大的区别。从会展项目的财务预算内容来看，主要包括会展项目收入和支出两大部分。

从会计学的角度来看，收入是指在会展项目管理过程中所形成的经济利益的总流入，支出（费用）则是指在会展项目管理过程中经济利益的流出，而利润则是收入和支出之间的差额。如果差额为正，说明会展项目获得收益；如果差额为负，则说明会展项目亏损。从收入方面来看，会展项目收入主要包括：拨款收入、展位收入、门票收入、会务费、赞助收入、提供服务收入等几个方面。从支出来看，会展项目支出主要包括：会展营销费用、支付给服务承包商的费用、场馆租金等几个方面。这里只提了会展项目的收入和支出几个比较重要的方面，下面还会分别从会议、展览、大型活动三个方面详细介绍会展项目的收入和支出构成。

2. 财务预算的作用

财务预算是会展项目控制的重要依据。计划一经确定，就进入了实施阶段，管理工作的重心转入控制，即设法使会展项目按照计划进行。控制过程包括会展项目实际状态的计量、实际状态和标准的比较，两者差异的确定和分析以及采取措施调整会展项目的运行状态。财务预算是控制经济活动的依据和衡量其合理性的标准，当会展项目的实际收支情况与财务预算有了较大的差异时，要查明原因并采取措施。

会展项目小组是由多个成员组成，而每个成员又是来自不同部门，担负不同的责任。会展项目管理是许多人共同劳动的过程，为了对各个成员的工作有监督和激励的作用，需要对每个成员进行考核。通过考核，对每个成员的工作进行评价，以促使成员更好地工作。作为考核的依据，预算比过去实际效果更好，因为超过上年或历史最好水平，只能说明有所进步，而不能说明这种进步已经达到了什么程度。而财务预算则是根据目前的客观实际情况制定的要达到的财务目标或标准。当然，由于客观条件的变化，收入减少或支出增加并不一定是会展项目管理人员失职造成的。会展业属于敏感性行业，容易受外界的政治、经济和自然环境的影响，具有很大的不确定性。但在相对平稳的条件下，制定财务预算却是考核会展项目经济成果的重要手段。

为了使财务预算发挥作用，除了要编制一个高质量的预算之外，还应该制定合理的预算管理制度，包括预算程序、修改预算的办法、预算执行情况的分析方法、调查和奖惩办法等。

3. 编制财务预算的程序

财务预算是以各项收入支出指标为基础，并按照一定的程序编制：

（1）会展项目最高管理层根据会展项目目标，利用本量利分析方法或其他财务分析工具确定会展项目的财务目标，并下达财务目标。

（2）会展项目小组基层成本控制人员自行草编有关收入和支出预算，使预算较为可靠、较为符合实际。

（3）汇总基层预算，在不同的收入和支出预算之间进行协调。

（4）经过预算委员会审查，汇总出会展项目小组的总财务预算。

（5）上报会展项目最高管理者或项目所有者批准，经过审议通过财务预算或驳回修改预算。

（6）批准后的财务预算下达给项目小组中各个责任人执行。

二、会展项目财务预算

会展项目主要包括会议、展览和大型活动，三者之间有着很大的区别。收入和支出的具体组成部分也不同。会展项目财务预算主要从会议、展览和大型活动三个方面来介绍。财务预算内容主要包括现金收入、现金支出、现金多余或现金不足的计算以及不足部分的筹措方案和多余部分的利用方案等。

会展项目一般要持续一段时间，小型的会议和展览可能从筹备到举办只有一两个月的时间，而大型的国际性会议和展览以及如奥运会、世博会这样的大型活动的持续时间则长达一年甚至几年。在会展项目持续期间，现金的收入流和支出流之间要保持一个合理的比例才不至于使现金流中断，从而保证会展项目顺利进行。因此，在做会展项目的财务预算时，要预计各项收入和支出在不同月份、季度或年份的数额，以做出详细的财务预算，作为会展项目控制的依据。

在做会展项目财务预算时，应按照收入和支出项目设置相应的会计科目，并为每个会计科目编号，以编制预算并进行会计核算。会展项目尤其是大型的会展项目所涉及的收入和支出项目繁多，设置会计科目并编号可以把内容相近的项目编在一个大类别中，有利于预算的编制和会计核算。在会计中，是通过设置一级、二级和三级会计科目来解决这个问题的。目前，从世界范围来看还没有一部关于会展项目的会计法规，会展项目会计计量具有一定的随意性，而且不同会展项目之间的会计科目也缺乏可比性。

1. 会议的收入和支出预算

（1）会议收入预算。会议类型不同，会议收入的来源也不同。一般来说，政府部门或机构办会，收入主要来源于拨款和赞助；而会展公司或其他单位办会，收入则主要来源于参会费和赞助收入。但从总体上来看，会议收入主要包括（但并不只限于此）：

①拨款：由主办单位拨付的款项，是会议的重要收入来源。

②参会费：是参会者向会议主办者交纳的参加会议的费用。

③赞助收入：是具有一定实力、符合一定条件的企业向会议提供的赞助。随着会议市场的发展，赞助收入已经成为越来越多的会议活动的主要收入来源。

④参展费：在会议举办期间经常会举办一些小型的展览，参展费是参展企业或人员交纳的参展费用。

⑤广告收入：主办者可以在会议举办期间为一些企业作广告宣传，获得广告收入。

⑥参会费利息：如果会议准备时间较长，会议规模较大，参会者所交纳的参会费数额较大，则参会费的利息也是一项收入来源。

⑦提供各项服务的收入

如果以一年为会议项目持续时间，并按季度为单位做收入预算。如果可以预计各项收入的总额以及各项收入在不同时段现金流入的百分比，就可以编制会议的收入预算。如某机构举办一国际会议，假设该机构为此次会议拨款 100 万元，并在决定举办会议之初就全额拨付；参会费预计达到 20 万元，在第二、四季度收到 25% 的参会费，在第三季度收到 50% 的参会费；预计共获得相关企业 200 万元的赞助，赞助收入的现金流在各个季度是均匀的，即每个季度收到 50 万元的赞助（其他项目的已知条件略），则会议现金收入预算表如表 6 - 3 所示。

表 6 - 3　　　　　　　　预计现金收入预算表

单位：万元

收入来源＼季度	一	二	三	四	全年
拨款	100				100
参会费		5	10	5	20
赞助收入	50	50	50	50	200
参展费					
广告收入					
参会费利息					
提供各项服务收入					
现金收入总计					

　　（2）会议支出预算。会议的各种支出（费用）大体分为固定费用和变动费用，其中固定费用主要包括管理费用、邮资和印刷、广告和宣传、职员旅行、演说者费用；变动费用则主要包括食物和饮料、展览费用、客房、赠物、登记材料、印刷材料、赞助人事部门和评估材料。还有一部分费用属于混合费用，是固定费用和变动费用的混合体。

　　会议项目管理中会发生种类繁多的费用，从费用的性质上可以归为以下几大类（具体项目不仅限于此，如表 6 - 4 所示）：

　　①营销公共类费用。这是一个范围很广的开支类别，包括宣传、新闻、广告、公共关系、交际、联络、邮费、编印资料费、摄影摄像费。

　　②会议展览场地租赁费。

　　③会展项目管理费。会议计划支出、会议筹划者费、会展项目管理人员工资等。

　　④提供各项服务的费用。如运输费、休闲娱乐费、旅游费、保险费、景点人员费、酒水食品费、为客人和与会者提供记录费等。

　　⑤其他费用。如演讲费、翻译费等。

表 6 - 4　　　　　　　　会议支出预算表

支出项目＼季度	一	二	三	四	全年
营销费用					
会议展览场地租赁费					

续　表

季度\ 支出项目	一	二	三	四	全年
会展项目管理费					
提供各项服务费					
其他费用					
费用总计					

2. 展览项目的收入和支出预算

（1）收入预算：

①展位租金；

②设备租赁；

③入场费，讨论会、专业会议费，储藏室/休息室收费，搭建、拆卸、修补收费，其他参展商人员收费，监督、保安、清洁、能源使用收费，广告服务（如产品目录）收费；

④其他服务专用拨款；

⑤其他收入（如停车收费、节目/目录销售收入、门票佣金、退展费、商业活动收费、电话费）。

（2）展览支出（费用）预算：

展览项目的费用也包括固定费用和变动费用。

①市场和销售开发；

②项目管理成本；

③广告；

④媒体开支；

⑤礼仪；

⑥文件－调研；

⑦现场支持服务（如专门服务、技术活动支持服务、业务支持服务、其他服务收费）。

3. 大型活动的收入和支出预算

当会议、展览在规模、参与人数、参加国家数、媒体曝光度等方面达到一定条件时，会议、展览本身也就属于大型活动，所以大型活动的收入和支出项目与会议、展览在很多项目上都具有相似性。由于活动范围极其广泛，我们不可能把所有活动的收入和支出项目都列举出来，但大多数活动的收入和支出预算中包括以下项目。

（1）活动的收入预算：

①广告收入；

②优惠销售收入；

③捐款；

④赞助收入；

⑤投资利息收入；

⑥注册费收入；

⑦商业销售收入；

⑧大型活动票房收入；

⑨经销商佣金收入（酒店支付）。

（2）活动的支出预算①：

①会计费用；

②市场营销费用：包括广告费、专项广告费、宣传手册及设计费、宣传手册和邮寄费、宣传手册机器设备准备费、宣传手册及印刷费、公共关系等。

③日常管理费用：包括装饰费用、保险费用、现场电话费、法律咨询费、执照费、许可证费、复印费、摄影费、邮费、活动节目单编辑设计和印刷费、报告编制与出版费、按比例分摊的日常管理费等。

④职员/志愿者费用：包括职员住宿费、志愿者住宿费、志愿者表彰和奖品费用、合同工注册费等。

⑤劳务费：视听人员劳务费、音响人员劳务费、照明人员劳务费等。

⑥租赁费：视听设备租赁费、汽车租赁费、照明设备租赁费、音响设备租赁费、现场办公家具租赁费、场地租赁费等。

⑦运输费：汽车里程补助费、材料运输费、杂费、宾客交通费、职员交通费等。

⑧评估费：咨询师聘用费、评估费等。

⑨注册费：注册材料费、补充注册和入场费等。

三、弹性预算

由于预算是以预测为基础的，而预测的数字并不是完全准确的，和实际的数字总会有或多或少的差额，因而预算要有一定的幅度，即实行弹性预算。弹性预算的主要用途是作为控制成本支出的工具。在计划期开始时，弹性预

---

① 此部分内容参见 Dr. Joe Goldblatt：《国际性大型活动管理》，陈加丰、王新译，机械工业出版社 2003 年版，第 136 页。

算提供控制成本所需要的依据；在计划期结束后，弹性预算可用于评价和考核实际成本。

①控制支出。由于成本一旦支出就不可挽回，只有事先提出成本的限额，使有关的人在限额内使用资源，才能有效地控制支出。由于预算是对将来活动成本的大概估算，不可能十分准确，因此，实行弹性预算可以给每项成本支出一定的浮动量。只要支出不超过预算的浮动范围，就说明实际的结果和预算结果是相符的。

②评价和考核成本控制业绩。会展项目结束后，需要编制成本控制情况的报告，对每项成本预算执行情况进行评价和考核。

第四节　会展项目的资金筹集

一、资金的筹集

筹集资金就是利用各种渠道获得现金的方式，对于会展项目来说是正向的资金流动。所筹集的资金是会展项目的主要收入来源。会展项目的主要收入来源一般包括主办机构的拨款收入、销售展位和提供服务收入以及赞助收入。其中拨款收入属于主办机构根据所要举办的会展活动自愿拨付的款项，销售展位和提供服务收入属于会展项目正常的经营收入。而赞助收入则属于会展项目为获得更多的收入来源，通过市场渠道而筹集的资金，所能筹集赞助收入的多少具有不确定性，需要进行策划组织，以获得更多的赞助收入。

随着会展活动的发展，越来越多的会展项目以赞助收入为其主要收入来源，所以对于会展项目来说，能否获得更多的赞助是决定其最终能否获利的重要因素。除了赞助收入之外，会展项目还可以通过其他市场开发形式筹集资金，尤其在一些大型活动或节庆活动中更是如此。

由于会展活动前期现金流出大于现金流入，为了不至于使现金流中断而无法继续会展项目的运营，在会展项目无从获得其他现金流入时也可以考虑负债筹资。负债筹资是一般企业的主要筹资方式。在会展项目现金流受到威胁时，也可以考虑通过短期负债或长期负债获得现金流入。

因此，在本节我们主要介绍三种主要的筹资方式：商业赞助、市场开发和负债筹资。

二、商业赞助

1. 赞助和赞助的特点

赞助收入是会展项目重要的资金流入，会展项目管理者越来越重视赞助商的确定、赞助建议案的制定以及接洽赞助商等事务。可以毫不夸张地说，有许多会展项目如果没有赞助收入是根本无法运行的，1984 年洛杉矶奥运会正是依靠商业赞助才获得了 2.5 亿美元的净收入，第一次走出了奥运历史上亏损的困境。

以下是三个关于赞助的定义：[①]

①赞助是指对可获取商业回报的体育、社会或政府活动、艺术、某种事业、个人或广播所进行的投资。这种投资可以是在金融、物质或人员等方面的投资。

②为某一所有权（比如某一活动）支付现金和/或实物酬金作为对此所有权相关的可开发的商业潜力的回报。

③从相关的某个参赛者、某次活动或某种组织购得的潜在的可开发利益和权利，这些权利与利益通常是无形的，而最终以有形的利益回报给赞助公司（形象或利润的提高）。

从以上三个定义可以看出，赞助具有以下几个特点：一是赞助是一种商业交易/投资，而不是无偿的捐款。所以会展项目管理者在寻找赞助商之前一定要考虑所举办项目能给赞助人带来什么样的商业回报，如赞助企业通过赞助会展项目可以提高知名度、宣传企业形象、推广企业的产品、扩大自己的影响等。二是赞助既可以表现为直接的现金支付，还可以是非现金的服务或产品，赞助的形式可以是多种多样的。赞助形式的多样性可以使赞助商根据自身的情况充分发挥其优势并获得最大利益。三是从赞助中获得的回报最终将对企业的利润产生积极而深远的影响。

2. 获取商业赞助的程序

（1）获取商业赞助的调研。并不是所有的会展项目都能够成功地获取商业赞助，这取决于会展项目是否能给赞助人提供商业回报以及是否有赞助人有能力提供赞助。赞助与捐赠具有完全不同的性质，捐赠人提供捐赠并不是任何形式的商业回报，完全是一种善举。而赞助是一种商业行为，赞助人是为了获取赞助回报才提供赞助的。赞助是商业交易，赞助人和接受赞助者在

---

① 以下这三个定义都是转引自 Johnny Allen：《大型活动项目管理》，王增东译，机械工业出版社 2002 年版。

明确权利和义务的基础上签订合同。会展项目通常以市场营销服务作为获取赞助商资金或类似性质贡献的交换条件。市场营销服务包括：广告、旗帜展示、接待以及制定包括公共关系、广告和商业推广等在内的全方位市场营销计划。

在决定是否需要商业赞助，需要考虑以下几个方面的问题：

①会展项目是否需要商业赞助，需要多少赞助？

②支持这项赞助活动内部和外部条件是否充足？

③商业赞助是否与活动相关？

④是否有足够的机构或企业愿意提供赞助？

（2）对赞助商的开发。开发赞助商一般通过两种方式，即社会公开方式和内部定向方式。

①社会公开方式。社会公开方式是指公开向社会各类企业、机构或个人招标以获取商业赞助的形式。社会公开方式需要公开有关赞助的各种信息，如赞助人（包括自然人和法人，下同）资质标准和赞助人将获得的赞助回报，即符合什么样条件的人才能够有赞助资格。一般来说，根据会展项目组织者制定的标准，商业赞助人应分不同的等级，而且获得不同程度的商业回报。

以社会公开方式获取赞助具有不确定性，所获得商业赞助的多少取决于会展项目本身的影响力及其能给赞助人带来的利益回报。因此一般影响力大的会展项目倾向于以社会公开方式获取赞助。另外是否采取社会公开方式还取决于会展项目的前期准备时间的长短，因为社会公开方式需要制订销售计划并按时间安排销售进度，所以准备时间充裕的会展项目倾向于采用社会公开方式。

社会公开方式需要以刊登广告的方式或其他销售方式获取赞助，获取赞助的成本支出较大。

②内部定向方式。内部定向方式是指会展项目有针对性地选择赞助人，通过商业谈判形式获得赞助并给与赞助人一定的商业回报。采取内部定向方式的会展项目一般是与某个特定行业相关，因此可以有针对性地选择行业内部的企业进行商业谈判以获取赞助。赞助商一般为行业内部的龙头企业或有一定的资金实力的企业。而作为会展项目主办单位一般对行业内部的企业都比较了解，可以有效地确定赞助企业的范围并进行有针对性地赞助销售。

采用内部定向方式的会展项目一般前期准备时间较短，有针对性地选择赞助企业所需的销售成本较低。但如果所选定的行业内部的龙头企业不愿对会展项目提供赞助，而行业内的其他企业又没有实力提供赞助，会展项目的赞助计划就会失败，也就是说采用内部定向方式获取赞助存在一定的风险。

在实际的会展项目中，获取商业赞助可能采取其中的一种方式，也可能是两种方式的组合，但要一种为主，如举行木工机械展，可以在木工机械行业内部以定向方式获取赞助，在时间允许的情况下还可以公开向社会招标；再如举办大型活动或节庆活动可以向社会公开招标，也可以有选择通过和几个有实力的企业谈判以获得商业赞助。会展项目选择获取赞助的方式与所举办展会的类型、会展活动的影响力、会展项目的主办机构与社会各界和行业内企业之间的关系、会展活动前期准备时间的长短、成本预算等各种因素都有关系。会展项目在选择获取赞助方式时应该综合考虑这些因素。

（3）推销赞助建议书。赞助建议书是一份有关会展项目具体情况和赞助具体事项的书面材料。赞助建议书中应包括对会展项目管理公司实力和过去赞助商（如有的话）进行描述的部分，以及重要部分提供的证明材料和评论。编写赞助建议书应注意科学性，在赞助建议书中要详细说明各项支付条款，以及要求赞助商在这些支付之外需要补充的所有条款。在一些活动中，赞助商愿意自费提供一项展出。而在另外一些情况下，赞助商则把这种类型的展出纳入赞助费之中。为了避免今后产生误解，应当把所有要求赞助商提供的补充费用或服务都详细地列举出来。下面所列各项是编制赞助建议书的主要元素：

①会展项目的历史说明；

②会展项目管理公司的资源状况说明；

③其他赞助商的证明资料和意见；

④赞助商可以得到的收益和此次赞助的特点；

⑤赞助商必须接受的财务责任条款；

⑥赞助商必须接受的任何附加责任条款；

⑦赞助行为记载的方式；

⑧赞助建议书接受的时间和日期；

⑨赞助的展期条款；

⑩仲裁条款（在双方因某些赞助行为意见不同而发生争执的情况下使用）。

（4）与赞助商谈判确定赞助事宜。在确定具体赞助事宜之前赞助双方要就很多问题进行谈判。在谈判之前，会展项目管理者要对赞助商期望得到的商业回报进行分析。同时还要事先确定，如果赞助商提出其他的要求，组织者还能够提供哪些额外的要素。此外，还要列出那些无法做出让步和妥协的项目以及那些在做出决定前需要最高管理层或其他人批准的事项。在谈判时，管理者一定要掌握谈判技巧，既要表现出合作的诚意，在原则性问题面前又不能有任何让步。

通过谈判以确定赞助合同的各种具体事项，明确赞助双方的权利和义务。

3. 商业赞助的原则

（1）相关性原则。一般来说，所举办的会展项目与提供赞助的企业或机构都有一定的相关性，这一点在专业性会议或展览中表现得十分明显。如在协会会议中赞助的企业大都是行业内部的企业，在专业性展览中赞助的企业也基本上是行业内部的企业。这些企业赞助相关性会展项目一般是为了显示自己在行业内部的龙头地位、彰显自身的实力等。

（2）利益互换原则。作为赞助商来说赞助某个会展活动是为了谋取一定的利益，也就是说赞助商在提供赞助的同时也会要求会展活动的主办者为其提供一定的商业回报，即遵循利益互换原则。除了前面提到的赞助商赞助会展项目是为了显示自己的经济实力之外，赞助商的另一个非常重要的目的就是借会展活动为自己做营销。专业性会展活动聚集了来自行业内部的重要的买家和卖家，聚集了行业内的知名人士，通过赞助会展项目可以迅速扩大自己在行业内部的影响。在综合性会展活动中也能够起到营销的目的。通常在会展活动中都以媒体策划方案来为赞助企业做营销，当然，在不同的会展项目中可以以不同的方式体现利益互换原则。

资料1　首届企业竞争力年会 商业计划书（节选）

在首届企业竞争力年会上，赞助商将根据赞助额多少分 A、B、C、D 四个等级。

其中 A 类赞助回报为：

企业身份

①作为年会的"特别赞助商"身份，企业名称和标志将出现在年会会议背板、宣传材料中。

②企业高层领导 1 人作为年会贵宾，将在年会的适当时段，作为大会执行主席主持会议。

③上述企业高层领导，将在年会的行业论坛上，作为某个论坛的执行主席或选择 20 分钟的主题演讲。

④在选定的行业论坛现场，企业名称和标志以"协办企业"的身份，出现在会议背板和宣传材料中。

媒体传播

①30 家国内新闻媒体参与年会的报道，特别赞助企业的名称将被提及。

②全国最大的网络媒体—新浪网将独家全程直播年会。并在会前 30 天开始进行年会的专区动态传播，赞助企业届时入主相应的位置。会后将邀请企业高层 1 人与竞争力研究专家网络对话实时直播。

③企业高层接受《中国经营报》经典栏目—老板对话的专访采访 1 次。

④企业高层接受上会媒体深度访问。

⑤《中国经营报》大型竞争力年会特刊刊发半版商业广告 1 次。

⑥《中国经营报》大型竞争力年会特刊刊发争办企业竞争案例加企业高层谈竞争力专访。

⑦在中国经营报网站为赞助商建立宣传页面（为时 3 个月）。

另外，赞助商在年会现场、年会宣传品、竞争力检测产品方面还会获得一定的回报。

B、C、D 三类赞助企业也将获得不同程度的商业回报，但只是 A 类赞助企业所获回报的一部分。

4. 商业赞助的分类

在会展项目中，商业赞助按照不同的标准可以有不同的分类形式。

（1）按照赞助的内容分，可以分为现金赞助、实物赞助、现金和实物混合赞助：

现金赞助是商业赞助的主要形式，会展项目的主办方通常以赞助商的赞助金额把赞助商分为不同的等级。

实物赞助也是会展项目中商业赞助的主要形式，赞助商通常以会议设备、展览设备、参观门票、论坛门票、资料袋等实物形式赞助会展项目，有的赞助商还以本企业所生产的产品提供实物赞助。

还有的赞助商既提供现金赞助，也提供实物赞助。

（2）按照赞助的形式分，可分为独家赞助和联合赞助：

独家赞助是指只有一个机构或企业对会展项目进行赞助。独家赞助要求赞助企业具有很强的资金实力，能够提供会展项目所需的全部赞助费用，当然会展活动的主办方也要给独家赞助商以很高的赞助回报。独家赞助商一般是为了显示自身实力并扩大自身影响而斥巨资赞助的，但由于在实际赞助中独家赞助商也许不能真正达到赞助的目的，因此独家赞助对于赞助商来说风险较大。

联合赞助则多个企业联合起来对同一会展项目提供赞助。联合赞助中每个企业提供的资金或实物价值相对较少，可以使每个赞助商承担较小的风险，但由于赞助商过多，也会分散会展活动参与者对赞助商的注意力，从而影响赞助回报，甚至是赞助完全没有回报。

（3）按照赞助的对象分，可以分为单项赞助和多项赞助：

单项赞助是指赞助商只对会展项目中某个部分或某个活动提供赞助，如只对参观门票、论坛门票、资料袋提供专项赞助，还有对会议午餐、晚宴提供专项赞助的，再如对会议设备、展览设备提供专项赞助等等。

多项赞助即是除单项赞助之外，对会展项目提供多方面的赞助形式。

除了以上几种赞助的分类之外，还有很多其他种类的赞助形式，如冠名赞助等。在实际的赞助中，往往都是几种赞助方式的组合。

5. 选择赞助商的标准

赞助商要为会展项目提供一定的资金和实物赞助，因此需要赞助商具有一定的资金实力和良好的声誉。同时赞助商的层次和水平也在一定程度上反映了会展项目的质量和层次。因此，并不是只要有机构或企业提供赞助，会展项目的主办机构就会接受。一般来说，会展项目的主办方要根据一定的标准来选择赞助商。

（1）报价因素。企业所报的赞助价格是选择赞助企业最重要的考虑因素之一。报价越高，说明该企业的实力越强，越能够为会展项目及时安全地提供赞助。

（2）资质因素。赞助企业必须是有实力的企业，是行业内的领先企业；发展前景良好，有充足的资金支付赞助费用。

（3）信誉因素。在选择赞助商一定要考虑企业的市场信誉因素，尤其在赞助商为会展项目提供企业所生产的产品时更要认真考虑。赞助企业的信誉不但能够保证所提供赞助产品的质量，而且能够反映出会展项目本身的信誉。

（4）市场推广因素。企业在市场营销和广告推广方面投入足够的资金和做出其他努力，以充分利用所赞助会展项目进行市场营销，同时宣传和推广企业自身和会展项目。

三、市场开发

市场开发是指以会展项目的标志、名称、形象等所有知识产权的转让为条件而获得资金、物资、技术和服务的行为。市场开发是大型活动尤其是体育比赛的重要收入来源，奥运会就是一个很好的例子。

以2008年北京奥运会为例，根据申办预算，奥运会举办经费为16.25亿美元，除中央政府和地方政府将提供少量补贴外，其中80%以上的收入要通过市场开发实现。组委会的市场开发是指以北京 2008 年奥运会标志、名称、形象等所有知识产权的转让为条件而获得资金、物资、技术和服务的行为。市场开发收入来自以下八个方面：

①电视转播权收入；

②赞助收入（TOP 计划和国内赞助）；

③供应商收入；

④捐赠收入；

⑤特许经营收入（生产和零售）；

⑥邮品纪念币收入；

⑦主题文化活动（火炬接力等）收入；

⑧票务收入。

在北京奥运会的市场开发项目中，赞助收入也包括在其中。在上面我们已对赞助收入作了详细的讲述。另外，捐赠收入也是一个非常重要的项目，与赞助不同的是，捐赠人通常并不要求商业回报，但从实际的运作情况来看，捐赠人往往会获得很多与赞助同样的回报。

资料 2　'99 昆明世博会接受捐赠计划

中国'99 昆明世界园艺博览会将于 1999 年 5 月 1 日—10 月 31 日在云南省昆明市举行。这是中国政府第一次举办世界博览会，也是我国在世纪之交主办的唯一一次国际盛会。这对于促进我国与国际社会的合作与交流，提高中国的国际地位，振奋民族精神，增强环保意识，美化生活环境有深远的历史意义。为激发社会各界和广大人民群众关心、参与和支持'99 昆明世博会，特就社会捐赠制定本办法。

一、'99 昆明世博会接受中外企业、团体、个人的捐赠。

二、社会捐赠可以是货币、实物、劳务和服务，其方式包括捐款、捐物、义演、义卖、义赛、义展、义诊、义务劳动和义务接待服务等。

三、货币以外的捐赠，其价值须由集资部做出评估和认定。

四、'99 昆明世博会集资部对捐赠者按捐赠数额的不同分别给予相应的荣誉和待遇。

五、'99 昆明世博会面向社会筹集的资金全部用于世博会筹备事项，接受同步审计和社会监督，并向社会公布资金使用情况。

根据捐赠款项的多少享有不等的荣誉和待遇（略）

六、'99昆明世博会集资部具体负责各项捐赠工作，并负责解释本实施办法。

四、负债筹资

一般意义上的负债筹资既包括借款筹资，也包括发行债券筹资，还包括以商业信用形式获得短期资金使用权的筹资。商业信用是指在交易中由于延期付款和预收账款所形成的企业间的借贷关系。商业信用产生于商品交换之中，是所谓的"自发性筹资"。商业信用在会展项目中运用广泛，在筹资中占有相当大的比例，具体形式有应付账款、应付票据、预收账款等。商业信用筹资最大的优越性在于容易取得。因为在会展项目的收支项目中会自发地形成很多应付账款、应付票据、预收账款等项目，而且不像赞助和捐赠等方式需要办理正式的筹资手续。另外，如果没有现金折扣或使用不带息的商业票据，商业信用还不用负担成本。因此，作为会展项目应该充分利用商业信用这种筹资方式。

另外还可以通过长短期借款的形式筹资。借款一般是指向银行或其他金融机构借入的资金。按照时间的长短可以划分为长期和短期，使用期限在一年以上的资金称做长期借款，而使用期限在一年以下的称做短期借款。在会展项目向银行借入短期借款时，银行一般会有一些信用条件。如补偿性余额的条件，它是指银行要求借款企业在银行中保持按贷款限额或实际借用额一定百分比（一般为10%～20%）的最低存款余额；再如银行向财务风险较大的项目或信誉不太有把握的项目发放贷款时需要有抵押品担保，以减少自己蒙受损失的风险。而对长期借款则会有一些保护性条款，如贷款专款专用、借款期间要定期向银行提交财务报表等。

第五节 会展项目成本控制

一、成本控制的内涵

项目成本控制就是指在项目实施过程中依据项目成本预算，努力将项目实际成本控制在项目预算范围之内的管理工作。简单地说，就是通过开源和节流两条腿走路，使项目的净现金流（现金流入减去现金流出）最大化。开源是增大项目的现金流入，节流是控制项目的现金流出。在会展项目准备期，开源一方面表现为扩大项目筹资渠道，保证项目能够筹集足够的资金，另一方面表现为增加项目收入；节流则一方面表现为使融资成本或代价最低，最节省地实现项目的必要功能，另一方面则表现为控制项目经营成本。

成本管理的现金流分析采用的数据大都来自估算和预测，具有一定的不确定性，可能造成项目的现金流入减少或现金流出增加。不确定性成本管理或风险成本管理已成为我国项目管理中的弱项，也是很多商业银行贷款最关心的问题。即使是专业的咨询公司或项目管理公司，大多只停留在简单的量本利分析和敏感性分析。而能否有效实行成本控制，是会展项目能否最终获利的决定性因素。因此，加强会展项目成本控制是会展项目管理的重要内容。

二、项目成本控制的原则

为了有效地控制成本，会展项目成本应遵循如下原则：

1. 全面性原则

全面性原则是指对成本的全过程、全员控制。全面性原则包括全过程成本控制原则和全员成本控制原则。

全过程成本控制是指会展项目成本控制不只发生在财务过程中，它发生在整个项目过程中。

全员成本控制原则认为成本是一项综合性指标，反映项目组所有成员的工作实绩。要想降低成本、提高项目的经济效益，必须充分调动所有成员"控制成本，关心降低成本"的积极性和提高参与成本管理的意识。在设置成本控制的专职机构或配备专业成本控制人员的同时，必须充分注意发动广大职工参加成本控制活动，在加强专业成本管理的基础上，要求人人、事事、时时都要按照定额标准或成本目标实行成本控制。

2. 效益原则

成本控制的效益原则，就是在控制中正确处理成本、产品服务质量、产品服务价格三者的关系，以提高效益为原则。

3. 例外管理原则

项目成本控制主要是通过对各种成本差异进行分析研究，及时发现问题，挖掘降低成本的潜力，提出改进工作和纠正缺点的措施。但实际上，项目出现的成本差异往往是成千上万、千头万绪，管理人员不可能将全部时间和精力都用于每一个发生成本差异的因素的分析和研究上。为了提高成本控制的效率，管理人员把工作重点放在那些属于不正常的不符合常规的关键性差异上，对它们追根求源，查明发生的原因，及时反馈给有关责任中心，使之迅速采取有效措施，消除这些不正常差异。这就是项目成本控制中的例外管理原则。

4. 统一原则

成本控制的统一原则，就是在成本控制中，要切实贯彻国家统一的经济政策，严格遵守国家统一的财经法规，认真运用统一规定的方法，正确处理企业与投资者、企业与企业、企业与职工、企业与消费者之间的经济利益关系。这是我国社会主义企业成本控制的一条十分重要的原则，是统一的社会主义市场经济管理的客观要求。

三、会展项目成本控制的程序

1. 建立成本中心或费用中心

根据会展项目经营的特点，把整个项目过程分为成本中心或费用中心，每一个中心都是成本责任单位。每一个中心都要为自己的费用开支负责。

2. 制定标准成本

标准成本是通过精确的调查、分析与技术测定而制定的，用来评价实际成本、衡量工作效率的一种预计成本。在标准成本中，基本排除了不应该发生的"浪费"，因此它被认为是一种"应该成本"。标准成本是成本控制的基准，会展项目成本控制主要是通过实际发生的成本与标准成本相比较来监督成本控制情况。如果实际发生成本大于标准成本，这说明出现了超支；如果实际发生成本小于标准成本，说明项目成本出现了节约。为了更好地实现项目成本控制，所制定的标准成本必须客观、准确。

3. 标准成本的差异分析

标准成本是一种目标成本，由于种种原因，产品的实际成本会与目标不符。实际成本与标准成本之间的差额，称为标准成本的差异，或称为成本差异。成本差异是反映实际成本脱离预定目标程度的信息。为了消除这种偏差，要对产生的成本差异进行分析，找出原因和对策，以便采取措施加以纠正，如表6－5所示。

表6－5 标准成本差异分析表

支出项目	实际成本	预算成本	差异额	差异率
营销支出				
会议展览场地租赁费				
会展项目管理费				
提供各种服务费				
其他费用				
费用总计				

发生偏差的原因很多，可以分三类：

（1）执行人的原因，包括过错、没经验、技术水平低、责任心差、不协作等。

（2）目标不合理，包括原来制定的目标过高或过低，或者情况变化使目标不再适用等。

（3）实际成本核算有问题，包括数据的记录、加工和汇总有错误，故意的制造等。

只有通过调查研究，才能找到具体原因，并针对原因采取纠正行动。

4. 奖励与惩罚

奖励是对超额完成成本行为的回报，是表示赞许的一种方式。惩罚是对不符合期望的行为的"回报"。

5. 纠正偏差

纠正偏差是成本控制系统的目的，是各责任中心主管人员的主要职责。如果成本控制的标准是健全的并且是适当的，评价和考核也是按这些标准进行的，则产生偏差的操作环节和责任人已经指明。具有责任心和管理才能的称职人员就能够通过调查研究找出具体原因，并有针对性地采取纠正措施。

6. 编制成本控制报告

成本控制报告是成本控制的最终结果，主要内容是关于实际成本的资料、控制目标的资料以及两者之间的差异和原因。报告的内容应与其责任范围一致，报告的列示要简明、清晰、实用。

本章小结

财务管理在整个会展项目管理中居于重要地位，是一切项目管理过程的起点，也是一些项目管理的结果。本章首先论述了会展项目管理的对象、内容和职能，然后重点强调了财务预测的程序和基本内容以及会议、展览和大型活动的收支项目和财务预算，最后讲解了如何进行资金筹集和成本控制。

关键名词或概念

财务管理　财务预测　固定成本　变动成本　盈亏临界点　财务预算
弹性预算　赞助　成本控制

简答题

1. 会展项目财务管理的对象和内容是什么？

2. 什么是财务预测？财务预测的作用是什么？

3. 会议、展览和大型活动的收入和支出都包括哪些部分？试选择一个会议或展览，编制其财务预算。

4. 会展项目的资金主要有哪些来源？

5. 什么是商业赞助？获取商业赞助的原则是什么？

案例分析

案例1　2008 年北京奥运会赞助计划

赞助商层次

对北京 2008 年奥运会的赞助包括国际和国内两个方面：国际奥委会第六期全球合作伙伴计划在国际范围内对整个奥林匹克运动提供支持，包括支持北京奥运会。北京 2008 年奥运会赞助计划在主办国范围内对举办 2008 年奥运会提供支持。

北京 2008 年奥运会赞助计划包括三个层次：

北京 2008 年奥运会合作伙伴

北京 2008 年奥运会赞助商

北京 2008 年奥运会供应商（独家供应商/供应商）

每个层次设定了赞助的基准价位。在同一层次中，不同类别的基准价位由于也会有所差异，以体现不同行业之间的差别。具体价位将在销售过程中向潜在赞助企业做出说明。

北京奥组委的各级赞助商将为奥林匹克运动在全国的发展做出贡献；通过在技术、产品和服务等方面的赞助，支持北京奥组委的筹办工作，支持2008 年奥运会的举办，支持中国奥委会以及中国奥运代表团。不同层次的赞助商享有不同的市场营销权。赞助商在主办国地域范围内享有市场开发的排他权（包括共同排他权）。

赞助商权益

赞助企业向北京奥组委、中国奥委会和中国奥运代表团直接提供有力的资金和实物支持。作为回报，赞助企业将享有相应的权益。以下是北京奥组委给予赞助企业的主要回报方式：

①使用北京奥组委和/或中国奥委会的徽记和称谓进行广告和市场营销

活动；

②享有特定产品/服务类别的排他权利；

③获得奥运会的接待权益，包括奥运会期间的住宿、证件、开闭幕式及比赛门票，使用赞助商接待中心等；

④享有奥运会期间电视广告及户外广告的优先购买权；

⑤享有赞助文化活动及火炬接力等主题活动的优先选择权；

⑥参加北京奥组委组织的赞助商研讨考察活动；

⑦北京奥组委实施赞助商识别计划和鸣谢活动；

⑧北京奥组委实施防范隐性市场计划，保护赞助商权益；

根据对奥林匹克运动和北京奥运会贡献的价值不同，合作伙伴、赞助商和供应商享有不同的权益回报。

赞助销售

销售方式

坚持"公开、透明、公平"原则，根据行业的不同情况采取以下不同的销售方式：

公开销售：公告销售通知或公开征集企业赞助意向。

定向销售：向具备技术条件的企业发出征集赞助邀请。

个案销售：直接与符合技术条件的企业进行销售洽谈。

销售步骤

主要采取以下步骤进行销售：

（1）北京奥组委将征集情况知会企业或向企业征集赞助意向；

（2）企业提交赞助意向书；

（3）北京奥组委评估机构进行企业资格评审；

（4）北京奥组委销售机构与企业洽谈赞助方案；

（5）企业提交正式的赞助方案；

（6）北京奥组委评估机构提出赞助商候选人；

（7）北京奥组委确定赞助企业，报国际奥委会批准。

在实际操作中，以上步骤可根据需要增加或减少。

销售进度

鉴于不同层次的赞助商对奥运会贡献的价值不同，销售进度也将体现投资差异。首先开始合作伙伴的销售。但根据销售进程，有可能同时进行不同层次的销售。

具体安排：

合作伙伴：2003 四季度 - 2004 四季度

赞助商：2004 二季度 – 2005 二季度

独家供应商/供应商：2004 四季度 – 2007 二季度

赞助商选择标准

选择赞助企业时，主要参照以下标准：

资质因素。赞助企业必须是有实力的企业，是行业内的领先企业；发展前景良好，有充足的资金支付赞助费用。

保障因素。能为成功举办奥运会提供充足、先进、可靠的产品、技术或服务。

报价因素。企业所报的赞助价格是选择赞助企业最重要的考虑因素之一。

品牌因素。企业具有良好的社会形象和企业信誉，企业的品牌和形象与奥林匹克理想和北京奥运会的理念相得益彰，产品符合环保标准。

推广因素。企业在市场营销和广告推广方面投入足够的资金和做出其他努力，以充分利用奥运会平台进行市场营销，同时宣传和推广北京 2008 年奥运会。

问题

1. 2008 年奥运会赞助商将获得哪些权益？这体现了什么样的赞助原则？

2. 2008 年奥运会赞助的销售方式有哪些？

3. 2008 年奥运会赞助销售的步骤是什么？

4. 选择赞助商的基本标准是什么？

案例 2 中国国际建筑艺术双年展筹资预测

一、筹资总额概（预）算

1. 展览：当代国际建筑大师作品展

   论坛：国际建筑大师创作演示讲坛

2. 展览：非建筑的建筑艺术作品展

   论坛：21 世纪建筑艺术与创作

3. 展览：国际城镇规划艺术展

   论坛：国际城镇规划个性化市长峰会

4. 展览：国际人居社区文化艺术展

   论坛：城市文化社区与城市开发战略高层论坛

5. 展览：国际人居室内设计艺术展

   论坛：人居质量与室内设计

6. 展览：国际城市公共空间环境艺术展

　　论坛：城市优化与环境艺术
7. 展览：国际建筑新材料新技艺推介展
　　论坛：建筑艺术与新材料新技艺
8. 论坛：建筑与文化高峰论坛
9. 展览馆建设：中国国际建筑艺术中心
　　生态艺术园：国际生态建筑艺术园

总筹资金：3 亿元人民币

展会收入：

（注：展会细分为四部分：参展费、赞助费、会议注册费、合作开发项目。）

2003 年：4500 万－6000 万元

2004 年：2800 万－5600 万元

2005 年：3000 万－6000 万元

净资产收益率：2003 年 15% ～20%

二、案例经费筹集运作比较分析

　　1999 年 6 月，在北京举行的国际建筑师协会第 20 届世界大会，是首次在亚洲和中国举行的世界建筑界的一次盛会，设置国际国内分展览 12 个，涉及 100 多个国家和地区，大会取得了圆满的成功。

总筹资金：7600 万元人民币

1. 参展费—仅运作了一项商展："新材料、新技术展览"；700 个展位，售出 560 万元。

2. 赞助费—10 家企业，每家企业 100 万元，共计 1000 余万元。

3. 会议注册费—6200 人，5000 元/每人；另外 1500 元/每学生。正式代表 4000 人，学生 2000 余人（90% 学生免交报名费）。含注册实际收入只有 3 千多万元，另外通过行政手段集资 3 千多万元。

展会收入：约 1600 万元人民币。

净收益率：20%。

利润分析：

　　2004 年中国国际建筑艺术双年展将会是继上次盛会后的又一次新高潮。无论从展会设计、团队竞技状态和运行机制上，都优于上次世界建筑师大会的"计划经济体制"型的运行模式，基本属于政府行为，团队缺乏危机意识，缺乏市场经济竞争意识，被动应对，错失多个良机。根据 2004 年中国国际建筑艺术双年展的展会机制上的运营特征分析，国家项目由民间组织配合政府进行市场化运营，经济效益要等于 1999 年。

三、中国国际建筑艺术双年展单项活动经费概算

（一）活动启动费用（15万元）

（二）学术会议（30万元）

拟邀请国际建筑界、艺术界、文化界专家学者40人出席，时间两天。会场费、住宿费、餐饮费、交通费、出版文集等

（三）新闻发布会（场地、餐费、与会专家学者、记者等，20万元）

（四）宣传费用（50万元）

1. 中央电视台、地方电视台各类宣传、论坛。

2. 中央、北京电视台专题报道、报刊报道、专业刊物、网站。

3. 设计、印刷请柬、海报、证书等制作。

（五）展览场租、施工、运输、劳务（120万元）

（六）办公费用（30万元）

按16个月算，含展览活动结束善后工作：

1. 电传、电话、邮件等通讯联系。

2. 印制邀请书、通讯、文件、信纸、信封等。

3. 办公人员津贴及其他办公费用。

4. 筹备会议、接待等费用。

5. 调研、差旅。

（七）拍卖活动（25万元）

（八）纪念册、光盘（60万元）

（九）不可预见费（20万元）

费用总计：（370万元）

利润分析：

因中国国际建筑艺术双年展每个单项展览的赞助资金在200万元~600万元，实际发生成本金额为单个展览概（预）算的50%，利润率有40%至60%不等。按10个展览的50%的利润平均收入，仅展览活动将可达到利润总额1850万元。（这仅为展览的活动筹集经费的使用而言，其中包括部分参展费，部分广告费；不包括会议注册费、论坛活动、门票收入、全部赞助费、参与展会经纪中介服务活动收费、展会机构参与地产开发、广告收入等。）

四、中国国际建筑艺术双年展经费估算

（一）前期费用（35万元）

（二）办公费用（按35位工作人员，16个月计算，248.2万元）

1. 房租（360平方米）51.2万元。

2. 通讯（电话、电信、邮件等）28万元。

3. 印刷品（信函纸、信封、文件等）23 万元

4. 接待费用（用于内外宾的吃、住、行；按内外宾占 20 人计）60 万元

5. 办公人员津贴（平均 1000 元/人/月）56 万元

6. 调研、差旅（国际、国内）30 万元

（三）学术会议、专题报告会（设 5 场，75 万元）

（四）评奖活动（3 个系列奖及奖金，150 万元）

（五）展场地租用（21000 平方米）及租用设备、外埠展品运输、仓储、水、电等综合费，1680 万元）

（六）由组委会负责的特别装配区（3000 平方米，450 万元）

（七）国际大师的展品包装运输（往返，90 万元）

（八）新闻发布会（场地、餐费、与会的专家、学者、记者等，20 万元）

（九）宣传费用（50 万元）

1. 中央电视台、地方台各类宣传、论谈

2. 中央电视台、北京电视台各类报道

3. 设计、印刷、请柬、海报、证书等的制作

（十）拍卖活动（55 万元）

1. 进口建材的代理权

2. 家具

3. 建筑艺术品

（十一）纪念册、光盘（中、英文版，66 万元）

（十二）广告的设计及制作（32 万元）

（十三）合计（2945.2 万元）

五、中国国际建筑艺术双年展展会资金来源

（一）展位收入

1. 标准展位（3 米×3 米）800（个）×15000 元/个 = 1200 万元

2. 光地（≤36 平方米）1500 元/平方米×8200 平方米 = 1230 万元

（二）参展单位、人员费用收入

1. 参展人员注册费 4800（人）×5000 元/每人 = 2400 万元

2. 论坛、专题报告参会费（3 场）（500×3）人×1800 元 = 270 万元

3. 参评单位报名费 350（单位）×8000 元 = 280 万元

（三）协办单位收费（10 家，每家 50 万元，500 万元）

（四）赞助费（10 家企业，每家 100 万，1000 万元）

（五）受委托"特别展位装配"工程收入（200 万元）

（六）合计 7080 万元

（七）广告收入另计。

（八）会展项目引申效益建立经济实体。

1. 建立国际性、权威性的建筑艺术设计平台，经营先进的设计理念。

2. 建立建筑业产业链的配套经济实体，打造生态建筑艺术实业的世界级品牌战略。

3. 建立新材料、新的营造技术的推广中心。

小结：

中国国际建筑艺术双年展展会收入 4500 万～6000 万元人民币为保守概算。

（资料来源：http：//www. abbeijing. com）

问题

1. 展览的主要筹资来源有哪些？

2. 展览的主要费用或开支包括哪些项？

3. 应该如何编制财务预算？

第七章　会展项目风险管理

本章导读

　　风险管理是人们对潜在的意外损失进行规划、识别、估计、评价、应对和监控的过程，它是对项目目标的主动控制。风险管理是项目管理的重要组成部分，它贯穿于项目生命周期的始终。了解和掌握项目风险的来源、性质和发生规律，强化风险意识，并进行有效的风险管理对项目的成功具有重要意义。

学习目标

　　本章要求学生理解风险及风险管理的基本概念、特征，项目风险管理的意义；重点掌握项目风险管理的基本内容、风险管理成熟度模型、风险管理过程；能够制订风险规划，对风险进行识别、估计、评价、应对、监控，并掌握风险规划、识别、估计、评价、应对、监控的内容、工具和方法。

第一节　概　　述

一、风险及风险管理

1. 风险的定义、特征

　　任何风险定义都可能带有一定的主观性，这主要是由风险的特点和它所应用的范围所决定的。以下是一些常见的风险定义表述：

　　①风险是有害后果发生的可能性，是对潜在的、未来可能发生损害的一

种度量；

②风险是在一定的时间和空间、在冒险和弱点交互过程中产生的一种预期损失；

③风险是一个统计概念，用于描述在给定的时间和空间中消极事件和状态影响人或事件的可能性。

比较经典的风险定义是美国人韦氏（Webster）① 给出的：风险是遭受损失的一种可能性。在一个项目中，损失可能有各种不同的后果形式，如质量的降低、费用的增加或项目完成的推迟等。

由于风险概念的复杂性，单纯从范畴的角度去界定风险是不够的。于是有学者尝试从风险要素的交互角度去解释风险的本质，以下是其中的两种。

美国人 Chicken 和 Posner 在 1998 年提出风险应是损害（Hazard）和对损害暴露度（Exposure）两种因素的综合，并给出了表达式：

$$Risk = Hazard \times Exposure$$

其中 Exposure 是指风险承受者对风险的暴露程度，它内含了风险发生的频率和可能性。

我国的杜端甫教授认为风险是指损失发生的不确定性，是人们因对未来行为的决策及客观条件的不确定性而可能引起的后果与预定目标发生多种负偏离的综合，并给出了如下数学公式：

$$R = f(P,C)$$

其中 R 表示风险，P 表示不利事件发生的概率，C 表示该事件发生的后果。

随着对风险管理认识的不断深化，作者认为，项目风险的定义就是为实现项目目标的活动或事件的不确定性和可能发生的危险。

风险的这些不同形式的定义都从不同的角度对风险本质进行了描述，要全面理解上述定义，应注意以下几点：

第一，风险是与人们的行为相联系的。这种行为既包括个人的行为，也包括群体或组织的行为。不与行为联系的风险只是一种危险。而行为受决策左右，因此风险与人们的决策有关。

第二，客观条件的变化是风险的重要成因。尽管人们无力控制客观状态，却可以认识并掌握客现状态变化的规律性，对相关的客现状态做出科学的预测。这也是风险管理的重要前提。

第三，风险是指可能的后果与目标发生负偏离。负偏离是多种多样的，

_____

① 见 Webster's New Collegiate Dictionary。

且重要程度不同。而在复杂的现实经济生活中，"好"与"坏"有时很难截然分开，需要根据具体情况加以分析。

第四，尽管风险强调负偏离，但实际中也存在正偏离。由于正偏离是人们的渴求，属于风险收益的范畴，因此在风险管理中也应予以重视。它激励人们勇于承担风险，获得风险收益。

在会展活动中，风险指的是特殊活动和庆典没有达到预期目标的可能性。风险并不一定会造成伤害。当一个活动主办单位赢得了该活动的主办权时，原因之一就是别的公司可能会认为主办这个活动风险过高。风险是商业企业的基石，不冒险也就不存在走钢丝和极限运动。一个活动的特殊性，部分就在于它的风险性——以前无人尝试过。

根据澳大利亚的标准，术语"风险管理"适用于与任何活动、仪式或过程相关的建立背景、确定、分析、评估、协商、监控和传达风险的逻辑和系统方法。这些方法的使用在一定程度上可以最大限度的降低活动的损失，并增加成功的概率。风险管理不仅要发现机会，还要避免或减轻损失。

2. 风险管理的定义、产生和发展

风险管理（risk management）是指项目管理机构对可能遇到的风险进行规划、识别、估计、评价、应对、监控的过程，是以科学的管理方法实现最大安全保障的实践活动的总称。

要正确理解上述定义，还应注意以下几点：

第一，风险管理的主体是不同的社会单元，即个人、家庭、企业或政府单位等。由此可知，风险管理这个概念的外延很大。

第二，风险管理是由风险规划、识别、估计、评价、应对、监控等环节组成的，是通过计划、组织、协调、控制等过程，综合、合理地运用各种科学方法来实现其目标的。

第三，风险管理以选择最佳的管理技术为中心，要体现成本效益的关系。

第四，风险管理的目标是实现最大的安全保障。

人们在一切社会经济和其他活动中，面临着各种各样的风险。从总体上看，风险是一种客观存在，是不可避免的，而且在一定条件下还带有某些规律性。因此，人们只能把风险缩减到最小的程度，而不可能将其完全消除。这就要求社会各部门、各行业主动地认识风险，积极管理风险，有效地控制风险，把风险减至最低的程度，以保证社会生产和人民生活的正常进行。正是在这样的背景下，随着生产力和科学技术的不断发展，风险管理作为系统的科学产生于 20 世纪初的西方工业化国家。

风险管理问题最先起源于第一次世界大战后的德国。1931 年美国管理协会首先倡导风险管理，并在以后的若干年里，以学术会议及研究班等多种形式集中探讨和研究风险管理问题。风险管理问题逐渐得到了理论探讨和一些大企业的初步实践。从 20 世纪 60 年代起，对风险管理的研究逐步趋向系统化、专门化。这使风险管理成为企业管理中一门独立学科。

在西方发达国家，各企业中都相继建立风险管理机构，专门负责风险的分析和处理方面的工作。美国还成立了全美范围的风险研究所和美国保险与风险管理协会等专门研究工商企业风险管理的学术团体。该协会拥有 3500 多个会员。

风险管理协会的建立和风险管理教育的普及，表明风险管理已渗透到社会的各个领域。美国的风险与保险管理协会（RIMS）和美国风险与保险协会（ARIS）是美国最重要的两个风险管理协会。1978 年日本风险管理协会（JRMS）成立。英国建立有工商企业风险管理与保险协会（AIRMIC）。风险管理方面的课程及论著数量大增。20 世纪 70 年代中期，全美大多数大学工商管理学院均普遍开设风险管理课。美国还设立了 ARM（Associate in Risk Management）证书，授予通过风险管理资格考试者。协会的活动为风险管理在工商企业界的推广、风险管理教育的普及和人才培养诸方面做出了突出的贡献，促进了全球性风险管理运动的发展。

1986 年 10 月在新加坡召开的风险管理国际学术讨论会表明，风险管理运动已经走向全球，成为全球范围的国际性运动。

随着风险管理和项目管理的日益普及，迫切需要更为规范的项目管理学科体系作为理论基础，于是世界各国的项目管理专业组织纷纷建立各自国家的项目管理知识体系（project management body of knowledge，简称 PMBOK），在各国的项目管理知识体系中都把风险管理最为重要的管理内容之一。美国项目管理学会（PMI）项目管理知识体系（PMBOK）把项目管理划分为九个知识领域，风险管理是其中的一个知识领域。我国也于 2001 年 5 月由中国优选法统筹法与经济数学研究会项目管理研究委员会（PMRC）正式推出了中国的项目管理知识体系文件《中国项目管理知识体系》（C‐PMBOK），对风险管理也进行了详细规范，以作为项目管理规范化运作的理论基础和技术指南。

二、项目风险管理综述

风险（risk）是人类历史上长期存在的客观现象，它不仅会带来损失，往往也蕴藏着机遇。人们对风险的认识是在同风险的不断斗争中逐步深化的，最初将其等同于危险，即遭受不幸或灾害的可能性，实际上这只是从风险的现象上所作的一种通俗解释。如今人们已用科学的语言确定风险的定义。

简单地说，风险是指损失发生的不确定性。它是不利事件或损失发生概率及其后果的函数，用数学公式表示为：$R = f(P, C)$，其中 R 表示风险，P 表示不利事件发生的概率，C 表示该事件发生的后果。

现代风险管理（risk management）问题起源于第一次世界大战中战败的德国。20 世纪 30 年代初期，世界性经济危机发生之后，风险管理问题成为美国许多经济学家的研究对象。50 年代以来，风险管理受到欧美各国的普遍重视。其研究内容逐步向系统化、专业化方向发展，使风险管理逐步成为企业管理科学中的一门独立学科，风险管理的理论研究和实际应用都具有广阔的前景。

项目风险管理（project risk management）是在经济学、管理学、行为科学、运筹学、概率统计、计算机科学、系统论、控制论、信息论等学科和现代工程技术的基础上，结合现代建设项目和高科技开发项目的实际，逐步形成的边缘学科。项目风险管理既是一门新兴的管理科学，又是项目管理的一个重要分支，更是项目经理们必备的一项与项目成败有密切关系的决策技术。随着我国成功加入 WTO、北京奥运的成功举办以及改革开放的不断深化和市场经济体制的逐步建立，我国对项目管理的要求也越来越高。项目招投标制、项目业主责任制和风险投资机制的逐步推行，以及国际风险市场的局限性和我国保险市场发展的相对滞后，都要求我国的企业加强自身的项目风险管理。而我国目前对项目风险管理的研究仍是一个薄弱环节，急待加强。因此，项目风险管理的研究及推广对促进我国经济稳定、持续、快速的发展具有重大的现实意义。

1. 项目风险管理的产生

风险管理的产生是社会生产力、科技水平发展到一定阶段的必然产物。从某种意义上讲，风险管理的历史是随着人类文明的开端而开始的。原始社会时最古老的人类面临的主要风险是来自于毒蛇猛兽的威胁。为了生存，人们不得不联合起来共同抗击野兽的袭击，并且为了更有效地打击野兽，人们研制出一些原始的工具。这便是最古老的人类风险管理意识的萌芽。公元前 4000 年我国长江的皮筏商人就懂得运用损失分担的道理运送皮货。公元前 916 年所出现的共同海损制度和公元前 400 年的船货押贷等无疑都是风险管理的雏形。

2. 项目风险管理的基本概念

（1）项目风险管理的定义。项目风险管理就是对项目中的风险进行管理。也就是说，项目风险管理是指项目管理人员对可能导致损失的项目不确定性进行预测、识别、分析、评估和有效的处置，以最低成本为项目的顺利完成提供最大安全保障的科学管理方法。项目风险管理以观察、实验和分析损失资料为手段，以概率论和数理统计为数学工具，以系统论为科研方法，去研究项目的部门、进度、成本、市场各方面可能存在的风险，寻求控制风险的规律。

（2）项目风险管理的特性。

①必须分析承担风险的利益相关者。对于不同的利益相关者，他们承担的风险也是不同的。例如哥伦比亚号航天飞机失事时，NASA 的风险是其财产和信誉的损失；而对于飞机上的宇航员而言，最大的风险则是失去了他们的生命。

②风险是有时限的。不同的风险可能只存在于项目的某一阶段。同样，风险的承担者也只在特定的时间内才承担这些风险。

③项目风险管理的目的在于预测。项目风险管理的作用不是在风险事件发生后用来追查和推卸责任。项目的团队应当是在一个相互信任、开放的环境中工作，信息的及时沟通对于风险管理十分重要。

④项目风险管理是有代价的。项目风险的计划编制、识别、分析、监控和处置都须要分配项目的资源。由于项目风险管理是用来减轻或预防未来可能出现的问题，其真正价值只有在未来才能体现出来，有可能用于风险管理的投入在将来有会抵消甚至多于风险造成的损失。

⑤项目风险将随项目进展而发生变化。一旦项目的目标、时间和费用计划确定下来，该项目的风险计划也应当随之完成。在项目执行过程中如果项目的时间、费用等约束有重大变化时，相对于这些约束的风险也要重新进行评估。

（3）项目风险管理的原则。项目风险管理的目标是避免或减少项目损失的发生，进行项目风险管理主要遵循以下几个原则：

①经济性原则。风险管理人员在制订风险管理计划时要以总成本最低为总目标，即风险管理也要考虑成本。以最合理、经济的处置方式把控制损失的费用降到最低，通过尽可能低的成本达到项目的安全保障目标。这就要求风险管理人员对各种效益和费用进行科学的分析和严格的核算。

②"二战"原则。即战略上蔑视而战术上重视的原则。对于一些风险较大的项目，在风险发生之前，对风险的恐惧往往会造成人们心理和精神上的紧张不安，这种忧虑心理会严重影响工作效率并阻碍积极性。这时要通过有效的风险管理，让大家确信：项目虽然具有一定的风险，但风险管理部门已经识别了全部不确定因素，并且已经妥善地做出了安排和处理，这是战略上的蔑视。而作为项目风险管理部门，则要坚持战术上重视的原则，即认真对待每一个风险因素，杜绝松懈麻痹。

③满意性原则。不管采用什么方法，投入多少资源，项目的不确定性是绝对的，而确定是相对的。因此，在风险管理过程中要允许一定的不确定性。只要能达到要求，满意就行了。

④社会责任感。项目风险管理计划和措施必须考虑周围地区及一切与项目有关并受其影响的单位、个人等对该项目的风险影响的要求。同时风险管理还应充分注意有关方面的各种法律、法规，使项目风险管理的每一步骤都具有合法性。

⑤符合企业战略目标的原则。企业战略目标是企业一切项目的出发点和归宿。风险管理作为项目活动的一部分，其目标的制定必须符合这一要求。

（4）项目风险管理的理论体系。在现代项目管理中，项目管理人员引入了风险管理技术，强调对项目目标的主动控制，以对项目实施过程中遭遇的风险和干扰因素起到预防作用，从而减少损失。在项目管理中建立风险管理策略和规划，并在项目的生命期内不断控制风险是非常重要的。风险管理通常可以分为四个阶段：风险识别、风险分析、风险应对措施的确定和风险监控，如图7－1所示：

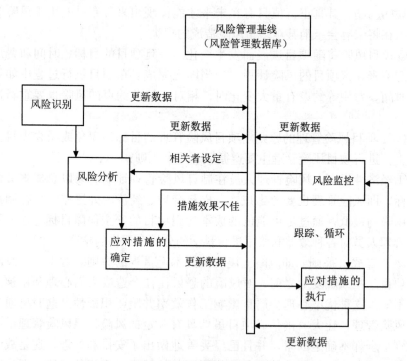

图7－1　风险管理框架

3. 风险管理规划

风险管理规划是规划和设计如何进行项目风险管理的过程。该过程包括定义项目组织及成员风险管理的行动方案与方式、选择适合的风险管理方法、确定风险判断的依据等。

风险管理规划的依据：

①项目规划中包含或涉及的有关内容，如项目目标、项目规模、项目利益相关者情况、项目复杂程度、所需资源、项目时间段、约束条件及假设前提等可作为规划的依据。

②项目组织及个人所经历和积累的风险管理经验及实践。

③决策者、责任方及授权情况。

④项目利益相关者对项目风险的敏感程度及可承受能力。

⑤可获取的数据及管理系统情况。

⑥风险管理模板，以使风险管理标准化、程序化。

风险管理规划的方法及内容：

风险管理规划一般通过规划会议的形式制订。风险管理规划将针对整个项目生命周期制定如何组织和进行风险识别、风险评估、风险量化、风险应对计划及风险监控的规划。风险管理规划应包括：方法、人员、时间周期、类型级别及说明、基准、汇报形式、跟踪。

4. 风险识别

风险管理的第一步是识别和评估潜在的风险领域，这是风险管理中最重要的步骤。风险识别要系统地、连续地识别它们；风险识别包括列出所有与项目相关的过程、客户及存在的问题。风险识别包括确定风险的来源、产生条件，风险识别不是一次就可以完成的事，应在项目的自始至终定期进行。

项目风险是每个人和风险因素的结合体。风险产生于猜测的结果和现实的偏离。

风险可以简单地分为静态风险和动态风险。静态风险是自然力的不规则作用和人们的错误判断和错误行为导致的风险；动态风险是由于人们欲望的变化、生产方式和生产技术的变化以及企业组织的变化所导致的风险。风险的另外一类分法：可以分为纯粹风险和投机风险。纯粹风险是当风险发生时，仅仅会造成损害的风险；而投机风险是当风险发生时，可能造成利润也可能造成损失的风险。当然，它们还可以进一步细分。现在，人们习惯上说的风险是指那些可能对项目产生负面影响的风险源。如技术风险、质量风险、过程风险、管理风险、组织机构风险、试场风险及法律法规变更等。项目的风险种类应能反映出项目所在行业以应用领域特征。

风险识别的方法：

①德尔菲法；

②头脑风暴法；

③情景分析法；

④核对表法；

⑤敏感性分析法；

⑥面谈法；

⑦环境分析法（相关方和社会环境变化趋势，可能变更的法律法规）等。

5. 风险分析

风险分析一般常用定性分析和定量分析两种分析方法。常用的定性分析方法有：

①故障树分析法；

②头脑风暴法；

③德尔菲法；

④外推法（使用历史数据）；

⑤主观评分法。

常用的定量分析方法有：

①层次分析法—AHP法；

②计划评审技术（PERT）；

③模拟技术—蒙特卡罗法；

④期望值优化法；

⑤决策树法；

⑥矩阵分析法。

6. 应对措施的确定

应对措施就是针对风险定性、定量分析的结果，为降低项目风险的负作用而制定的风险应对措施。风险应对计划必须与风险的严重程度、成功实现目标的费用有效性相适应，必须与项目成功的时间性、现实性相适应。它也必须应得到项目所有利益相关者的认可，应有专人负责。风险应对措施通常是从几个备选方案中挑选出的最优的一个。

常用的风险应对措施有：

①风险回避；

②风险转移措施；

③减轻风险措施；

④风险自留；

⑤应急措施；

⑥风险分担措施。

7. 风险监控

风险监控就是要跟踪识别的风险，识别剩余风险和出现的风险，修改风险管理计划，保证风险计划的实施，并评估消减风险的效果。风险监控依据风险管理计划、风险应对计划、附加风险识别和分析、项目审计，利用核对表、定期项目风险评估、挣值分析、附加风险应对计划和独立风险分析，得出工作计划、纠正计划、项目变更请求、风险应对计划更新等成果。

三、项目风险管理成熟度模型

1. 项目管理成熟度模型（PMMM）

所有的公司都希望在项目管理中达到成熟与卓越的效果。但并不是所有的公司都能意识到可以通过执行为项目管理所制订的战略计划来缩短时间。肤浅地应用项目管理，即便持续很长一段时间，也不会达到什么出色的效果。相反，这会导致重复错误，并且更糟糕的是，你所学习的是你自己的错误而不是别人的错误。

项目管理已成为企业维持竞争优势的关键战略之一。改进项目管理方法、培训计划及组织变更计划等逐渐成为改进组织有效性的战略计划的一部分。也就是说，项目管理已不单单是项目经理的责任而是高层经理进行战略规划的一部分，这就是所谓的项目管理战略规划。

组织在进行项目管理战略规划时希望能够制订一个完美的计划。可是，如果要完全实施项目管理战略规划就需要以试验为基础。为了配合项目管理战略规划的实施，著名的项目管理大师哈罗德·科兹纳（Harold Kerzner）博士专门研究出了项目管理成熟度模型（PMMM），并通过在北电网络等公司的试验得到了认可。

项目管理成熟度模型（PMMM）可以帮助公司评判自己项目管理的现状。要在项目管理中达到卓越的效果，其基础可由项目管理成熟度模型（PMMM）（由五层组成）做出很好的表述，如图 7 - 2 所示。五层中的每一层都表示了一个不同的成熟阶段。

第一阶段——通用语言：在这一阶段中，组织意识到了项目管理的重要性并且须要很好地理解项目管理的基础知识以及相应的语言（或术语）。

第二阶段——通用程序：在这一阶段中，组织意识到通用的程序需要被定义并发展，以便使一个成功的项目开发程序能够被重复地使用于其他方案。

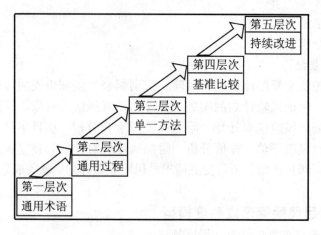

图 7 - 2   项目管理成熟度的五个层次

在这一阶段还要意识到，项目管理的原则还要能够应用到并且支持公司所运用的其他方法上去。

第三阶段——单一方法论：在这一阶段中，组织要认识到将所有公司的方法组合成一个单一的方法所产生的综合效果。这一单一方法的中心就是项目管理。由于使用的是单一方法而不是多种方法，这样的综合效果还会将程序控制简单化。

第四阶段——标准化：在该阶段重要意识到改进程序对于保持竞争优势是非常必要的。标准化必须实施于连续的基础上。公司必须决定标准化的对象和内容。

第五阶段——持续提高：在这一阶段中，组织要对通过标准化得到的信息进行评价，而且还必须决定该信息是否对单一方法有提高作用。

2. 风险管理成熟度模型（RMMM）

由风险管理研究与开发项目合作组（risk management research and development program collaboration）提出了风险管理成熟度模型（risk management maturity model）。组织通过使用该模型评估他们当前风险管理能力成熟度级别，为改进识别现实的目标同时也为发展或提高他们的风险管理成熟度级而制订行动计划。这是一个非常简单化的模型，设计用于快速定位风险管理薄弱之处，但它不是很正式。该模型只是作为一个简单的评估工具帮助组织理解他们风险管理过程的成熟度及可能的缺陷。

我们知道风险管理在组织内的实施不是一个小挑战，不可能在短期内接受。风险管理不是一个简单的识别技术、派人培训、购买软件并学会使用的过程。风险管理能力是一个范围很广的概念，从非正式的特定项目的风险技术的应用、常规的正式过程的广泛应用，到前瞻的管理不确定性的风险意识文化。

　　RMMM 容许组织按照四个成熟度级（如图 7 - 3 所示）来检查他们风险管理的实际能力，同时容许组织识别出需要做些什么来改善它们管理风险的能力。利用 RMMM 也能使客户、供应商及组织其他领域判断项目或组织实施风险管理的好坏程度，帮助发展特殊策略以达到更高的成熟度级。

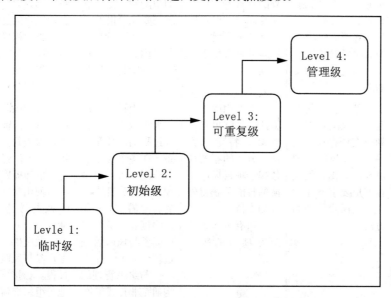

图 7 - 3　项目风险管理成熟度模型的四个等级

　　RMMM 包括四个成熟度等级，通过表 7 - 1 可帮助组织检查自己管理风险的能力，从而进一步改善它。

表 7 - 1　　　　　　　　　　**风险管理成熟度检查表**

	1 临时级 （Ad Hoc）	2 初始级 （Initial）	3 可重复级 （Repeatable）	4 管理级 （Managed）
定义	没有意识到对不确定性（风险）管理的需要。无系统的方法对付不确定性 　　反复的反应管理过程，很少甚至根本不从过去的项目中学习以备将来之用	通过少数个人进行风险管理的试验期。无适当的系统方法。意识到风险管理的潜在收益，但没有有效地实施	将对不确定性的管理纳入所有组织活动中。在多数项目中实施风险管理。正视的普通风险过程，组织的各级都理解风险管理的好处，尽管不是总能实现组织的目标	风险意识植根于组织的各个层面，采取主动策略进行风险管理。积极利用风险信息改善组织的活动并获得竞争优势

	1 临时级 （Ad Hoc）	2 初始级 （Initial）	3 可重复级 （Repeatable）	4 管理级 （Managed）
文化	无风险意识，无上层管理参与，对变化进行抵制，倾向继续已有的过程，甚至面临项目失败时仍然如此 报复转播消息的人	风险过程可视为使利润变化的额外的管理费用。上层管理鼓励但不要求使用风险管理。风险管理仅用于某些项目上	公认的风险管理政策，意识到并期望受益。上层管理需要风险报告 为风险管理配备专门的资源，接受"坏消息"风险信息	自顶向下参与风险管理，领导以身作则，上层管理利用风险信息作决策。鼓励积极的风险管理并予奖励 组织的观点是承认人们会犯错误
过程	没有正式的过程，无风险管理计划或文档存在，几乎无应用风险管理法则的企图，仅仅在客户要求下才尝试运用风险管理的方法	无通用的正式方法，尽管可能用到某些特定的方法。方法的有效性依赖于项目风险团队的技能及获得外界的支持 所有风险人员都在项目的领导之下	通用过程应用于大多数项目。正式过程纳入质量体系，在各个层面积极分配和管理风险预算。对外部支持的有限需要。收集风险度量，关键供应商参与风险管理过程 与组织管理的沟通是非正式渠道	基于风险的组织过程，风险管理文化渗透到整个组织。对方法经常进行评估和提炼 使用常规风险手段与改进的反馈表 关键供应商和客户参与风险管理过程。直接、正式地与组织交流风险信息的渠道
经验	不了解风险的原理。不了解或没经验来实现风险管理	限于个别人可能有少量经验但非正式的培训	专门技能的内部核心，在基本风险管理技能方面正式培训，开发和使用特定方法和工具	所有职员都有风险意识而且有使用风险基本技能的能力。经验学习作为一部分，正式培训来提高技巧
应用	无系统应用，无专用资源，无风险管理工具，无风险分析过程	资源应用的不一致性。只用定性风险分析法	常规的稳定的应用于所有项目。专用的组织资源。综合的一套方法和工具。使用定性的和定量的风险分析方法	风险的概念应用于所有活动。基于风险的报告和决策。艺术的方法和工具。使用定性的和定量的风险分析方法及强调利用有效的可靠的历史数据资源。专用的组织资源

四、项目风险管理的意义和过程

1. 项目风险管理的意义

作为项目全方位管理的重要一环，风险管理对保证项目实施的成功具有重要的意义：

（1）通过风险分析，可加深对项目和风险的认识与理解，澄清各方案的利弊，了解风险对项目的影响，以便减少或分散风险。

（2）通过检查和考虑所有到手的信息、数据和资料，可明确项目的各有关前提和假设。

（3）通过风险分析不但可提高项目各种计划的可信度，还有利于改善项目执行组织内部和外部之间的沟通。

（4）编制应急计划时更有针对性。

（5）能够将处理风险后果的各种方式更灵活地组合起来，在项目管理中减少被动，增加主动。

（6）有利于抓住机会并利用机会。

（7）为以后的规划和设计工作提供反馈，以便在规划和设计阶段就采取措施防止和避免风险损失。

（8）风险即使无法避免，也能够明确项目到底应该承受多大损失或损害。

（9）为项目施工、运营选择合同形式和制订应急计划提供依据。

（10）深入的研究和了解情况可以使决策更有把握、更符合项目的方针和目标，从总体上使项目减少风险，保证项目目标的实现。

（11）可推动项目执行组织和管理班子积累有关风险的资料和数据，以便改进将来的项目管理。

2. 项目风险管理的适用范围

风险是普遍存在的，项目风险管理是被普遍适用的，可应用于军事、工业、高新技术、建筑等各个不同领域中。下面从不同角度阐述适合风险管理的项目。

按项目分类角度，风险管理尤其适用于以下一些项目：

（1）研发项目。诸如军方型号研制项目，由于其研制与生产规模大、周期长、技术复杂性和生产的小批量性等特点，在实施过程中存在着诸多不确定的因素，比一般项目具有更大的风险，进行风险管理尤为重要。

（2）现代大型工程项目。这些项目往往投资很高、施工环境复杂，进行过程中不确定因素很多；同时，传统风险管理的一些手段如保险在应用到这些大型工程项目时是有局限性的。这些都促使现代大型项目需要更多的风险管理。

（3）国际承包工程项目。由于国际承包工程项目是一项跨国的经济活动，涉及多个国家或参与单位的经济利益，因而合同中各方不容易互相理解，反而容易产生矛盾和纠纷。与国内工程相比，国际承包工程风险要大得多，尤其在政治和管理方面都有巨大的风险。

按项目性质角度，对具备下列特征的项目尤其应该进行风险管理：

①创新多、使用新技术多的项目；

②预研不充分、不定因素多的项目；

③项目目标没有最终确定的项目；

④投资数额大的项目；

⑤边设计、边施工、边科研的项目；

⑥合作关系复杂的项目；

⑦受多种因素制约和受业主严格要求的项目；

⑧具有重要政治、军事、经济、社会意义的项目；

⑨国家行为的项目。

3. 合同甲乙方的风险管理

项目中的合同甲乙方有两种情况：一种是监理方与承包商，如军方的型号管理办公室和国防工业中的型号承包商；另一种是承包商与分包商，因为对于大型承包项目，不可能完全靠一个公司自己的力量来实施，那么就必然要有众多的分包商参与项目的建设。不管是哪一种情况，甲方在风险管理上都应该对乙方起到组织、指导、协调、控制的作用，确保项目实施能够有序、高效地进行。要达到这一目的，甲方除了要与乙方订立严密的分包合同并严格执行外，还必须在技术风险、质量风险、工期风险上有一套控制制约机制和监理模式，要有一套对乙方实现有效控制的方法和途径。

从本质上说，甲方的风险管理和乙方的风险管理没有本质的区别，项目管理知识体系 PMBOK 是完全涵盖甲方风险管理和乙方风险管理的。但是，相对乙方风险管理来说，甲方风险管理具有更高的层次。它从更宏观的角度去进行风险识别、分析和控制，从而有效实现对乙方风险管理的监理。

4. 风险管理过程

风险管理过程就是风险管理所采用的程序，一般由若干主要阶段组成。这些阶段不仅其相互作用，而且与项目管理的其他管理区域也互相影响。每个风险管理阶段的完成都可能需要项目风险管理人员的努力。

对于风险管理主要阶段的划分，不同的组织或个人的划分方法是不一样的。SEI（美国系统工程研究所）把风险管理的过程主要分成若干个环节：风险识别（Identify）、风险分析（Analyze）、风险计划（Plan）、风险跟踪（Track）、风险控制（Control）和风险管理沟通（Communicate），如图 7 - 4 所示。

图 7 - 4　SEI 的风险管理过程框架

而在 PMI（美国项目管理协会）制定的 PMBOK（2000 版）中的风险管理过程为：风险管理规划、风险识别、风险定性分析、风险量化分析、风险应对设计、风险监视和控制六个部分。

我国的毕星、翟丽主编的《项目管理》把风险管理的阶段划分为风险识别、风险分析与评估、风险处理、风险监视四个阶段，并将风险管理的方法总结如图 7 - 5 所示。

风险识别 ➡	风险分析与评估 ➡	风险处理 ➡	风险监督 ➡
• 风险识别询问法	• 风险的概率分布	• 风险控制与对策	• 保险经纪人
• 财务报表法	• 历史资料统计	• 回避	• 项目风险经理
• 流程分析法	• 理论分布分析	• 损失控制	• 项目风险机构
• 现场勘察法	• 外推方法	• 分离	• 项目风险管理制度
• 相关部门配合法	• 项目风险量确定	• 分散	
• 索赔统计记录法	• 项目风险费用分析	• 转移	
• 环境分析法	• 项目风险评价准则	• 风险财务对策	
	• SAVE方法	• 自留	
	• AHP方法	• 转移（有偿）	
		• 保险	

图 7 - 5　四个阶段的风险管理过程

根据我国项目管理的情况，特别是结合大型高风险项目的实践，作者认为项目风险管理过程可分为风险规划、风险识别、风险估计、风险评价、风险应对、风险监控六个阶段和环节，如图 7 - 6 所示。

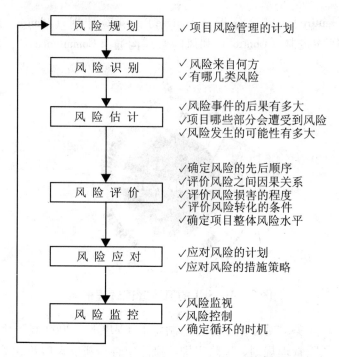

图 7 - 6　风险管理的六个阶段和环节

第二节　风险管理规划

一、风险管理规划的概念与内容

1. 风险规划的概念

风险规划就是项目风险管理的一整套计划、主要包括定义项目组及成员风险管理的行动方案及方式、选择合适的风险管理方法、确定风险判断的依据等。风险规划用于对风险管理活动的计划和实践形式进行决策，它的结果将是整个项目风险管理的战略性的和全生命周期的指导性纲领。在进行风险规划时，主要应考虑的因素有：项目图表、风险管理策略、预定义的角色和职责、雇主的风险容忍度、风险管理模板和 WBS 等。

2. 风险管理规划的依据

①项目规划中所包含或涉及的有关内容。如项目目标、项目规模、项目利益相关者情况、项目复杂程度、所需资源、项目时间段、约束条件及假设前提等。

②项目组织及个人所经历和积累的风险管理经验及实践。

③决策者、责任方及授权情况。

④项目利益相关者对项目风险的敏感程度及可承受能力。

⑤可获取的数据及管理系统情况。丰富的数据和严密的系统基础，将有助于风险识别、估计、评价及对应策略的制定。

⑥风险管理模板。项目经理及项目组将利用风险管理模板对项目进行管理，从而使风险管理标准化、程序化。模板应在管理的应用中得到不断改进。

在 PMBOK2000 中，风险管理规划的处理框架如图 7 - 7 所示。

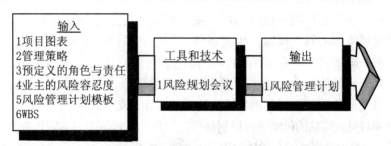

图 7 - 7 风险管理规划的处理框架

3. 风险管理规划的主要工具和内容

风险管理规划的主要工具是召开风险规划会议，参加人包括项目经理和负责项目风险管理的团队成员。通过召开风险管理规划会议，可以决定风险管理的方法、工具、报告和跟踪形式以及具体的时间计划等。

风险管理规划主要包括：

（1）方法。确定风险管理使用的方法、工具和数据资源。这些内容可随项目阶段及风险评估情况作适当的调整。

（2）人员。明确风险管理活动中领导者、支持者及参与者的角色定位、任务分工及其各自的责任。

（3）时间周期。界定项目生命周期中风险管理过程的各运行阶段及过程评价、控制和变更的周期或频率。

（4）类型级别及说明。定义并说明风险评估和风险量化的类型级别。明确的定义和说明对于防止决策滞后和保证过程连续是很重要的。

（5）基准。明确定义由谁以何种方式采取风险应对行动。合理的定义可作为基准衡量项目团队实施风险应对计划的有效性，并避免发生项目业主方与项目承担方对该内容理解的二义性。

（6）汇报形式。规定风险管理各过程中应汇报或沟通的内容、范围、渠道及方式。汇报与沟通应包括项目团队内部之间的沟通及项目外部与投资方等项目利益相关者之间的沟通。

（7）跟踪。规定如何以文档的方式纪录项目过程中风险及风险管理的过程，风险管理文档可用于对当前项目的管理、项目的监察、经验教训的总结及日后项目的指导等。

二、风险识别

1. 风险识别的概念

风险识别就是将项目风险的因子要素归类和分层地查找出来。风险识别包括确定风险的来源、风险产生的条件、描述其风险特征和确定哪些风险事件有可能影响项目。不是所有的风险都是会对项目产生严重后果的高风险。然而，几个小风险的合计也会对项目产生严重影响。因此，风险识别不是一次就可以完成的事，应当在项目的自始至终不断进行。

对项目可能面临的风险进行识别是风险管理的基础。项目风险识别要回答以下问题：项目中有哪些潜在的风险因素？这些风险因素会引起什么风险？这些风险的严重程度如何？简单地说，项目风险识别就是要找出风险之所在和引起风险的主要因素，然后才能在这个基础上对风险的后果做出定性或定量的估计。

2. 风险识别的依据和种类

（1）风险管理规划的结果。

（2）项目规划。项目规划中的项目目标、任务、范围、进度计划、费用计划、资源计划、采购计划及项目承担方、业主方和其他利益相关者对项目的期望值等都是项目风险识别的依据。

（3）风险种类。风险种类指那些可能对项目产生正负影响的风险源。一般的风险类型有技术风险、质量风险、进度风险、管理风险、组织机构风险、市场风险及法律法规变更风险等。项目的风险种类应能反映出项目所在行业及应用领域的特征。

（4）历史资料。项目的历史资料可以从项目及相关项目的历史文档及公共信息渠道中获取。

项目风险识别是对项目进行风险管理的重要一步，但项目中风险的范围、种类和严重程度经常容易被人们主观地夸大或缩小，从而使对项目风险的评估、分析和处置发生差错，造成不必要的损失。因此，在风险识别时，要特别注意采用与项目性质相适应的工具和方法。

3. 风险识别的工具和方法

对项目风险进行识别的方法很多，目前常用的有：德尔菲法（delphi method）、头脑风暴法（brain storming）、情景分析法（scenarios analysis）、核对表法（checklists）和面谈法（Interviewing）等。

（1）德尔菲法（delphi method）。德尔菲法又称专家调查法，它起源于20世纪40年代末期，最初由美国兰德公司（Rand Corporation）首先使用，很快就在世界上盛行起来，现在此法的应用已遍及经济、社会、工程技术等各领域。用德尔菲法进行项目风险预测和识别的过程是由项目风险小组选定与该项目有关的领域和专家，并与这些适当数量的专家建立直接的函询联系，通过函询收集专家意见，然后加以综合整理，再匿名反馈给各位专家，再次征询意见。这样反复经过四至五轮，逐步使专家的意见趋向一致，作为最后预测和识别的根据。我国在70年代引入此法，已在不少项目中采用，并取得了比较满意的结果。

（2）头脑风暴法（brain storming）。所谓头脑风暴法，就是以专家的创造性思维来获取未来信息的一种直观预测和识别方法。此法是由美国人奥斯本于1939年首创的，从20世纪50年代起就得到了广泛应用。头脑风暴法一般是在一个专家小组内进行，通过专家会议，激发专家的创造性思维来获取未来信息。这就要求主持专家会议的人在会议开始时的发言应能激起专家们的思维"灵感"，促使专家们感到急需回答会议提出的问题，通过专家之间的信息交流和相互启发，从而诱发专家们产生"思维共振"，以达到互相补充并产生"组合效应"，获取更多的未来信息，使预测和识别的结果更准确。我国70年代末开始引入头脑风暴法，很快就受到了有关方面的重视。

（3）情景分析法（scenarios analysis）。情景分析法在美国PMI项目管理知识体系中被称为是Assumptions Analysis。它是根据发展趋势的多样性，通过对系统内外相关问题的系统分析，设计出多种可能的未来前景，然后用类似于撰写电影剧本的手法，对系统发展态势做出自始至终的情景和画面的描述。当一个项目持续的时间较长时，往往要考虑各种技术、经济和社会因素的影响，对这种项目进行风险预测和识别，就可用情景分析法来预测和识别其关键风险因素及其影响程度。情景分析法对以下情况是特别有用的：提醒决策者注意某种措施或政策可能引起的风险或危机性的后果；建议需要进行监视的风险范围；研究某些关键性因素对未来过程的影响；提醒人们注意某种技术的发展会给人们带来哪些风险。情景分析法是一种适用于对可变因素较多的项目进行风险预测和识别的系统技术，它在假定关键影响因素有可能发生的基础上，构造出多重情景，提出多种未来的可能结果。以使采取适当措施防患于未然。情景分析法从 20 世纪 70 年代中期以来在国外得到了广泛应用，并产生了一些具体的方法，如目标展开法、空隙填补法、未来分析法等。一些大型跨国公司在对一些大项目进行风险预测和识别时都陆续采用了情景分析法。

（4）核对表法（checklists）。核对表法比较简单，它主要利用核对表作为风险识别的重要工具。核对表一般根据风险要素编纂，包括项目的环境、项目产品或技术资料以及内部因素如团队成员的技能或技能缺陷等。

（5）面谈法（Interviewing）。与不同的项目相关人员进行有关风险的面谈将有助于那些在常规计划中未被识别的风险。在进行可行性研究时获得的项目前期面谈记录往往是识别风险的很好素材。

从理论上讲，任何有助于风险信息发现的方法都可以作为风险识别的工具，如 PMI 中的文档回顾法、图表分析法等。本文以上只是列举了一些主要的和常用的方法。同时，关于项目风险预测和识别的理论和方法，还远没有达到完善的地步，还需要作进一步研究。

三、风险估计

1. 风险估计的概念

风险估计是在风险规划和识别之后，通过对项目的不确定性和风险要素进行充分、系统而又有条理的考虑，确定项目的各单个风险。

风险估计主要是对以下几项内容的估计：

（1）风险事件发生的可能性大小；

（2）可能的结果范围和危害程度；

（3）预期发生的时间；

（4）一个风险因素所产生的风险事件的发生频率。

2. 风险估计的依据

风险估计是对风险进行定性或定量分析，并依据风险对项目目标的影响程度对项目风险进行分级排序的过程。风险估计的依据：

（1）风险管理规划。

（2）风险识别的成果。已识别的项目风险及风险对项目的潜在影响须进行估计。

（3）项目进展状况。风险的不确定性常常与项目所处的生命周期阶段有关。在项目初期，项目风险症状往往表现得不明显。随着项目的进程，项目风险及发现风险的可能性会增加。

（4）项目类型。一般来说，普通项目或重复率较高的项目的风险程度比较低。技术含量高或复杂性强的项目的风险程度比较高。

（5）数据的准确性和可靠性。用于风险识别的数据或信息的准确性和可靠性应进行估计。

（6）概率和影响的程度。用于估计风险的两个关键方面。

3. 风险估计的工具和技术

（1）风险可能和危害分析等级矩阵。风险的大小是由两个方面决定的：一是风险发生的可能性，另一个是风险发生后对项目目标所造成的危害程度。对这两方面，可以用一些定性的描述词分别进行描述，如"非常高的"、"高的"、"适度的"、"低的"和"非常低的"等，表7－2就是对风险危害程度分级的一个例子。由此，可以得到一个可能/危害等级矩阵，对发生可能性大且又危害程度大的风险要特别加以注意。

表7－2   **风险危害程度分级**

目 标 项 目	风险对项目不同目标的危害估计				
	很低 .05	低 .1	适度 .2	高 .4	很高 .8
费 用	明显的 费用增加	<5%的 费用增加	5%～10%的 费用增加	10%～20%的 费用增加	>20%的 费用增加
进 度	明显的 进度推迟	进度推 迟<5%	总项目进度推 迟5%～10%	总项目进度推 迟10%～20%	总项目进度推 迟>20%
范 围	不被觉察 的范围减少	小区域的 范围更改	大区域的 范围更改	不能接受 的范围更改	结束时项目范 围已面目全非
质 量	不被觉察 的质量下降	不得不进行的 质量下降	经客户同意的 质量下降	客户不能接受的 质量下降	结束时项目 已不能使用

（2）项目假定测试（project assumptions testing）。风险估计中的项目假定测试是一种模拟技术，它是分别对一系列的假定及其推论进行测试，进而发现风险的一些定性信息。

（3）数据精度分级（data precision ranking）。风险估计需要准确的、不带偏见的有益于管理的数据，数据精度分级就是应用于这方面的一种技术，它可以估计有关风险的数据对风险管理有用的程度。

它包括如下的检查：风险的了解范围、有关风险的数据、数据的质量、数据的可信度和真实度等。

四、风险评价

1. 风险评价的概念

风险评价就是对项目风险进行综合评价。它是在对项目风险进行规划、识别和估计的基础上，通过建立风险的系统模型，从而找到该项目的关键风险，确定项目的整体风险水平，为如何处置这些风险提供科学依据，以保障项目的顺利进行。

2. 风险评价的依据

①风险管理计划。

②风险及风险条件排序表。

③历史资料。如同类项目的文档、风险专家对同类项目的研究成果及所在行业或其他来源的相关信息数据。

④专家判断结果。专家既可以是项目团队、组织内部的专家，也可以是组织外部的专家；既可以是风险管理专家，也可以是工程或统计专家。

3. 风险评价的方法和工具

对项目进行风险评价的方法很多，如故障树分析法 FTA（fault tree analysis）、层次分析法（AHP）、Monte Carlo 模拟法、外推法（extrapolation）、决策树（decision tree analysis）、计划评审技术 PERT（program evaluation and review techniques）、主观概率法（subjective probability method）、效用理论（utility theory）、灰色系统理论（grey system theory）、模糊分析方法（fuzzy analysis）、影响图分析法（Influence diagram）等。

（1）故障树分析法（fault tree analysis）。故障树分析法（FTA）是 1961 年到 1962 年期间，美国贝尔（BELL）电话实验室的 Watson 和 Mearns 等人在分析和预测民兵式导弹发射控制系统安全性时首先提出并采用的故障分析方法。此后，有很多部门和人都对该方法产生兴趣，并开展了卓有成效的研究和应用。波音飞机公司的 Hassl、Schroder 和 Jackson 等人研制出了 FTA 计算程序，从而使 FTA 进入了以波音公司为中心的宇航领域。1974 年美国核研究委员会发表了麻省理工学院（MIT）以 Resmusen 教授为首的安全小组在采用了事件树分析和 FTA 方法对核电站安全性进行研究的基础上所写的"商用轻水堆核电站事件危险性评价"报告，肯定了核电站的运行安全性，并得出核能是一种非常安全的能源的结论。该报告引起了很大的反响，并很快使故障树分析法从宇航、核能推广到了电子、化工和机械等工业部门以及社会问题、经济管理和军事行动决策等领域。目前国际上已公认故障树分析方法是可靠性分析和故障诊断的一种简单、有效的方法。

FTA 是一种演绎的逻辑分析方法。它在风险分析中的应用主要是遵循从结果找原因的原则，将项目风险形成的原因由总体到部分按树枝形状逐级细化，分析项目风险及其产生原因之间的因果关系。即在前期预测和识别各种潜在风险因素的基础上，运用逻辑推理的方法，沿着风险产生的路径，求出风险发生的概率，并能提供各种控制风险因素的方案。这方面的研究，我国是从 1976 年开始进行的，并把它应用到了许多项目中，取得了不少成果。

FTA 是一种具有广阔应用范围和发展前途的风险分析方法，尤其对较复杂系统的风险分析和评价非常有效。它具有应用广泛、逻辑性强、形象化等特点。其分析结果具有系统性、准确性和预测性。同时，它有固定的分析流程，可以用计算机来辅助建树和分析，从而大大提高风险管理的效率。

（2）层次分析法（AHP）。层次分析法是管理学中常用的方法，在很多具体问题中都有广泛的应用。它的主要步骤如下：

①根据风险因子的相关隶属关系构造出阶梯层次模型。

②对每一顶层风险因子的下层因子通过一对一的比较构造出权重判断矩阵 P 如下：

$$P = \begin{bmatrix} U_{11} & U_{12} & \dots & U_{1n} \\ U_{21} & U_{22} & \dots & U_{2n} \\ \dots & \dots & \dots & \dots \\ U_{n1} & U_{n2} & \dots & U_{nn} \end{bmatrix}$$

U_{ij} 表示元素 U_i 对元素 U_j 的相对重要性数值，（ $i,j = 1, 2, \cdots, n$ ），U_{ij} 的取值依表 7 - 3 进行。

表 7 - 3　　　　　　　　　　判断矩阵标度及含义

标度	含义
1	表示因素 U_i 与 U_j 比较，具有同等重要性
3	表示因素 U_i 与 U_j 比较，U_i 比 U_j 比稍微重要
5	表示因素 U_i 与 U_j 比较，U_i 比 U_j 比明显重要
7	表示因素 U_i 与 U_j 比较，U_i 比 U_j 比强烈重要
9	表示因素 U_i 与 U_j 比较，U_i 比 U_j 比极端重要
2，4，6，8	2，4，6，8 分别表示相邻判断 1 - 3，3 - 5，5 - 7，7 - 9 的中值
倒数	表示因素 U_i 与 U_j 相互比较 $u_{ji} = 1/u_{ij}$

③根据权重判断矩阵 P 计算重要性排序。求出权重判断矩阵 P 的最大特征根所对应的特征向量，所求特征向量即为各评价因素重要性排序，也就是权数分配。具体求法是：

a. 计算判断矩阵每一行元素的乘积 M_i；

$$M_i = \prod_{j=1}^{n} U_j, \ (i, j = 1, 2, \ldots, n)$$

b. 计算 M_i 的 n 次方根 $\overline{w_i}$；

$$\overline{w_i} = \sqrt[n]{M_i}$$

c. 对向量 $\overline{w_i} = [\overline{w_1}, \overline{w_2}, \ldots, \overline{w_n}]^T$ 作归一化处理或正规化处理，即

$$w_i = \overline{w_i} \Big/ \left(\sum_{I=1}^{n} \overline{w_j} \right)$$

则 $w = [w_1, w_2, \cdots w_n]^T$ 即为所求特征向量，也就是所要求的权重向量；

d. 到此已经得到了权数向量，但权数的分配是否合理，这还需要对判断矩阵进行一致性检验。所谓一致性即当判断矩阵 P 满足以下等式时，称其为一致性矩阵。

$$P_{ij} P_{jk} = P_{ik} (i, j, k = 1, 2, \cdots, m)$$

④依据得到该层风险因子的权重向量 $w = [w_1, w_2, \cdots w_n]^T$，同时可通过专家打分方法得到每个因子的风险估计值向量 $R = [R_1, R_2, \cdots R_n]^T$。这样对该层因子的风险总评就是：$\overline{R} = \sum_{i=1}^{n} w_i \cdot R_i$。

⑤在每一个顶层因子的下层因子都得到风险总评之后，可按同样的方法对顶层因子进行类似的分析，最后得到整个项目的风险总评值。整个过程的思路如图 7 - 8 所示。

（3）Monte Carlo 模拟法（Monte Carlo simulation）。蒙托卡罗模拟法（Monte Carlo simulation）是随机地从每个不确定风险因素中抽取样本，之后进行一次整个项目计算，重复进行成百上千次，模拟各式各样的不确定性组合，获得各种组合下的成百上千个结果，进而通过统计和处理这些结果数据，找出项目变化的规律。例如，把这些结果值从大到小排列，统计各个值出现的次数，用这些次数值形成频数分布曲线，就能够知道每种结果出现的可能性是多少。然后依据统计学原理，对这些结果数据进行分析，确定最大值、最小值、平均值、标准差、方差、偏度等。通过这些信息就可以更深入地定量

地分析项目，为决策提供依据。

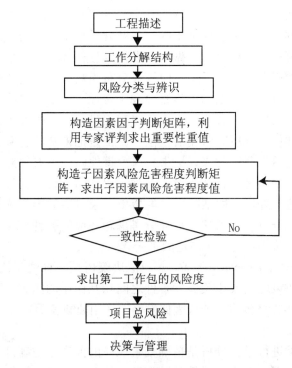

图 7 - 8 用 AHP 法进行风险量化分析的思路

项目中常用蒙托卡罗模拟法来模拟仿真项目的日程。这种技术往往被全局管理者所采用。通过对项目的多次"预演"得出如图 7-9 所示的项目进度日程的统计结果。该图表明了完成项目的累积可能性与某一时间点的关系，项目固定完成工期越靠左则按时完成项目的风险愈高，反之风险愈低。蒙托卡罗模拟法也常被用来估算项目成本可能的变化范围。

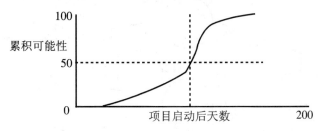

图 7 - 9 一个项目的进度日程的蒙托卡罗模拟

（4）外推法（extrapolation）。外推法是进行项目风险评估和分析的一种十分有效的方法。它可分为前推、后推和旁推三种类型。前推就是根据历史的经验和数据推断出未来事件发生的概率及其后果。如果历史数据具有明显的周期性，就可据此直接对风险做出周期性的评估和分析；如果从历史记录中看不出明显的周期性，就可用一曲线或分布函数来拟合这些数据再进行外推；此外还得注意历史数据的不完整性和主观性。后推是在手头没有历史数据可供使用时所采用的一种方法。由于工程项目的一次性和不可重复性，因而在项目风险评估和分析时常用后推法。后推是把未知的想象的事件及后果与一已知事件与后果联系起来，把未来风险事件归结到有数据可查的造成这一风险事件的初始事件上，从而对风险做出评估和分析。旁推法就是利用类似项目的数据进行外推，用某一项目的历史记录对新的类似项目可能遇到的风险进行评估和分析，当然这还得充分考虑新环境的各种变化。这三种外推法在项目风险评价中都得到了广泛的采用。

（5）决策树（decision tree analysis）。决策树是一种便于决策者理解的、用来说明不同决策之间或相关偶发事件之间相互作用的图表。决策树的分支或代表决策（用方格表示）或代表偶发事件（用圆圈表示）。图 7 - 10 是一个典型的决策树图。

对项目风险进行量化分析是精确处置风险的前提，是制订和实施风险处置计划的科学根据。因此一定要对风险发生的概率及其后果做出尽量准确的定量估计，但历史资料的不完整、项目的复杂性、环境的多变性以及人们认识的局限性都会使人们在评估和分析项目风险时出现一些偏差。如何利用多种方法综合判断以便缩小这一偏差，是值得进一步研究的问题。

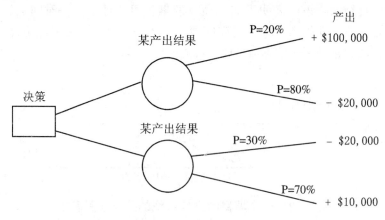

产出

某产出结果   P=20%   + $100,000

P=80%   - $20,000

某产出结果   P=30%   - $20,000

P=70%   + $10,000

决策

图 7 - 10　决策树示例

五、风险应对

1. 风险应对的概念

风险应对就是对项目风险提出处置意见和办法。通过对项目风险识别、估计和分析，把项目风险发生的概率、损失严重程度以及其他因素综合起来考虑，就可得出项目发生各种风险的可能性及其危害程度；再与公认的安全指标相比较，就可确定项目的危险等级，从而决定应采取什么样的措施以及控制措施应采取到什么程度。

2. 风险应对计划的依据

①风险管理计划。

②风险排序。将风险按其可能性、对项目目标的影响程度、缓急程度分级排序，并说明要抓住的机会和要应付的威胁。

③风险认知。对可放弃的机会和可接受的风险的认知、组织的认知度会影响风险应对计划。

④风险主体。项目利益相关者中可以作为风险应对主体的名单，风险主体应参与制订风险应对的计划。

3. 风险应对的方法和策略

风险应对可以从改变风险后果的性质、风险发生的概率和风险后果大小三个方面提出以下多种策略：减轻风险、预防风险、转移风险、回避风险、自留风险和后备措施等。对不同的风险可用不同的处置方法和策略，对同一个项目所面临的各种风险，可综合运用各种策略进行处理。

（1）减轻风险。主要是为了降低风险发生的可能性或减少后果的不利影响。如何减轻风险，则要按已知风险、可预测风险和不可预测风险来分别对待。

对于已知风险，可以在很大程度上加以控制，使其风险减轻。

对于可预测风险，可以采取迂回策略，尽量将每个风险因素都减少到可以接受的水平上。

对于不可预测风险，要尽量使之转化为可预测风险或已知风险，然后加以控制和处理。

在减轻风险中，要集中力量专攻威胁最大的那几个风险。有些时候，高风险是由于风险的耦合作用而引起的。一个风险减轻了，其他一系列风险也会随之减轻。

（2）预防风险。预防策略通常采取有形或无形的手段。

　　工程法是一种有形的手段。此法以工程技术为手段，消除物质性风险威胁。工程法预防风险有多种措施：一是防止风险因素出现。在项目活动开始之前，采取一定措施，减少风险因素。二是减少已存在的风险因素。三是将风险因素分离分割。

　　无形的风险预防手段有教育法和程序法。

　　教育法：项目管理人员和所有其他有关各方的行为不应当构成项目的风险因素。因此，要减轻与不当行为有关的风险，就必须对有关人员进行风险和风险管理教育。风险和风险管理教育的目的是要让有关人员充分了解项目所面临的种种风险，了解和掌握控制这些风险的方法，使他们深深地认识到，个人的任何疏忽和错误行为，都可能给项目造成巨大的损失。

　　程序法：程序法是指以制度化的方式从事项目活动，减少不必要的损失。项目管理班子制订的各种管理计划、方针和监督检查制度一般都能反映项目活动的客观规律性。因此，项目管理人员一定要认真执行。实践表明，如果不按规范办事，就会犯错误，就要造成浪费和损失。所以要从战略上减轻项目的风险，就必须遵循基本程序。那种图省事、走捷径、抱侥幸心理甚至弄虚作假的想法和做法都是项目风险的根源。

　　预防策略还应在项目的组织结构上下功夫，合理地设计项目组织形式也能有效地预防风险。项目发起单位如果在财力、经验、技术、管理、人才或其他资源方面无力完成项目，可以同其他单位组成合营体，预防自身不能克服的风险。

　　（3）转移风险。转移风险又叫合伙分担风险，其目的不是降低风险发生的概率和不利后果的大小，而是借用合同或协议，在风险事故一旦发生时将损失的一部分转移到项目以外的第三方身上。

　　采用这种策略所付出的代价大小取决于风险大小。当项目的资源有限不能实行减轻和预防策略，或风险发生频率不高但潜在的损失或损害很大时，可采用此策略。

　　（4）回避风险。回避风险是指当项目风险潜在威胁发生可能性太大、不利后果也太严重、又无其他策略可用时，主动放弃项目或改变项目目标与行动方案，从而规避风险的一种策略。如果通过风险评价发现项目的实施将面临巨大的威胁，项目管理班子又没有别的办法控制风险，这时就应当考虑放弃项目的实施，避免巨大的损失。

　　在采取回避策略之前，必须要对风险有充分的认识，对威胁出现的可能性和后果的严重性有足够的把握。采取回避策略，最好在项目活动尚未实施时进行。放弃或改变正在进行的项目，一般都要付出高昂的代价。

（5）风险自留。有些时候，可以把风险事件的不利后果自愿接受下来。自愿接受可以是主动的，也可以是被动的。由于在风险管理规划阶段已对一些风险有了准备，因而当风险事件发生时马上执行应急计划。这是主动接受。被动接受风险是指在风险事件造成的损失数额不大、不影响项目大局时，将损失列为项目的一种费用。自留风险是最省事的风险规避方法，在许多情况下也最省钱。当采取其他风险规避方法的费用超过风险事件造成的损失数额时，可采取自留风险的方法。

（6）后备措施。有些风险要求事先制定后备措施。一旦项目实际进展情况与计划不同，就动用后备措施。主要有费用、进度和技术三种后备措施。

一是预算应急费。这是一笔事先准备好的资金，用于补偿差错、疏漏及其他不确定性对项目估计精确性的影响。预算应急费在项目进行过程中一定会花出去。但用在何处、何时以及多少，则在编制项目预算时并不知道。预算应急费在项目预算中要单独列出，不能分散到具体费用项目下。

二是进度后备措施。对于项目进度方面的不确定因素，项目各有关方一般不希望以延长时间的方式来解决。因此，项目管理班子就要设法制订出一个较紧凑的进度计划，争取项目在各有关方面要求完成的日期前完成。从网络计划的观点来看，进度后备措施就是在关键路线上位置一段时差或浮动时间。

三是技术后备措施。技术后备措施专门用于应付项目的技术风险。它是一段预先准备好了的时间或一笔资金。当预想的情况未出现、并需要采取补救行动时才动用这笔资金或这段时间。预算和进度后备措施很可能用上，而技术后备措施很可能用不上。只有当不大可能发生的事件发生、需要采取补救行动时，才动用技术后备措施。

在设计和制定风险处置策略时一定要针对项目中不同风险的特点分别采用这六种风险处置方式，而且尽可能准确而合理地采用。在实施风险策略和计划时应随时将变化了的情况反馈给风险管理人员，以便能及时地结合新的情况对项目风险处理策略进行调整，使之能适应新的情况，尽量减少风险导致的损失。

六、风险监控

1. 风险监控的概念

风险监控就是通过对风险规划、识别、估计、评价、应对全过程的监视和控制，从而保证风险管理能达到预期的目标，它是项目实施过程中的一项重要工作。监控风险实际是监视项目的进展和项目环境，即项目情况的变化。其目的是：核对风险管理策略和措施的实际效果是否与预见的相同；寻找机会改善和细化风险规避计划；获取反馈信息，以便将来的决策更符合实际。在风险监控过程中，及时发现那些新出现的以及随着时间推延而发生变化的风险，然后及时反馈，并根据对项目的影响程度，重新进行风险规划、识别、估计、评价和应对。

2. 风险监控的依据

①风险管理计划和风险应对计划。

②项目进展报告。随着项目的进展，在对项目进行评估和报告时，可能会发现以前未曾识别的潜在风险事件。应对这些风险继续执行风险识别、估计、量化并制订应对计划。

③项目评审。风险评审者检测和记录风险应对计划的有效性，以及风险主体的有效性，以防止、转移或缓和风险的发生。

风险监控就是要跟踪可能变化的风险、识别剩余风险和新出现的风险，修改风险管理计划，保证风险计划的实施，并评估风险管理的效果。它由两部分组成，即风险监视和风险控制。

3. 风险监视

不管预先计划好的策略和措施是否付诸实施，风险监视都一日不可缺。如果发现已做出的决策是错误的，就一定要尽早承认，立即采取纠正行动。如果决策正确，但是结果却不好，这时不要惊慌，不要过早地改变正确的决策。频繁地改变主意，不仅会减少应急的后备资源，而且还会大大增加项目阶段风险事件发生的可能性，加重不利后果。

监视风险之所以非常必要，是因为时间的影响是很难预计的。一般说来，风险的不确定性随着时间的推移而减小。这是因为风险存在的基本原因是缺少信息和资料。随着项目的进展和时间的推移，有关项目风险本身的信息和资料会越来越多，对风险的把握和认识也会变得越来越清楚。

4. 风险控制

风险控制是为了最大限度地降低风险事件发生的概率和减小损失程度而采取的风险处置技术。在风险控制上，一般认为可采取以下措施：根据风险因素的特性，采取一定措施使其发生的概率降至接近于零，从而预防风险因素的产生；减少已存在的风险因素；防止已存在的风险因素释放能量；改善风险因素的空间分布从而限制其释放能量的速度；在时间和空间上把风险因素与可能遭受损害的人、财、物隔离；改变风险因素的基本性质；加强风险部门的防护能力；做好救护受损人、物的准备。恰当地采用这些措施可以使风险得到有效的控制。

本章小结

　　本章主要讲述了如何对会展项目实施风险管理。首先简单介绍了风险及风险管理的基本概念、特征，项目风险管理的意义；然后重点讲解了项目风险管理的基本内容、风险管理成熟度模型、风险管理过程；最后详细阐述了风险规划制定、风险识别、风险估计、风险评价、风险应对、风险监控以及各个阶段的内容、工具和方法。

关键名词或概念

　　风险　风险管理　风险管理成熟度模型　风险管理过程　风险规划　风险识别　风险估计　风险评价　风险应对　风险监控。

简答题

　　1. 什么叫风险和风险管理？

　　2. 什么是项目管理成熟度模型？PMMM 和 RMMM 分别包括几个成熟阶段或等级？每个成熟阶段或等级分别指的是什么？具备什么特征？

　　3. 项目风险管理过程包括哪几个阶段？

　　4. 项目风险管理需要遵循哪些原则？

　　5. 什么是风险管理规划？风险管理规划的工具和内容？

　　6. 什么叫风险识别？风险识别的工具和方法有哪些？

　　7. 什么叫风险估计？风险估计的工具和技术有哪些？

　　8. 什么叫风险评价？风险评价的方法和工具有哪些？

　　9. 什么叫风险应对？风险应对的方法和策略有哪些？

　　10. 什么叫风险监控？

案例分析

文化项目案例分析
——SARS 警醒国内演出市场的保险意识

　　2003 年春季 SARS 这个不速之客突然到来。春季的北京，本是文化演出活动最多的时候。据不完全统计，从 3 月底开始到 6 月初，将要在北京范围内举办的各类演出活动将超过 140 场之多。但 SARS 的突袭使演出由于疫情陆续宣布推迟或取消，第二季度的北京文化活动市场陷于停顿。各大演出公司、剧院和唱片公司无一幸免地遭受重创。一场演出的前期工作要占演出投入的 60%～70%，如演艺人员的预订金、剧院的租赁费、提前的广告宣传、舞台设备预订金等等支出。一旦演出取消，大部分前期投入的钱就无法追回。如同往常一样，这次的绝大部分演出公司都没有购买相应的保险，停演导致前期的大量投入则无法追回。不同程度的损失暴露出演出市场缺乏风险防范意识。活动主办方在制订预算时，就没有考虑到保险的费用和风险的管理。

例外的是，策划滚石乐队来北京演出的主办方，应国外演出方的要求，购买了"公众责任险"，因 SARS 取消原定演出而给主办方带来的前期投入损失，将由保险公司理赔。

滚石乐队原定于 4 月 4 日在北京演出。在与"滚石"签订的诸多合同中，其中有一个合同专门是演出保险方面的。3 月 19 日，演出的主办方时代新纪元公司与中国人保和中国平安两家保险公司签订了一份最高赔偿限额为 415 万元人民币的保险合同。该保险的名称是"公众责任险"，其扩展条款"偶发事件保险"，而此次发生的演出取消就属于"偶发事件保险"的保障范围。

"偶发事件保险"又称为"活动意外取消保险"，对因保单中所列明的原因导致演出不能按时举行或取消时，由保险公司赔偿被保险人已经发生的筹备演出费用。保单中的列明原因包括：主要演出人员在赶赴演出过程中发生意外、由于天气原因使场地不能按时使用、演出设备在运送途中受损等外来因素导致的演出停止或延迟。由于 SARS 疫情不属于保单的除外责任，因而此次疫情造成的演出取消，由保险公司承担保险责任。

国内保险业首次承保演出取消或延迟险的是世界三大男高音紫禁城广场音乐会，中国人民保险公司曾为此次"三高"紫禁城演出活动提供 1.1 亿元的责任保险。1.1 亿元包括公众责任险、雇主责任险、演出取消或延迟险。其中公众责任险，主要为参会嘉宾，国内外宾客及其他普通观众、演职人员、记者、警察、服务人员提供保险保障；雇主责任险，主要对组委会在册的正式工作人员提供保险保障；演出取消或延迟险，主要为紫禁城广场音乐会承办单位因火灾、地震等不可抗力风险导致演出取消或延迟提供风险保障。这也是迄今为止国内保险企业为大型演出活动提供的保额最大的一笔保险。

由于意外导致活动取消的保险不确定性大。一旦发生，其保险金额较大，支付的保费也较高。因此，并不像其他一些较成熟的险种那样普遍。国际惯例是寻求再保险。在国外和我国港台地区，为一场演出或活动投保非常普遍。不但演出、赛事要上保险，连香港回归时的政府交接仪式都投保了专门的保险，将由于天气、恐怖事件等原因推迟仪式而给政府造成的各方面影响折合成了金额进行投保。

而相对于国外和我国港台地区的演出公司，国内演出商和大型活动的主办方则缺乏风险意识，很少有主动为大型活动投保的情况。一旦出现意外，损失只能自担。演出公司都能未雨绸缪，提前给这些场投资巨大的演唱会投保，估计会使这些公司的损失缩减不少。

目前国内保险公司针对大型演出或活动，一般有三种保险可上。一种是公众责任险，保险责任包括在演出过程中因意外造成的观众人身、财产损失。目前国内很多大型赛事、酒店宾馆都会投保此种保险。第二种是财产保险，对演出需要的器材、设备等财产进行保障。第三种就是"活动意外取消保险"，即"偶发事件保险"。与前两种保险一般不超过千分之三的费率不同，由于这一险种的风险不可控制，费率往往由保险公司根据具体项目与投保人协商决定，所以不同的演出活动，费率差异很大。

"滚石"中国行因故延期，演出公司因理赔而受益。这一典型案例将保险意识和合同意识同时提到国内演出市场面前。大型演出如何应对意外的问题应当以科学的态度和现代经营理念来思考。保险可以帮助经营者转嫁市场风险，为生存提供保障。演出保险的制度化，是个值得长期摸索和研究的问题。

思考题

1. 会展项目在运作过程中存在哪些风险？
2. 针对大型演出或活动，有哪些类型的保险？
3. 如何提高会展项目管理者的风险意识？
4. 如何推进保险的制度化？

第八章　会展项目的评估

本章导读

会展项目评估是会展整体运作管理中的一个重要环节。一个会展项目的实际进程已经结束，为什么还要对其进行评估呢？通过评估，我们可以判断该会展项目的效益如何、存在哪些问题需要加以改进，或者可以决定该会展项目以及类似的会展项目今后是否仍有必要继续举行。这无论是对该会展项目的主办者与承办者，还是对于参展商乃至会展举办当地的一般观众，都有着重要的意义。

学习目标

本章要求学生理解会展评估的概念和意义，掌握会议、展览和大型活动评估的内容和方法，了解会展评估的过程，能够撰写会展评估报告。

第一节　会展项目评估概述

一、会展项目评估的概念

1. 项目评估与项目后评价

在项目管理理论中，项目评估和项目后评价是两个既有联系又有区别的概念，它们分别适用于项目管理过程中的不同阶段。至于评估与评价并不存在严格的区别，只是习惯上的不同用法而已。

项目评估，又称为项目评价，是在项目可行性研究的基础之上，由第三方根据国家的有关方针政策、法律法规、各项指标要求，对项目从技术角度、经济角度和社会角度进行评估，对拟建项目的充分必要性、建设条件、生产条件、市场预测、工艺技术、经济效益和社会效益等进行全面分析、评价和论证，预测项目成功的可能性和未来发展前景，从而对项目的可行性做出判断。项目评估是以可行性研究成果为基础进行的一项评价活动，主要审查项目可行性研究报告的客观性、真实性和准确性，从第三者的角度，以中立的态度，为项目单位行政主管部门的审批决策和银行的贷款决策以及其他相关部门的决策提供科学的依据。

项目后评价，也可称项目后评估，是指对已经完成的项目（或规划）的目的、执行过程、效益、作用和影响所进行的系统的、客观的分析；通过项目活动实践的检查总结，确定项目预期的目标是否达到，项目或规划是否合理有效，项目的主要效益指标是否实现；通过分析评价找出成败的原因，总结经验教训；并通过及时有效的信息反馈，为未来新项目的决策的提高完善投资决策管理水平提出建议，同时也为后评价项目实施运营中出现的问题提出改进建议，从而达到提高投资效益的目的。

需要指出的是，项目的类型很多，以上的解释是从投资型项目或生产型项目的角度出发的。而对于会展项目，无论是国外的学者，还是国内的理论界及会展业界，对会展评估及会展项目评估的理解与使用，基本上都是从项目后评价的角度进行的。当然，由于会展项目自身的特点，上述项目后评价的概念也并不完全适用于会展项目评估。

2. 会展项目评估

会展项目评估是指对一次会展，也即一个会展项目的目的、执行过程、质量、服务、直接和间接的经济效益与社会效益、作用和影响所进行的系统的、客观的分析和评价，判断该会展项目是否成功，并分析其原因，总结经验教训，为项目的主办者与承办者提供借鉴，并通过及时有效的信息反馈，为参展商乃至一般观众提供参考。

二、会展项目评估的意义与目的

1. 会展项目评估的意义

一个会展项目的实际进程已经结束，为什么还要对其进行评估？

会展项目评估是会展整体运作管理中的一个重要环节。通过评估，可以判断该会展项目的效益如何、存在哪些问题需要加以改进，或者可以决定该会展项目以及类似的会展项目今后是否仍有必要继续举行。这无论是对该会展项目的主办者与承办者，还是对于参展商乃至会展举办当地的一般观众，都有着重要的意义。

会展项目评估对会展主办单位而言，不能仅仅只是停留在诸如参展商数量、参观人数、利润等数据的统计和整理上，而应深入的挖掘下去。同时每一届会展举办的宏观大环境都会有所不同，而这种变化也必然会导致会展评估内涵、特征发生变化。因此，会展项目评估应根据相关的会展调研来深刻地分析、评价当前的会展市场环境和走向，为今后会展项目的市场开发、运营管理提出相应的建议。

会展项目评估对会展行业的管理机构也有着重要的意义，会展行业主管部门可以根据相关会展评估的标准、结论来制定会展行业发展的行业规章和制度，并可对一些评估良好的会展项目进行重点扶持，帮助它们做强、做大以形成品牌优势；反之，对一些评估差，缺乏市场前景甚至重复举办的会展，予以严格控制以达到规范会展市场秩序和行业竞争的目的。

我国会展业从小到大，发展速度不断加快，成为各地经济发展的助推器和新亮点。然而在现阶段，我国会展业存在许多严重的问题，尤其表现在市场秩序混乱，会展过多过滥，鱼龙混杂，有些地方甚至出现了会展"泡沫"现象。一些城市日日有展，甚至一日多展。许多会展缺乏明确定位，既无特色，又无实质内容，缺乏良好的组织与服务，且收费混乱；低水平恶性竞争，使参展者的利益无法得到保护。而有些会展参展产品的质量和档次都比较低下，有些会展甚至成为处理滞销商品的场所。会展主办主体复杂，缺乏资质条件的约束，会展从业人员的素质偏低。目前，会展活动的主办主体有各级政府及有关部门，有各类协会、学会，有各种群众团体组织，有咨询公司和会展公司，有各种媒体，也有各类企业。主办主体的多元化是市场经济条件下会展业发展的趋势。但是，没有严格的资质条件限制、没有一套完善的评估体系，则是我国会展产业目前管理服务水平低下、市场秩序混乱的主要原因。

在会展市场上也存在着信息不对称的现象。许多展会为了吸引更多的参展商和观众，在前期做了许多虚假广告；有时竟会出现骗展、展会蒸发的现象。产生这些现象的一个非常重要的原因就是我国会展市场的评估体系没有建立起来，不能对每个会展活动的主办机构或承办单位的自治进行评价，没有通过对展会的评价形成品牌展会。

一些会展业发达国家都相当重视会展评估。譬如，德国会展业的成功就有赖于权威的会展评估中介机构。它们对每个会展的参观人次及效果，都作公正公开的公布，使参展商能避开无良会展公司的陷阱。这也有助于真正有实力的会展迅速树立起自己的品牌。

国际博览会联盟（Union of International Fairs，简称 UFI）有一套成熟的会展评估体系，对展会的参展商、专业观众、规模、水平、成交等进行严格评估。达到标准的，或被接纳为成员，或准予刊登在年度会展会目录上，并向全世界推广。由于 UFI 的权威性，被认可的会展会在吸引参展商、专业观众等方面具有很大优势。一旦展会或博览会的名称与 UFI 联系在一起，即被认为是最高品质的象征。

而在我国，会展评估工作还处于起步阶段，还没有得到全面推广，尤其是还没有形成比较权威的、在全国会展行业中普遍应用的会展项目评估指标体系。

2. 会展项目评估的目的

会展项目评估的目的旨在通过对会展参展面积、参展商数量、观众人数、经济效益等指标的考核，认识会展的质量与效益，从而树立中国自己的品牌会展，达到规范行业竞争的目的。具体而言包括：

（1）对会展项目的整体运做及其相关成果做出客观真实的评价，展示会展项目的优势，为项目招商提供基础数据的支撑。

（2）对会展项目历年的相关会展数据进行纵向比较，分析其存在的问题、市场发展趋势及其未来的发展对策。

（3）结合国内大型类似的相关会展活动进行横向对比，分析并借鉴其优势项目。

（4）为将来会展项目的品牌建设提供支持。

（5）为参展商参展提供数据依据。

（6）为贸易促进会和展览馆协会提供协会管理的基础数据。

（7）为会展场馆的出租方提供背景资料。

三、会展项目评估的主体和客体

1. 会展项目评估的主体

会展评估在国外已有成熟的运作经验。会展的评估工作大多由主办单位委托一些独立的专业会展咨询企业或行业协会来进行，这保证了评估的过程和结论上的真实性、公正性。独立的评估主体提出的会展未来发展对策大多能给主办单位一定的提示作用。会展主办单位则可根据每次评估的结论和建议，及时调整会展发展方向、运作管理方式等，从而完善自己的会展品牌。在德国，会展官方评价由 AUMA 组织进行。AUMA 是德国会展业的最高协会，是由参展商、购买者和博览会组织者三方面力量组合而成的联合体，以伙伴的身份塑造博览会市场。为了确保德国博览会透明化，AUMA制定了许多规章制度，并根据目前会展数量、质量、技术手段、目的、要求的改变进行调整、改进。在AUMA的统一调控下，德国各博览会的目标非常明确，会展重复现象极少。英国会展业联合会则要求会员对其展会进行第三者审计，即聘请一家独立的审计公司对会展会的整体效果进行评估。

而在我国，由于会展评估工作才刚刚起步，目前无论是会展主办单位的会展项目评估还是参展商的参展评估，都缺乏专业、独立的人员和机构来进行。当前对会展项目进行的评估大多由会展主办单位自己进行，对会展的评估难免受到企业内部因素的影响，在对会展评估的数据乃至结论上有着一定的主观倾向，难以保证应有的客观性、公正性。参展商、观众上当受骗者不乏其人。这已成为制约我国会展业健康发展的严重问题。

应该说，在我国目前情况下，会展主办单位自身可以也应该对自己所举办的会展项目进行客观公正的评估，以提高自己的办展水平；而各地会展协会则应积极介入，对当地所举办的会展项目进行调查、统计分析和评估；与此同时，也应积极培育客观中立的专业会展评估机构。

2. 会展项目评估的客体

会展评估的客体也即评估对象，可分为会展城市、会展主办单位与单项会展项目。对会展城市的评估侧重于该城市一年内所举办会展的数量、规模、质量、效益和影响；对会展主办单位的评估侧重于该单位全年办展的业绩与效益；对单项会展项目的评估则侧重于会展的规模、参展商的数量、参观人数、会展成交额、项目经济社会效益等。其中，对单项会展项目的评估是最为基本的，对会展主办单位以及会展城市的评估都是以此为基础的。

当然，除此之外，还可以针对更为具体细致的方面加以评估，比如对参展商的评估、对观众的评估、对会展人才的评估等，不一而足，此处不赘。

四、会展项目评估的内容、时间与方法

1. 会展项目评估的基本内容

要进行会展的评估，首先需要明确所要评估的内容。

会议、展览、大型活动各自性质不同，所需要评估的内容也不一致。单就展览而言，又可以大致分成两类：一类是教育性、公益性会展，一类是商业性会展。前者主要是经济建设成就类会展、人物先进事迹会展、专项整治

类会展（如反腐会展、扫黄打黑会展等）、科普类会展、欣赏性书画会展等。后者主要是贸易展、投资贸易洽谈类会展等，其主要特点是，在参展商与客商之间架起一座沟通的桥梁。其主办者主要是想通过举办会展，搭建一个平台，供参展商和观众（采购商与消费者）彼此见面，洽谈生意，或达成直接的交易，或达成交易意向，签订协议。

相对而言，商业性会展有着直接的功利性目的，也即有着对经济利益的追求，因此更需要对其效果进行评估，同时也比较便于加以定量化分析，因此本章以下的分析即以商业性会展为例进行。商业性会展项目评估的基本内容，主要包括：会展的面积、参展商的数量、观众（包括专业性观众）的数量、达成的交易金额或签订协议金额、会展的门票收入、广告收入等。

2. 会展项目评估的时间

尽管对会展项目的评估可以认为是整个会展项目管理的最后一个环节，但并不能认为在时间上也是在最后进行。事实上，由于对会展项目的评估需要收集相应的数据，而这一工作应该是贯穿整个会展项目的始终，甚至从会展项目的准备阶段就要进行。此外，会展项目评估的策划也应在一开始就制定。因此可以认为，会展项目评估的时间是和整个会展项目同步的，只是真正的评估是在会展项目实际过程结束后进行的。

3. 会展项目评估的方法

会展项目评估的方法主要有定量和定性两种。

一般而言，凡能计量的因素也最容易评估，通常也多被列为评估工作的第一步。例如会展的规模（包括展位面积、参展商的数量、专业观众的数量等子因素）、交易金额、主办方的收入等。因此，第一步可运用层次分析法确定各因素及子因素，第二步则是用德尔菲法得出各因素的权重，第三步加以计算得出最终数值。但需要注意的是，这些数量还是会受到许多非计量因素的影响。譬如说，两个会展虽然专业观众的人数相等，但专业观众的结构、所代表的购买团体以及所在团体中的地位都会有很大的差异。仅凭单纯的数量比较，并不足以确定专业观众的相对价值。另外，某些要素可能还会包含若干无形因素或者不能计量的因素，对于这些因素，科学方法和统计数字无能为力，而必须依赖于主观的判断。

至于定性研究的方法，可作为对定量研究的补充。显然，定量研究比定性研究更容易设计、操作和分析；而要进行定性评估比较困难，且不利于普遍推广使用，故此处不作赘述。

第二节　会展项目评估的内容

一、会议项目评估的内容

理论上，可以对一个会议项目的所有要素进行评估。伦纳德·纳德勒和泽西·纳德勒在《成功的会议管理：从策划到评估》一书中给出了一个可以进行评估的会议因素的表格，引录如下：

可以进行评估的会议因素

·承办者	·相关活动	·展览
·策划委员会	·会议地点	·注册
·指导委员会	·市场宣传	·与会者手册
·秘书处	·公共关系	·娱乐活动
·主题相关性	·预算	·休息
·目标明确性	·发言人	·招待会
·整体策划	·交通	·陪同人员

对承办者进行评估，可以得到关于其表现的有价值的反馈信息。对承办者的评估可以包括以下几个方面：承办者是否达到了基本的要求？承办者是否发挥了领导作用？承办者在需要他的时候发挥了什么作用？承办者与他人合作得怎样？

对策划委员会进行评估，可以让他们提交一份报告，说明他们对会议发挥的作用，以及对下一届策划委员会的建议。或者从以下几个角度进行评估：策划委员会是否清楚自己的职能？是否有效地发挥了作用？其工作结果是否令人满意？

对指导委员会进行评估，可以考虑以下问题：指导委员会是否清楚自己的职责？他们在会议过程中做出了哪些决定？他们是否得到了来自与会者的推荐？他们与承办者合作得如何？

秘书处对会议的策划及实施有着重要的作用，因此应该对其进行评估。评估的重点应该是针对整个团队的表现，一般没有必要对秘书处的每一个成员进行评估。评估时需要考虑以下问题：秘书处是否安排了足够的人员？哪些有需求的服务没有被提供？有哪些问题没有得到解决？秘书处的职能可以得到如何改进？

与会者对会议主题方面的反馈意见将对以后会议主题的策划很有帮助。

在对主题相关性的评估中，可以提出以下问题：会议主题是否和与会者紧密相关？会前行动是如何传达会议主题信息的？会议主题在会议策划中是如何表现的？

会议目的的明确性也可以作为评估的对象，除非会议具有某些具体的目标，或者是例行的年会。可以提出以下问题：与会者对会议目的的理解程度如何？会议目的向与会者传达得如何？

会议的整体策划也是评估的一个重要内容。需要回答的相关问题有：会议举办的季节是否合适？整个会议的长度是否合适？各场会议的长度是否合适？会议的流程是否合适？

相关活动包括很多方面，应该根据会议实际安排的活动来设计相关的评估方案。

对会议地点的评估需要考虑以下问题：这个会议地点是否适合本次会议？会议地点的工作人员是否对与会者有帮助？会议地点的住宿条件如何？饮食服务是否令人满意？

对市场宣传的评估。与会者的实际数量可以直接反映市场宣传的效果，但对市场宣传的评估并不限于此。我们还可以评估哪些市场宣传的策略是有效的、哪些是无效的，以及直接邮寄材料或在媒体中做广告的有效性，并从与会者和服务提供商那里得到一些关于以后会议宣传的有益建议。评估中可以提出的问题有：宣传材料的质量如何？是否合适？邮寄方式是否快捷有效？广告的效果如何？

对公关工作的评估可以根据会议期间的采访次数和新闻数量来判断，也可以进行更细致、更全面的评估，可以提出如下问题：媒体人员是否参加了会议？媒体对会议的接受情况如何？公关活动中是否有发言人和与会者参加？

对会议预算的评估可以考虑以下问题：预算与实际开销之间的差距如何？预算中是否考虑到了所有的开销项目？

对发言人进行评估应以他们发言的具体会议为依据，可设计评估表格，由与会者在每场会议结束后立即填写。

对会议交通进行评估包括两个方面：第一是往返会议的交通，第二是会议过程中的短途交通。在评估中可以提出以下问题：会议的交通服务是如何安排的？交通服务的质量如何？交通服务的安排是否与会议公布的日程紧密相关？短途交通服务是否令人满意？是否还有其他必要的交通服务没有被提供？

展览有时是会议的一个重要部分，因此有必要对其进行评估。与会者可以就会议与展览的相关性做出评价，参展商也可以向会议承办者提出反馈意见。对展览进行评估时可以考虑以下问题：展览的地点在哪里？展览在什么时间举行？人们是否可以自由参观展览？与会者是否用到了展览？展览与会议的整体策划有什么联系？

注册是会议接待工作的一个重要环节，所有与会者都要进行注册。在对注册进行评估时，可以提出以下问题：注册的时间和地点是否合适？注册的整个程序是否简单？注册是否进行得快速有效？与会者在需要的时候是否能够得到帮助？

为了使与会者能够了解整个会议程序及相关事宜，会议的承办方通常会印发会议手册。如果会议手册内容较少，可能就不需要进行评估；如果内容较多，则同样需要进行评估。在对会议手册进行评估时可以提出以下问题：手册是否提供了所有必要的信息？哪些可能对与会者有用的信息没有被包括在会议手册里？手册的形式是否可以进一步完善？

在会议的间歇或者是晚上，会议主办方可能也会安排一些娱乐活动。在对娱乐活动进行评估时，应该着重强调其与会议的相关性，而不是其自身的质量。可以考虑以下问题：娱乐活动是否适合本次会议？娱乐活动的量是否合适？下一次会议还可以安排哪些娱乐活动？

休息也是会议过程中一个必不可少的部分，在对其进行评估时可以考虑以下问题：会议是否安排了足够多的休息次数？每次休息的时间长短是否合适？休息时提供的饮食是否令人满意？

会议通常也会安排招待会，至于是否有必要对其进行评估须视其对会议的重要性而定。在评估时可以提出以下问题：招待会的时间和地点是否事先有效地通知了所有与会者？招待会对整个会议起到什么作用？招待会的饮食是否够量？

如果会议同意接待陪同人员，那么也应该对这方面的工作进行评估。可以提出以下问题：会议接待陪同人员的计划是否获得了成功？是否以后的会议还将为陪同人员安排活动？接待陪同人员的计划是否能够改进？是否应该鼓励陪同人员参加会议？

二、大型活动项目评估的内容

澳大利亚的约翰·艾伦在其所著《大型活动项目管理》一书中给出了一个对大型活动项目进行评估的内容列表，兹引录如下：

大型活动项目评估的内容

方　面	满　意	需要引起注意	评　论
·活动的时间选择			
·会议地点			
·票务和入场			
·筹备			
·性能标准			
·工作人员水平和职务表现			
·人群控制			
·安全			
·通信			
·信息和信号			
·运输			
·停车			
·饮食设施			
·旅馆			
·急救			
·小孩失踪			
·感谢资助者			
·集会安排			
·广告			
·宣传			
·媒体联络			

三、展览会项目评估的内容

与对会议、大型活动的评估一样，我们也可以对展览会的所有内容进行评估，但一般情况下，我们更为注重对展览会效益的评估，尤其是经济型、商贸型的展览会。而且，对经贸型展览会效益的评估，通常也更便于使用定量的方法进行。下面即给出一个评估指标体系及其计算方法。

（一）评估指标体系的设定

1. 展览会项目的历史和影响

某一展览会项目举办的历史长，通常意味着知名度高、影响力大、质量高。同样，历年主要参展商的知名度及在各自行业中的代表性，也是衡量该展览会项目影响力的重要指标。

（1）该展览会项目已举办过几届（年)？

（2）在过去的几年中，参展商有哪些、在行业中的代表性如何等？

2. 展览会主题

主题是否明确？是否能较好地服务于展览会举办城市的地方经济？对此，

可分别由观众和新闻媒体加以评估，通过问卷调查的方式获得数据。

（1）展览会主题是否明确：A. 观众的意见　B. 新闻媒体的意见

（2）能否服务地方经济：A. 观众的意见　B. 新闻媒体的意见

3. 展览会的规模

成功的展览会必然具备一定的规模。规模大的展览会可以吸引更多的专业观众，而这正是保证参展商达到参展目的最主要因素。评估展览会的规模主要看参展商和专业观众的数量以及展览会面积的大小。

（1）参展商的数量：A. 参展商的总数　B. 海外参展商的比例

（2）观众和专业观众的数量：A. 观众总数　B. 专业观众的数量

（3）展览场馆的规模：A. 展馆的面积　B. 展位的数量

参展商的数据可由参展商报名材料统计中获得，如果是国际性展览还需要统计海外参展商的比例；观众与专业观众根据各展览会的实际情况决定是否需要加以区分，某些展览会只有专业观众，某些展览会当地居民普遍参加，所有观众的数据根据出售门票加以统计；专业观众的数据可根据对参展商的调查加以估计，或者通过对现场观众的抽样问卷调查加以统计。

4. 展品的质量和品牌

单单对展览会的规模，也即从数量上进行评估是不够的，还必须对参展商品的质量和品牌进行评估。对此可分别由观众、新闻媒体和展览会承办商加以评定。前两者可以通过问卷调查的方式获得数据，至于展览会承办商则由专门成立的项目评估小组加以评定。

（1）展品的质量：A. 观众的意见　B. 新闻媒体的意见　C. 承办商的意见

（2）展品的品牌：A. 观众的意见　B. 新闻媒体的意见　C. 承办商的意见

5. 广告宣传的力度

举办展览会应有强大的宣传阵容，宣传力度越大，越能吸引专业的观众和购买者，可能达成的交易额和协议额也越高。这一指标是参展商较为关注的，可用广告投入的数量和金额作为评估数据。

（1）广告投入的数量；

（2）广告投入的金额。

6. 参展商的收益

参展商的收益指商业性展览会所达成的直接交易金额或签订的协议金额。视具体情况，某些展览会只具备其中一项，某些展览会同时具备两项。

（1）直接交易金额；

（2）签订协议金额。

7. 展览会承办商的收益

展览会承办商的收益来自于多个方面：一是向参展商收取的参展费；二是向观众收取的门票收入；三是广告收入；四是其他方面的收入。当然，并不是每个展览会项目都一定具备这四个收入来源，需要根据各个展览会项目的具体情况来确定。

（1）展费收入；

（2）门票收入；

（3）广告收入；

（4）其他收入。

8. 展馆提供商的收益

如果展览场馆属于展览会主办商自身所有，则不需这一项；如果展览场馆是由展览会主办商承租，则承租费用计为展馆提供商的收益。

（1）展馆提供商的收益。

9. 展览会服务商的收益

展览会服务商，指展览会主办方之外的为展览会项目提供服务的专业服务商，主要包括交通、饮食、住宿等方面，可根据实际情况进行取舍。

（1）交通服务商的收益；

（2）饮食服务商的收益；

（3）住宿服务商的收益；

（4）其他服务商的收益。

10. 展览会的组织与服务

展览会的组织水平主要是评估展览会主办商对整个展览会项目的组织协调能力、维持良好秩序的能力、处理紧急或突发事件的能力等；展览会的服务包括展览会主办商提供的场馆设施、展台设施等基本服务，也包括专业服务商提供的交通、饮食、住宿以及其他服务。对以上各项的评估可分别对参展商、观众、新闻媒体进行问卷调查。

（1）展览会的组织水平：A. 参展商的意见　B. 观众的意见　C. 新闻媒体的意见

（2）展览会的服务水平：A. 参展商的意见　B. 观众的意见　C. 新闻媒体的意见

11. 观众的满意度

观众的满意度可通过对现场观众的抽样问卷调查获得，视具体情况也可区分所有观众与专业观众。

（1）所有观众的满意度；

（2）专业观众的满意度。

12. 新闻媒体的报道

新闻媒体的报道是对展览会项目进行评估的一个重要方面。而对新闻媒体报道的分析又可以从两个方面进行：一是媒体报道的次数，包括展览会举办当地的媒体、高一级行政区域单位乃至国家级的新闻媒体、展览会专业媒体等，媒体报道的次数可以说明该展览会项目的影响力；二是媒体报道的评价，报道或正面或负面，以及正负的程度，都依赖于展览会的结果和对社会的影响。对新闻媒体报道数据的收集与分析工作量较大，专业性也较强，因此可以请专业的媒体监控组织来进行，当然这样会导致较高的成本。

（1）媒体报道的次数；

（2）媒体报道的评价。

（二）展览会项目最终评估值的计算

评估指标体系的设定只是完成了初步的工作，要得到最终的评估值还需要经过复杂的计算，下面仅给出基本的方法。

1. 各指标因子绝对数值的获得

指标因子有两种情况：一种可以进行量化，如会展项目的举办次数、场馆面积的大小、参展商的数量、观众的数量、参展商、展会承办商、展会服务商的收益、展馆提供商的收入、广告投入的数量与金额等，这些量化指标数据都较容易获得。另一种无法进行量化，需进行主观的判断，如参展商、观众、新闻媒体对展览会组织服务水平的判断，这些数据可采用问卷调查或者个别访问的方式获得。

2. 对各指标因子进行评分、确定权重

邀请会展界的专家、学者以及业界代表，组成专家组。由专家组根据各指标因子的绝对数值进行评分，可按照五分制进行打分。至于各因子权重的确定，可以有三种方法，一是平均分配，二是由专家组根据经验确定，三是运用层次分析法确定。

3. 计算最终的评估值

将各因子的评分值乘以权重，得到各因子的最终得分，然后相加，即得到展览会项目评估的最终评估值（O）。为便于理解，列表8-1如下：

$$O = \sum_{i=1}^{39} W_i P_i$$

表 8 – 1 　　　 展览会项目评估指标体系及其计算方法表

目标层	指标层 Ai	因素层 Bi	因子层 Ci	因子权重 Wi	因子评分 Pi	因子得分 WiPi
展 览 会	展览会项目的 历史和影响 A1	展览会的届数 B1	展览会的届数 C1			
		参展商代表性 B2	参展商代表性 C2			
	展览会的主题 A2	展会主题是否 明确 B3	展会主题是否 明确 C3			
		能否服务地方 经济 B4	能否服务地方 经济 C4			
	展览会的规模 A3	参展商的 数量 B5	参展商的总数 C5			
			海外参展商的 比例 C6			
		观众和专业 观众的数量 B6	观众的总数 C7			
			专业观众的数量 C8			
		展览场馆的 规模 B7	展馆的面积 C9			
			展位的数量 C10			
项 目 评 估 值 O	展品的质量和 品牌 A4	展品的质量 B8	观众的意见 C11			
			新闻媒体的意见 C12			
			承办商的意见 C13			
		展品的品牌 B9	观众的意见 C14			
			新闻媒体的意见 C15			
			承办商的意见 C16			
	广告宣传的 力度 A5	广告投入的数量 B10	广告投入的数量 C17			
		广告投入的金额 B11	广告投入的金额 C18			
	参展商的 收益 A6	直接交易金额 B12	直接交易金额 C19			
		签订协议金额 B13	签订协议金额 C20			
	承办商的 收益 A7	展费收入 B14	展费收入 C21			
		门票收入 B15	门票收入 C22			
		广告收入 B16	广告收入 C23			
		其他收入 B17	其他收入 C24			

续 表

目标层	指标层 Ai	因素层 Bi	因子层 Ci	因子权重 Wi	因子评分 Pi	因子得分 WiPi
项目评估值 O	展馆商的收益 A8	展馆商的收益 B18	展馆商的收益 C25			
	服务商的 收益 A9	交通服务商的收益 B19	交通服务商的收益 C26			
		饮食服务商的收益 B20	饮食服务商的收益 C27			
		住宿服务商的收益 B21	住宿服务商的收益 C28			
		其他服务商的收益 B22	其他服务商的收益 C29			
	展览会的组织 与服务 A10	展览会的组织 水平 B23	参展商的意见 C30			
			观众的意见 C31			
			新闻媒体的意见 C32			
		展览会的服务 水平 B24	参展商的意见 C33			
			观众的意见 C34			
			新闻媒体的意见 C35			
	观众的 满意度 A11	所有观众的满意度 B25	所有观众的满意度 C36			
		专业观众的满意度 B26	专业观众的满意度 C37			
	新闻媒体的 报道 A12	媒体报道的次数 B27	媒体报道的次数 C38			
		媒体报道的评价 B28	媒体报道的评价 C39			

第三节　会展项目评估的过程

一、制订会展项目评估的计划

首先要确定对本次会展项目是否需要进行评估。因为并非所有的会议、展览、大型活动都需要进行评估。对于那些政治型、文化型、公益性的会议和大型活动，其目的并不是为了直接的经济效益，而其影响也不是短期内能够显现出来的，因此一般并不需要进行专业的评估。而对于那些经贸型、商业型的会展则大多需要进行专业的评估。评估无论是由会展举办单位还是由独立的第三方进行，都应制订详细的评估计划。在计划中主要应考虑以下几个方面的内容：

1. 评估哪些内容

上节内容中实际上已经给出了通常需要进行评估的主要因素，但还应根据具体的会展决定最后的评估内容。

2. 需要哪些数据和资料

根据确定下来的所需要评估的内容，来确定需要哪些数据和资料。其中，数据是指可以量化的部分，而资料是指需要做出主观判断的部分。数据收集表格和调查问卷都必须在会展开始之前完成设计、制作，并送至会展地点妥善保存。

3. 如何、何时、何人收集数据资料

首先，对于每一项数据与资料都需要明确通过何种方式或途径获取；其次，对每项数据资料的收集还需要明确在什么时间或时间段进行；最后，还必须明确由什么人具体执行数据与资料的收集工作，可以是一个人负责其中一项或几项，譬如说量化数据的获得相对简单，工作量也较小，一两个人就能完成；也可以是几个人共同负责一项工作，譬如说问卷调查工作量较大，需要多人参加。总之，需要根据工作量的大小、难易程度、时间差异来安排。

4. 如何分析数据

对于收集到的数据资料如何加以分析也应在一开始就明确下来，根据上节内容，通常可以采用层次分析法和特尔菲法相结合的方法。

5. 最终的评估报告采取何种形式

最终的评估报告采取何种形式，应根据各个会展的具体情况来定。非正式的分析甚至不需要被总结成书面报告，不过有一份书面记录通常还是很有好处的。至少，会展承办商应该写出一份基本的评估数据概述。如果评估使用定量的方法，可以用表格或图来反映结果。

定性数据可以用描述性的报告来表现。一些阅读报告的人只对大致的结论感兴趣，而另一些人则希望得到相关的细节，所以在设计报告结构的时候要考虑到两类受众的需求，可以在报告的开始部分总结性地提出评估结论，然后再详细展开说明。

二、会展项目评估的实施

1. 数据收集

根据上节所设定的会展项目评估指标体系，大多数量化指标数据都较容易获得。对于会展项目的举办次数、场馆面积的大小、参展商的数量、展馆提供商的收入这些数据在会展正式开始之前即可获得；对于参展商、会展举办商、会展服务商的收益可以在会展结束之后从相关单位处获得。至于观众的数量，有多种情况：如果出售门票，观众的总数即等于出售门票的数字；如果该会展不出售门票，对于观众总数可根据经验估算；如果需要统计其中专业观众的数字，可通过对现场观众的抽样问卷调查获得。对于媒体报道次数的数据，则须派专门人员加以监控统计。至于满意度的数据以及其他一些需要做出主观判断的数据，则可采用问卷调查或者个别访问的方式获得。

2. 问卷调查

问卷调查是一种常用的调查方法，既可用来获得定量数据，也可用来获得定性的描述，而通常则是两者兼有。问卷的设计需要一定的技巧，尽管对问卷的长度及问题的数量并没有严格的规定，但还是应该尽量做到简洁明了，每一个问题都应该有明确的目的，且确有必要，否则不仅会浪费调查者的时间和精力，而且被调查者也会缺乏耐心。问卷在使用之前必须经过测试，以保证上面的每一个问题都清楚明了，而且被调查者可以很容易地作答。

问卷可以分为封闭型问卷和开放型问卷。在封闭型问卷中，回答者通常只能选择"是"或"否"。虽然有时也可以加一些其他的选项，如"不知道"、"不清楚"等，但是一般情况下最好不要使用这类选项，除非单纯的是非选择明显地限制了有些回答者。封闭型问卷还可以使用不同程度的选项，如从"很好"、"好"、"一般"到"差"，为回答者提供没有重叠的选项。通常设置偶数个选项（如4个或6个），以防回答者较多的选择最中间的一个选项。

开放型的问卷要求回答者写出答案。这需要较多的时间，有些回答者可能不愿意投入这么多的时间，或者在表达上有困难。因此除非确有必要，应尽量少采用这种形式，即便采用这种形式，问题的数量也不宜太多。当然，比较多的情况是，将封闭型和开放型两种问卷形式结合在一起使用，而以封闭型为主。

3. 现场采访

对于需要做出主观判断的问题，现场采访也是一种比较好的形式。采访既可以是在确定的时间里提出正式的问题，也可以是开放型的采访，使用比较宽泛的问题。这种方法需要经验丰富的采访者，而且需要大量的时间，不过可以得到一些与问卷不同的数据。由于时间上的限制，对于小型的会议或展览，可以适当使用采访的形式；而对于大型的会议或展览来说就比较困难了。

当然，无论是现场采访的形式还是问卷调查的形式，都要确保得到足够的样本，以保证具有相当的代表性。而且，在最终的分析报告中，应该明确显示出回收问卷的数量或采访的人数与全体人群之间的比例。

4. 数据处理与分析

在所有的数据收集完成后，就可以按照事先确定下来的方法进行数据的处理与分析。只要将相关的数据逐一代入第二节给出的表格中，再运用公式加以计算，就可得出最终的数据。

对这一最终的数据还要进行初步的分析。首先可以得出一个总体的判断，即本次会展项目质量如何；其次还要分析各个因素及子因素的数值，哪些方面的因素表现较好，哪些方面的因素表现较差；最后还要进一步分析其原因，表现好的原因是什么，表现差的原因又是什么。

第四节　会展项目评估报告及其应用

一、编写会展项目评估报告

在数据处理与分析的基础上，就可以着手编写会展项目的评估报告了。评估报告一般应该包括以下几个方面的内容：

第一，对会展项目的概述。包括本会展项目的历史，迄今为止共举办的届数，本届会展项目举办的时间、地点，主办单位名称，承办单位名称等。

第二，对本届会展项目主要数据的披露。包括参展商的数量、有代表性的企业名称、观众的数量、达成的交易金额或签订的协议金额。

第三，详细的评估方案，也即评估指标体系以及得出的基本结论。

第四，对于一些不宜或无法用定量方法作出评估的因素，还应该有定性的评估。

第五，对历届会展进行纵向的比较，分析本届会展所取得的进步。

第六，对相近主题的会展进行横向的比较，分析本会展项目的特点以及优势与劣势。

第七，通过以上各个方面的分析，得出最终的评估结论。应客观揭示本会展项目的现状、评判会展价值、预测会展的未来走向，并对会展的发展趋势、完善方式和品牌建设提出合理的建议。

二、会展项目评估报告的应用

在会展项目评估报告编写完成之后，还不能说明整个项目管理过程的结束。因为如果把评估报告放在一边而不再采取任何行动，那么编写会展项目评估报告就没有任何意义了。因此，还必须考虑会展项目评估报告的应用这一问题，也即哪些人应该得到会展项目评估报告。

首先，无论会展项目评估报告是由会展项目主办方或承办方自己做出的，还是由地方会展协会或独立的专业中介机构做出的，会展的主办方或承办方都应该首先得到项目评估报告。因为对会展项目进行评估的一个首要原因就是对本次会展项目进行总结，并为会展的主办方或承办方以后举行会展提供借鉴。

其次，地方会展协会应该得到一份会展项目评估报告，以便能对本次会展项目的质量、效益与影响等方面做出判断，并为今后会展主办方再次申办会展提供审批依据。

再次，参展商也应该得到这一份会展项目评估报告。参展商通过评估报告，可以得出对本次会展的全面评价，以决定今后是否继续参加同一会展。而会展主办方与承办方为了吸引参展商今后继续参加该会展项目，也应主动做好信息反馈工作，在把项目评估报告及时传达给参展商的同时，也应收集参展商的反馈意见和建议，以便进一步提高会展项目管理的质量。当然，由于参展商数量众多，如果给每一家参展商都寄一份项目评估报告，成本会很高，因此可根据参展商的实际需求来决定。

最后，展馆的出租商以及会展的专业服务商可能也会希望得到会展项目的评估报告，为了便于今后的继续合作，会展主办方或承办方也可根据实际情况决定是否提供。

三、会展项目的结束

在会展项目的实际进程结束之后，除了进行项目评估以及编写评估报告之外，还有一些零星的工作需要处理，这里给出一个简单的任务列表：

（1）召开项目报告会，为所有项目关系人提供反馈机会；

（2）结清账目，并准备审计财务报表；

（3）完成所有的合同和法定义务；

（4）准备完整的项目结果报告，把它分发给所有重要的项目关系人；

（5）为今后提高项目管理质量提出建议；

（6）感谢所有员工、参与者和项目关系人对本项目的支持。

本章小结

本章界定了会展项目评估的概念，论述了项目评估的意义和目的，并分析会展项目评估的主体和客体。重点讲解了会展项目评估的方法和内容，从会议、展览和大型活动三个方面分别介绍项目评估的内容，并通过建立指标评价体系着重讲解展览的评估方法。最后，简单讲解了评估计划的制订和评估报告的编写。

关键名词或概念

项目评估　项目后评价　会展项目评估内容　会展项目评估方法　会展项目评估过程　评估报告

简答题

1. 项目评估和项目后评价之间的区别和联系？

2. 会展项目评估的目的和意义是什么？

3. 会展项目评估的主客体分别是什么？

4. 会展项目评估的内容是什么？会议、展览和大型活动三者的评估内容有何不同？

5. 以北京国际汽车展和大连国际服装节为例，利用本章中给出的展览评价指标体系，并赋予每个指标相同的权重，评价两个展会的效果。根据评价结果，判断是否符合现实情况。并对所使用的指标评价体系提出修改意见。

6. 如何编写评估计划和评估报告？